철학의 기쁨

지은이 **문성원**

서울대학교 철학과를 졸업하고 동 대학원에서 철학박사 학위를 받았으며, 2000년부터 부산대학교 철학과 교수로 역사철학, 문화철학, 현대사회철학 분야를 주로 다뤄 왔습니다. 지은 책으로 『철학의 시추: 루이 알튀세르의 맑스주의 철학』(1999), 『배제의 배제와 환대: 현대와 탈현대의 사회철학』(2000), 『해체와 윤리: 변화와 책임의 사회철학』(2012), 『철학자 구보 씨의 세상 생각』(2013), 『타자와 욕망』(2017), 『철학의 슬픔』(2019) 등이 있고, 옮긴 책으로 지그문트 바우만의 『자유』(2002), 자크 데리다의 『아듀 레비나스』(2016), 『죽음의 선물』(근간), 에마뉘엘 레비나스의 『신, 죽음, 그리고 시간』(2013, 공역), 『전체성과 무한』(2018, 공역), 『타자성과 초월』(2020, 공역), 『존재와 달리 또는 존재성을 넘어』(2021) 등이 있습니다.

철학의 기쁨

아마추어 정신으로 철학하기

문성원 지음

그린비

철학의 기쁨—아마추어 정신으로 철학하기

초판1쇄 펴냄 2025년 5월 16일

지은이 문성원
펴낸이 유재건
펴낸곳 (주)그린비출판사
주소 서울시 서대문구 이화여대2길 10, 1층
대표전화 02-702-2717 | **팩스** 02-703-0272
홈페이지 www.greenbee.co.kr
원고투고 및 문의 editor@greenbee.co.kr

편집 이진희, 민승환, 성채현, 문혜림 | **디자인** 심민경, 조예빈
독자사업 류경희 | **경영관리** 장혜숙

저작권법에 의하여 한국 내에서 보호를 받는 저작물이므로 무단전재와 무단복제를 금합니다.
책값은 뒤표지에 있습니다. 잘못 만들어진 책은 구입처에서 바꿔 드립니다.
ISBN 979-11-94513-12-4 03100

독자의 학문사변행學問思辨行을 돕는 든든한 가이드 _(주)그린비출판사

책머리에

세상에는 해야 할 일들이 많습니다. 단순히 생존하기 위해 해야 할 일도 있고, 삶을 더 낫게 하려면 해야 하는 일도 있죠. 무엇을 해야 할지 정하기도 쉬운 일은 아니나, 해야 할 일이라고 모두 할 수 있는 것은 아니어서, 우리네 삶은 늘 끙끙대기 마련입니다. 그런 중에서도 간혹 기쁨이 있다는 것, 이것이 우리 삶의 행운이고 복이겠지요. 해야 할 일이 있고, 미흡하나마 그 일을 할 능력이 있으며, 그런 가운데서 더러 기쁨을 맛본다면, 그 삶은 그런대로 괜찮은 것이 아닐까 싶습니다.

    이 책에 실린 글들은 지난 수년 동안 철학이라는 분야에 종사하면서 나름 끙끙거렸던 흔적을 모은 것입니다. 책의 표제가 '철학의 기쁨'이지만, 기쁨의 자취만 추려 낸 것이라 하긴 어려워요. 기쁨이란 우리가 항상 좇는 것이긴 하나, 우리 마음대로 누릴 수 있는 것은 아니죠. 기쁨의 기억이 우리 삶의 이곳저곳에 배어 있듯, 이 책의 갈피갈피에도 그 조각들이 묻어 있긴 할 겁니다. 그러나 이 글들이 애당초 기쁨을 목표로 했다고 할 수는 없어요. 기쁨을 직접적 주제로 다룬다고 할 첫 번째 글조차 그렇죠. 그 글에서 논하듯 기쁨이 워낙 우리에게 보상으로 자리 잡은 것이라면, 보상만을 위해 어떤 일을 한다는 건 좀 줏대 없고 얄팍한 삶의 자세 아니겠습니까?

이 책에서 다루는 주제들은 다양한 편입니다. 철학의 특성에서부터 시작해서 윤리와 타자성의 문제들이 주로 논의되죠. 환대, 개방성, 용서, 정의 따위가 그런 것들이에요. 그 밖에도 이름의 의미, 의사소통, 시간, 동물과 인간, 그리고 한국의 사회 정치 상황에 대한 검토까지 등장합니다. 논의의 주된 전거가 되는 철학자는 에마뉘엘 레비나스이지만, 자크 데리다, 발터 벤야민, 조르조 아감벤, 슬라보예 지젝과 같은 여러 현대 철학자가 논의 맥락에 따라 소환되죠. 헤겔, 아리스토텔레스, 맹자 같은 고전적 사상가들과 함께 현대의 생물학적 연구나 심리학적 연구가 언급되기도 합니다.

다소 방만해 보이는 이런 양태는 이 책이 부제로 내세운 '아마추어 정신으로 철학하기'와 관련이 있어요. 오늘의 철학 연구에서는 전문적 식견 못지않게 폭넓은 상황 이해와 문제의식이 중요하다는 얘기지요. '아마추어 정신'의 강점은 무엇보다 개방성과 유연성에 있을 겁니다. 오늘날 여러 직업과 활동 분야가 세분되어 있지만, 우리가 원래 그런 구획에 따라 규정되는 건 아니겠지요. 지나친 전문화가 오히려 그 전문성이 생겨난 맥락과 연관을 훼손시키는 경우도 드물지 않은 것 같습니다. 근본적인 관계를 문제 삼아야 할 철학에서마저 말이지요. 다른 분야도 마찬가지겠지만, '오늘날 철학이 무엇을 해야 하는가?'라는 질문은 '오늘날 우리는 무엇을 해야 하는가?' 또는 '오늘날 우리에게 필요한 일은 무엇인가?'라는 질문에 종속되어야 마땅할 겁니다. 자신의 현재 영역과 위치에 충실한 것은 좋으나, 거기에 갇혀 있어선 곤란하겠지요.

　여기 실린 글들의 상당수가 구어체의 발표문 형태로 되어 있는 것도 그런 견지에서 보아 주셨으면 합니다. 어투에 따라 내용이 달라지는 것은 아니겠지만, 아무래도 청중이 있는 발표문의 경우가 논문의 형태보다는 덜 딱딱하고 포용성도 다소 커지지 않나 싶어요. 그래서 이미 논문으로 내놓았던 글들도 경어체로 바꾸어 실을까 잠시 생각해 보다가, 괜히 요령만 피우는 것 같아 그대로 두고 순서만 뒤로 밀어 놓았습니다. 「용서와 선물」 이후의 글들이 거기에 해당하죠. 「용서와 선물」은 논문 형태로 만들기 전에 대학원 세미나용으로 적어 놓았던 글을 되살린 것이고, 「타자성의 인식과 관계의 새로움」은 제목은 딱딱하지만 학술지가 아닌 계간지에 실렸던 글이에요. 다른 논문들도 전문성에 기여하려는 의도에서라기보다는 나름의 문제의식에 따라 될 수 있는 대로 쉽게 쓴 것들이라서 일반 독자들도 큰 어려움 없이 읽을 수 있으리라 기대해 봅니다.

　삼십 년이 넘는 세월을 철학 분야에서 밥벌이를 해 왔으면서도 새삼 '아마추어 정신'을 운운하려니 조금 계면쩍군요. 또 '기쁨'을 절대적 가치나 최고의 가치로 여기는 것도 아니면서 '철학의 기쁨'을 전체 책 제목으로 내세우려니 약간 부담스럽기도 합니다. 그렇지만 제가 이해하듯, 기쁨이 자족적이라기보다는 주로 외부와의 관계로부터 오는 것이고, 완결적이라기보다는 대개 미래를 향한 유혹이라면, 이 책에 담긴 글들 또한 독자 여러분과의 만남을 통해서 기쁨의 열린 여정을 다시 시작할 수 있을 거예요. 끝으로, 이 글 모음집이 나오기까지 저와 함께 공부하면서 제 강의나 발표를 들어 주고 비평해 준 학생들과 여러 선생님께, 또 어려운 출판계 사정 속에서도 이 책을 멋지게 엮어 준 그린비 출판사 여러분께 감사의 인사를 드립니다.

2025년 봄 금정산 기슭에서
문성원

차례

책머리에 [5]

철학의 기쁨 [11]
철학자의 아마추어 정신과 프로 정신, 그리고 '사회철학' [39]
헤겔 바깥의 헤겔 오늘의 우리 현실과 헤겔 [63]
환대와 환대 너머 [87]
『전체성과 무한』의 이편과 저편 [115]
이름의 의미 [141]
의사소통에 대해 생각하기 [165]
용서와 선물 [195]
동일자적 시간과 타자적 시간 [239]
타자성의 인식과 관계의 새로움 팬데믹 시대의 타자성 [267]
개방성의 깊이 레비나스의 윤리적 개방성 [283]
반(反)-이기(利己)로서의 정의 공정성과 타자에 대한 책임 [309]
동물과 인간 사이 타자로서의 동물과 인간의 책임 [337]

후주 [363]
실린 글의 유래 [384]

일러두기

1. 인명, 간행물 제목, 주요 개념 등은 국립국어원 외래어표기법을 따랐으며, 관행적으로 쓰이는 표현이 있는 경우 그를 따랐다. 주요 개념이나 한글만으로 뜻을 이해하기 힘든 용어의 경우에는 원어나 한자를 병기했다.
2. 단행본과 정기간행물은 (『 』), 논문·보고서·단편·선언·대담·단행본의 개별 부/장은 (「 」), 그림·영화·노래·TV 프로그램은 (〈 〉)로 구분했다.
3. 본문의 이해를 돕기 위해 역자가 추가한 내용이나 인용 및 참고한 문헌의 서지정보는 후주에 담았다.

철학의 기쁨

I

"오늘 이렇게 여러분께 몇 말씀 드리게 되어 무척 **기쁨**니다. 더구나 '철학의 **기쁨**'이라는 제목으로요."

제가 이런 식으로 서두를 꺼내면, 꽤 상투적으로 들리겠지요? 그러니 먼저, 왜 이런 주제를 택하게 되었는지 솔직히 말씀 드리겠습니다. 몇 년 전에—그게 벌써 10년쯤 되었나 보군요—저는 '철학의 슬픔'이라는 표제로 작은 발표를 한 적이 있습니다. 그리고 그 발표문을 『철학의 슬픔』(그린비, 2019)이라는 글모음집에 실었지요. 그 발표를 할 때부터 다음에 기회가 되면 '철학의 기쁨'에 대해서도 한번 얘기해 봐야겠다고 생각했습니다. '철학의 슬픔'이 철학의 위축과 위기에, 또 그런 상황에 따른 반성의 필요에 초점을 맞춘 것이었다면, '철학의 기쁨'에서는 좀 더 긍정적이고 적극적인 면에 주목할 수 있기를 바라면서 말이죠.

그런데 혹시 「철학의 슬픔」(『철학의 슬픔』 1장)을 보신 분들은 짐작하시겠지만, 저는 슬픔이 그렇듯 기쁨 역시 궁극적인 가치를 지닌 것이라 보지 않습니다. 슬픔과 마찬가지로 기쁨도 우리 삶에서 나름의 역할과 기능을 할 따름이라고 생각하지요. 슬픔이 좌절이나 상실에서 비롯하는 느낌이라면, 기쁨은 유혹이나 보상으로 생겨나는 느낌이라 할 수 있습니다. 슬픔으로 가득 찬 삶이 지속 불가능하듯, 기쁨으로만 채워진 삶도 성립하기 어렵겠지요. 극락(極樂)의 천국도 실현되기 전에만 매력적이지, 실현되고 나면 극고(極苦)의 지옥과 같이 곧 무의미해질 겁니다. 이런 점에선 절대적 기쁨의 상태를 상정하는 것 또한 〈둠스데이 머신〉의 거울상과 같다고 할 수 있겠어요.

그렇다고 제가 기쁨을 가까이하고 슬픔을 멀리하려는 우리의 일반적 성향을 아예 거스르려는 것은 아닙니다. 슬픔이 무조건 나쁜 것이 아니듯, 기쁨도 무조건 좋은 것은 아니라는 점을 짚고 넘어가고자 할 따름이지요. 그러니까 저는 기쁨 지상주의자, 좀 더 일반적인 분류로 쾌락주의자는 아닌 모양입니다. 사실, 쾌락주의나 행복주의는 철학적 근거 면에서 보면 피상적이고 취약한 견지라고 생각합니다. 고차적인 쾌락이나 행복을 궁극적인 좋음으로 내세울 수는 있겠죠. 하지만 그럴 경우에도 그와 같은 상태를 가능하게 하는 조건이 무엇인가를 따져 그것의 특성을 밝히는 일이 더 긴요하지 않겠습니까? 발생론적으로 볼 때, 기쁨이건 쾌락이건 행복이건 어떤 느낌을 기초적이고 궁극적인 것으로 놓기는 힘들 줄 압니다.

느낌은 중요하지만 완전치 않은 기능이죠. 느낌이 좋지 않지만 인정해야 하는 사태도 있고, 느낌이 나쁘지만 해야 할 일도 있습니다. 그런데 보통 이런 건 따져 보고 정하는 경우가 많지요. 철학에서 중시하는 것이 바로 이 따짐, 그것도 근본적인 따짐입니다. 하지만 따짐이라고 해서 완전한 것도 아니고, 또 따짐이 느낌보다 꼭 나은 것도 아니지요. 확실하게 따질 수 있다면야 따져서 정하는 편이 낫겠으나, 따져도 잘 모르겠을 때는 다소 막연하더라도 느낌에 기댈 수밖에 없습니다. 어떤 직업을 가질 것인가, 누구랑 같이 살 것인가 등등 우리 삶에서 매우 중요한 결정도 따지는 것만으로 내려지는 것은 아니지요. 그런 결정에서 정작 결정적인 것은 왜인지 설명하기 힘든 종합적이고 미묘한 느낌일 때가 많지 않습니까?

철학은 그래도 따지려고 듭니다. 이 미묘한 느낌이 무엇인지를 따져 묻지요. 이런 느낌이 일종의 미감에 해당한다고 생각할 수도 있을 거예요. 이를테면 그건 칸트 식으로 말해 미적 판단에 수반되는 쾌나 불쾌의 복합으로 여겨질 수 있을 테죠. 그래서 우리는 이 불명료한 느낌조차 미적 판단에 대한 탐구를 통해 가능한 한 해명해 보려고 하게 됩니다. 그러니까 느낌의 근거를 따져 묻는 일을 계속하게 되는 셈이에요. 꼭 칸트처럼 판단의 우선성을 일방적으로 내세우거나 미적 판단이 유용성과 전적으로 무관하다고 여길 필요는 없을 겁니다. 요즘의 시각에서 생각하면, 쾌나 불쾌가 판단 결과에 따른 정(正)과 부

(負)의 보상으로 주어지고 이것이 다시 새로운 판단에 영향을 미치는 방식으로, 그러니까 이른바 강화 학습의 형태로 판단이 조정되어 정교해진다고 볼 수 있겠죠. 우리의 미적 판단은 이와 같은 일련의 과정을 거친 잠정적 결과로 주어진다고 하겠습니다.

그런데 흥미로운 점은 이렇게 따지는 행위에도 느낌이 따라붙는다는 사실이에요. 따짐에도 보상이 있고 느낌이 있다는 얘깁니다. 사실, '철학의 슬픔'이니 '철학의 기쁨'이니 하는 말은 다 여기에 해당됩니다. 슬픔과 기쁨에 대해 깊이 따져 생각하는 행위가 '슬픔의 철학'이고 '기쁨의 철학'이라면, '철학의 슬픔'이나 '철학의 기쁨'은 따짐의 행위 자체에 수반되는 느낌을 가리키는 것이겠죠. 그러니까 저는 '철학의 기쁨'이라는 제목을 내걺으로써 기쁨에 대해 따지고 논하겠다기보다는, 따지는 기쁨에 대해 말하거나 그러한 기쁨을 드러내 보겠다고 예고한 셈입니다. 이 자리에서 저는 그런 일을 아주 부분적으로, 주로 저의 개인적 경험을 좇아서 시도해 볼 생각이에요.

하지만 과연 따짐이 기쁘고 즐거울 수 있을까요? 따지지 말아라, 다들 싫어한다, 외롭지 않으려면 따지지 말고 대충 넘어가라, 주변에 사람이 사라진다…. 이런 얘기는 더러 들어 보셨죠? 모름지기 철학자는 외로운 법입니다. 여러분 잘못이 아니에요. **철학의 잘못**입니다. 만일 여러분 주변에 사람이 많다면, 그건 여러분이 철학을 충실히 하고 있지 못하다는 증거일 겁니다. 그렇지 않습니까? 훌륭한 철학자 가운데 외롭지 않았던 인물은 없잖아요. 누구요? 아, 아까 말한 칸트! 글쎄요, 칸트도 외로웠죠. 적어도 철학자로서의 칸트는 말입니다. 칸트의 만찬에 초대되었던 사람들은 철학자들이 아니었어요. 칸트가 즐겼다는 그 식탁에서 그가 철학 얘기를 했을 거라고 생각하는 건 아니겠지요? 맞아요, 칸트는 이중생활을 했던 인물이에요. 이건 매우 교훈적인(!) 사태죠.

아닌 게 아니라, 따져 생각하는 일은 귀찮고 골치 아픕니다. 대부분 괴롭죠. 그러나 감히 단언컨대, 그런 만큼 간혹 기쁨도 있습니다. 틀림없어요. 그렇지 않다면 대체 무엇 때문에 애써 이 고생을 하겠습니까? 물론, 따지는 것 자체가 기쁘다는 건 아닙니다. 그러긴 어렵죠. 따져 생각해서 어떤 문제가 풀릴 때, 또는 적어도 어떤 진전이 있을 때, 기쁨이 뒤따른다는 얘깁니다. 이걸 쾌감이라고도, 즐거움이라고도 할 수 있겠습니다만, '쾌감'은 아무래도 감각적인 데 초점이 가기 마련이어서 다소 좁은 표현 같군요. '철학의 쾌감'이라고 하면 어째 좀 어색하잖아요. '따져 생각하는 쾌감'보다는 '따져 생각하는 기쁨'이 그래도 어울리는 조합이 아닐까 합니다. 반면에 '즐거움'은 주체에게 여유가 있어야 성립하는 기쁨의 양상이다 싶어요. 즐거움은 즐김에서 오는 것이고, 즐긴다는 건 즐기는 자 나름의 자유로운 영역이 확보되어야 가능한 활동일 테니까 말이죠. 그런 점에서는 '철학의 즐거움'이 '철학의 기쁨'보다 한층 더 고차적인 것일지도 모르겠군요.

II

제가 어릴 때, 그러니까 고등학생 시절에 『철학의 즐거움』이라는 책을 접한 적이 있습니다. 윌 듀런트라는 분이 쓴 책이었는데, 꾸역꾸역 읽긴 했습니다만 별로 즐겁지는 않았던 것 같아요. 그도 그럴 것이 그 책은 논리학과 인식론에서 시작해서 형이상학, 윤리학, 미학 등 철학의 여러 분야를 소개해 놓은 일종의 철학 개론서였거든요. 개정판(1953)을 내면서 Pleasures of Philosophy라는 다분히 상업적인 제목을 붙이기는 했지만, 원래는 '철학의 저택들'(The Mansions of Philosophy)이라는 점잖은 제목을 달고 있었어요(이 책 초판은 1929년에 나왔다고 합니다). 저자 자신도 찜찜했던지 첫머리에 이 점을 밝히고 있지요. 좌우간 이 책은 제가 그 전에 읽었던 같은 저자의 책 『철학이야기』와는 달리, 별 재미가 없었던 것으로 기억합니다.

『철학이야기』는 플라톤에서 존 듀이에 이르기까지 유명 철학자들의 삶과 사상을 소략하지만 흥미롭게 정리해 놓은 책인데, 듀런트의 출세작이라고 할 수 있죠.[1] 잘 쓴 책이었어요. 내용도 풍부한 데다가 고등학생이었던 저도 읽을 만했으니까요. 물론 제대로 이해하진 못했을 테고, 어떤 철학자들이 어떤 문제를 다루었는가를 어렴풋하게 짐작하는 정도였을 겁니다. 어떻든 그 덕택에 저는 칸트니 헤겔이니 베르그송이니 하는 철학자들을 알게 되었고, 그들의 책을 직접 읽어 보려는 얼마간 무모한 시도를 하기도 했지요. 지금 생각해 보면, 호기심 못지 않게 허세나 허영심이 크게 작용하지 않았나 싶군요. 하지만 이런 경험이 제가 철학과를 선택하는 데 결정적인 영향을 미쳤습니다. 우리에게는 골똘히 생각해 볼 중요한 문제들, 이를테면 우리의 삶과 세상이 돌아가는 근본 원리와 관계된 문제들이 있고, 거기에 대한 답을 찾는 것이 흥미롭고 가치 있는 일이라는 생각을 하게 된 거죠.

그런데 저의 이런 성급한 기대는 곧 시련을 겪습니다. 대학교에 입학해서 첫 학기에 철학 개론 수업을 들었는데, 결과가 그리 좋지 못했거든요. 중간고사 성적이 너무 형편없었어요. 제 기억에 100점 만점에 37점인가 그랬습니다. 그래서 담당 교수님을 찾아갔습지요. 제 딴엔 철학에 관한 한 나름의 자부심이 있었고, 시험 답안지도 성의껏 작성했다고 생각했거든요. 목소리가 묵직하고 점잖으신 교수님이셨습니다(십수 년 전에 돌아가셨지요). 제가 찾아간 사유를 말씀드리자, 제게 물으시더군요.

"자네, 노트 필기 하나?"

"… 아뇨."

"자네 멋대로 적지 말고, 수업 시간에 배운 걸 적어야지."

아마 제 답안지에는 문제가 많았을 겁니다. 제대로 된 개념을 사용하지도, 논리가 정연하지도 못했을 테지요. 그러면서도 스스로 이해하는 것이 중요하지 여기저기 책에 있는 내용을 뭐 하러 또 노트에 옮겨 적느냐고 생각했던 것 같아요. 기초도 없으면서 시건방졌던 셈이죠. 그랬던 제가 이 면담을 계기로 곧 현실을 인정하고 태세 전환을 했습니다. 그 후로는 충실히 노트 필기를 해서 기말시험에선 얼마간 만회를 했어요.

　기왕의 지식과 사고방식을 익히는 것은 중요합니다. 그것이 기쁜 일이라고까지는 말하기 힘들겠지요. 하지만 따져 생각하는 일로 성과를 거두고 기쁨을 맛보기 위해서는 꼭 필요한 조건이죠. 그런 까닭에 대학의 시험에서도 주로 그런 조건을 갖추었느냐를 평가합니다. 물론 기성의 방식을 뛰어넘는 사유를 할 수 있다면 그건 좋은 일이죠. 저도 학생들에게 수업에서 다루지 않은 방식으로 답을 쓰더라도 나름의 논리가 살아 있다면 괜찮은 점수를 주겠다고 말은 합니다만, 그런 형태의 뛰어난 답안을 만나는 건 극히 드문 일입니다. 그리고 솔직히 말씀드리면, 기성의 익숙한 생각을 매끄럽게 적은 답안이 무난해 보여요. 낯선 내용과 주장이 즉각적으로 긍정적인 인상을 주긴 어렵죠. 그리고 정말 훌륭한 통찰이 담긴 답안지라 하더라도 그 훌륭함이 바삐 채점하는 교수의 주의력 수준을 넘어서는 것이라면, 아마 좋은 평가를 받기는 어려울 거예요. 그러니까 만일 대학에서 좋은 성적을 받는 것이 목표라면, 수업 시간에 노트 필기를 충실히 해서 거기에 따라 답안을 작성하는 것이 안전한 길일 겁니다.

　하지만 철학의 기쁨이 고작 시험에서 높은 점수를 얻는 데서 찾아지는 것은 아니겠지요. 제 경우야 학점이 좋았던 적이 별로 없으니 이렇게 단언하기가 약간 께름칙하긴 합니다. 하지만 돌이켜 보면 제게 철학 공부의 기쁨은 작으나마 발견과 통찰에 있었던 것 같군요. 통찰이라고 해서 어떤 대단한 원리나 개념을 안출해 내는 데 이른 것은 아니고, 당시 관심이 있던 문제에 대해 다른 이들이 이미 내놓은 해법을 뒤늦게 이해하는 정도였으나, 그런 순간의 짜릿함도 오랫동안 잊히지 않습니다. 아마 대학교 3학년 가을의 일이지 싶은데, 맑스의 『경제학 철학 수고』 문장들을 읽고 느꼈던 감흥이 아직도 기억에 남아 있어요. 그 대목들은 에리히 프롬이 *Marx's Concept of Man*이라는 자신의 책[2]에 인용해 놓은 것이었는데, 당시에는 맑스의 책뿐만 아니라 이런 책도 금서였죠. 어렵게 구해서 몰래 읽어야 했던 점도 집중력을 높이는 데 영향을 주었을 거예요.

그 복사한 페이지들에 담겨 있던 것은 주지하다시피 '소외'에 대한 논의였지요. 노동하는 인간이 자기 활동의 산물을 낯설고 적대적인 것으로 대하게 되는 사태가 소외라는 것, 그 노동의 산물이 응축된 결과가 돈이고 또 자본이어서, 노동자가 돈과 자본에 종속되는 일이란 자기가 만들어 낸 생산물에 복종하게 되는 꼴이라는 것, 노동자가 노동의 산물에서 멀어지는 바람에 노동 활동은 의미를 잃게 되고, 다른 인간들도 협력의 상대가 아니라 적대적인 존재로 여겨지며, 결국 인간 본연의 모습으로부터도 멀어져서 스스로마저 낯설게 느끼게 된다는 것 등등. 이런 얘기들은 당시의 노동 현실에도 적용될 수 있었겠지만, 제게는 저를 포함한 대학생들의 처지도 잘 설명할 수 있는 틀로 보였어요. 자기 활동의 결과에서 직접 보람을 느끼지 못하고 불확실하면서도 기성의 틀에 갇힌 미래에 얽매이다 보니, 대학에서의 공부가 재미없고 공허해지는 것 아닌가, 그래서 그런 공허함을 메꾸려고 때로 어설픈 향락이나 여흥거리를 찾게 되는 것이 아닌가, 하지만 그럴수록 스스로가 더욱 낯설게 느껴지는 것이 다름 아닌 우리가 겪고 있는 소외의 모습이지 않은가.

이런 생각에 힘입어서 저는 소외라는 주제를 좀 더 파고들었지요. 그러다가 아예 팀을 꾸려 심포지엄을 열어 보기로 했어요. 그때가 1982년이니까, 전두환 정권 초기의 꽤 엄혹했던 시절이어서 교내에서도 집회가 어려웠지요. 우여곡절 끝에 개최 허가를 얻긴 했는데, 그게 토요일이었어요. 그럼에도 청중은 많았지만(앞좌석에는 경찰서 형사들도 앉아 있었지요), 다행인지 불행인지 별 소란 없이 끝났습니다. 저는 내용 면에서라도 나중에 어떤 반향이 있지 않을까 기대했는데, 딱히 그렇지도 않더군요. 돌이켜 생각하면, 당시의 상황에서 '소외'라는 주제는 좀 한가한 것이 아니었나 싶어요. 청년 맑스가 이 문제를 연구하다가 초고 상태로 남겨 놓았던 이유도 비슷한 것이었으리라 짐작합니다. 우리 사회에선 그 후로도 소외 문제가 주된 논의거리가 된 적은 없었던 것 같은데, 그건 우리에게 서구의 68혁명에 해당하는 경험을 찾기 어렵다는 점과 상통하는 바가 있다고 생각해요.

어떻든 소외 문제와 관련된 저의 철학적 앎의 경험과 기쁨은 밖으로 확산되어 발전하는 데 이르진 못한 셈입니다. 하지만 개인적으로는 꽤 큰 영향을 미쳤지요. 저는 대학원에 진학해서 맑스와 헤겔 공부를 계속했으니까요. 소외론이 그런 공부의 주된 이유였다고 할 수는 없겠으나, 그 단초 가운데 하나였음은 분명합니다.

III

대학원에서의 공부는 녹록지 않았습니다. 무엇보다도, 당시의 관심사를 좇아 읽기 시작했던 헤겔의 텍스트가 처음엔 도통 종잡기 어려웠거든요. 철학이 '시대의 자식'이라는 헤겔의 말은 그 무렵의 지적 분위기에도 적용된다 싶습니다. 그렇지 않고서야 아무리 철학과 학생들이라고 하더라도 한창때의 젊은이들이 매주 모여 그토록 이해하기 쉽지 않은 글줄을 꾸역꾸역 읽어 나갔던 그 원동력이 무엇이었는지를 이해하기가 쉽지 않을 거예요. 역사의 '진보'를 믿고 그 길을 헤쳐 나가는 데 일조하고자 하는 집단적 마음이, 그러니까 개인의 심리나 양심을 넘어서는 일종의 '시대정신'이 있었을 겁니다. 이러구러 제가 석사과정 내내 힘들여 공부한 성과를 정리해 낸 주제도 바로 헤겔의 '정신' 개념이었어요.

자기의식들의 공동체로서의, 사회적 실체로서의 정신—그토록 난해하다는 헤겔의 『정신현상학』을 일 년 반 동안 읽고 나름으로 이해한 바를 요약한 표현이 이런 거였죠. 그때의 졸업 논문을 지금 다시 읽어 보면 매우 허접하다 싶을 테지만, 당시에는 그래도 성취감이 없지 않았습니다. 전에는 무슨 얘긴지 잘 몰랐던 말들을 어설프게나마 꿰어 담을 수 있었으니까요. 어떤 환희가 찾아왔던 건 아니나, 은근한 기쁨 정도는 있었던 것 같군요. 하지만 남들에게 그다지 인정받지는 못했어요. 논문 심사 때는 너무 뻔한 내용 아니냐는 평을 들었던 기억이 납니다. 나중에 보니 논문 점수도 그렇게 좋지 못했죠. 하지만 저는 만족했어요. 어떻든 졸업은 했고, 심사를 맡은 분들이 헤겔 전공자들도 아닌 데다가 제 논문을 끝까지 읽어 보지도 않았다는 사실을 알고 있었거든요.

당시 국내에는 헤겔 논문을, 특히 사회철학 계통 논문을 지도할 수 있을 만한 교수는 드물었죠. 헤겔 철학이 일본을 통해 우리나라에도 일찌감치 수입되었다는 점을 감안하면, 이런 공백에도 한국전쟁과 냉전 이데올로기의 영향이 있었다고 봐야 할 듯합니다. 명지대학교에 임석진 교수라는 분이 있긴 했어요. 독일에서 헤겔의 노동 개념을 주제로 박사 학위를 받았고, 『정신현상학』을 우리말로 옮긴 분이었죠. 몇몇 헤겔학도들이 그분을 찾아가 공부한다는 얘기를 듣기는 했는데, 제게는 그럴 기회가 없었어요. 그분이 이른바 동백림 사건 관련자여서 좀 찜찜한 구석이 있었던 데다가, 얼렁뚱땅 석사 과정을 마치고 나서 저는 헤겔 공부에 대한 열정을 상당 부분 잃었거든요.

맑스주의 공부는 계속했습니다. 돌이켜 보면, 저는 당시 사회와 역사에 대한 맑스주의적 견지가 기본적으로 옳다고 생각했던 것 같습니다. 특히 맑스의 「정치경제학 비판 서문」(1859)에 압축되어 있는 파악 방식이 설득력과 호소력이 있다고 여겼지요. 사실 그런 인상은 지금도 상당 부분 남아 있습니다. 개인이나 사회를 그 생각이나 말에 따라서가 아니라 놓인 처지와 행동에 의거하여 판단해야 한다거나, 사회 변화의 기본 요인을 경제적 토대에서, 특히 생산력의 발전에서 찾아야 한다는 생각은 오늘날에도 많은 이들이 은연중에 받아들이고 있는 관점이 아닌가 싶어요. 물론 생산관계의 변화를 중심으로 하는 혁명론이나, 인류는 언제나 해결할 수 있는 과제만을 제기한다는 낙관론 따위는, 그런 언급이 나온 시대의 사회 조건을 바탕으로 이해해야 할 겁니다. 말하자면, 맑스주의의 한계 역시 맑스주의적 틀을 통해 조망해 보아야 한다는 얘기죠. 흔히 지적되듯이, 혁명적 열망을 추동했던 당시의 조건이 역사가 필연적 법칙에 따라 발전한다는 일종의 폐쇄적 발상을 낳았던 셈인데, 서구가 겪었던 그런 열망의 상황이 수 세대의 간격을 두고 우리에게도 닥쳐왔다는 점이 흥미롭지요. 그 같은 상황의 경과가 산업화 과정만큼이나 압축적이고 빨랐다는 점도 그렇고요.

당시에도 이 같은 자기 한계에 대한 반성적 인식이 싹트지 않은 건 아니겠으나, 외적 현실이 그런 인식의 성숙을 기다려 주지는 않았습니다. 소련과 동구권의 몰락은 사고의 전환을 요구하는 실질적인 힘으로 다가왔지요. 제가 루이 알튀세르를 공부하고 그것으로 박사 논문을 쓰게 된 것은 어떤 내적 발전의 논리에 따라서라기보다는 이렇듯 외부의 상황 변화에 떠밀린 면이 크지 않을까 합니다. 우리에겐 알튀세르가 기성의 사고방식을 넘어서는 제법 새로운 면이 있었겠지만, 서구의 기준에서 보면 어언 철 지난 사상가였다고 할 수도 있겠지요. 그 탓에 우리 사회에서 알튀세르가 크게 주목받은 기간은 길지 않았던 것 같아요. 하지만 맑스주의의 한계가 반성되는 과정에서 나름의 역할이 있었던 철학자임은 분명하죠. 저는 한동안 알튀세르의 사유를 궁구했으나 거기에 머물지 못했습니다. 동구권의 변화에 즈음해서 시작한 공부를 학위 논문의 형태로 정리하곤 곧 빠져나올 차비를 했지요.

 이런 경험들이 가볍고 쉬운 것은 아니었어요. 저는 당시에 외국 유학을 가지 않았는데, 그게 과연 그때의 생각대로 우리의 현실에 충실한 방도였는지는 모르겠군요. 세상과 시대를 보는 눈이 좁았고 고집도 셌습니다. 그랬던 만큼 학위를 받는 과정도 순탄치는 않았죠. 저의 태도와 관련된 사안은 차치하고, 내용적인 면에서 보자면 무엇보다 알튀세르의 철학관이 문제였던 것 같아요. 그도 그럴 것이, 알튀세르에 따르면 철학자는 실질적 지식을 생산하지 못하고 오히려 그 지식의 경계에 걸려 넘어지고 다치는 존재였거든요. 철학자가 통용되는 지식의 영역 너머에 사유의 발길을 뻗치는 한, 이것은 어쩌면 불가피하고 당연한 모습일지 모릅니다. 철학자들이 나름의 가정과 추론을 통해 내세웠던 주장 가운데 이후의 지식 발전에 따라 폐기되거나 틀렸음이 드러난 내용들이 얼마나 많습니까? 알튀세르의 표현대로 하면, 면상이 깨지게(se casser la figure) 되는 것, 그러니까 우리 식으로 말해 큰코다치게 되는 것이죠. 철학을 업으로 삼는 처지에서 보면 이런 식의 형용이 그리 유쾌하기만한 것은 아닐 거예요.

물론 철학의 역할과 위상에 대해 부정적 묘사를 한 철학자들은 알튀세르 말고도 많지요. 우선 루트비히 비트겐슈타인과 리처드 로티가 생각나는군요. 두 사람 모두 철학의 역할을 나름으로 재정의한 끝에 철학을, 또는 철학과를 떠났던 인물이죠. 하지만 알다시피 철학적 활동을 아예 그만두었던 것은 아닙니다. 알튀세르 역시 면상이 깨지게 마련이라는 철학적 작업을 계속하지요. 그리고 아닌 게 아니라, 면상이 깨집니다. 그것도 여러 번이요. 엉망으로 다치고 부서지지만, 그래도 끝까지 포기는 하지 않아요. 그런데 왜죠? 그럴 수밖에 없어서일까요? 철학은 그럴 만한 가치가 있는 일일까요?

면상이 깨지려면, 일단 면상(figure)이 있어야 합니다. 내세울 만한 윤곽이, 사유의 독특한 얼개가 있어야 하죠. 그러니, 아직 그런 게 없는 이들은 지레 겁을 먹을 필요는 없을 겁니다. 기성의 윤곽을 모방하고 따라 그리는 일이야 그리 위험하지 않은 일이겠죠. 비록 여기저기 상처가 났다고는 해도 여전히 매력적인 면모를 지니고 있을 사고방식들도 많을 테니, 깨지고 낡은 부분을 수선하고 덧칠해서 그 기본 형태를 돋보이게 할 수 있을 거예요. 그 과정에서 복원과 채색의 기쁨을 맛볼 수도 있겠죠. 사실, 다른 여러 학자들처럼 이제껏 제가 한 작업들은 이런 종류의 것들이라고 해야 할 겁니다. 그것도 대개 다른 이들이 이미 살피고 손보아 놓은 윤곽선을 좇아 부분 부분을 비추어 보고, 그 형태들을 재인식하여 재현하는 일이었던 셈이죠. 하지만 그렇게 마련된 형태를 제 것으로 삼아 세상으로 걸어 나가 보았느냐, 그래서 그러한 면상으로 얼마나 전진할 수 있는지 알아보았느냐, 그러다가 다시 현실에 걸려 넘어져 보았느냐고 묻는다면, 글쎄요, 그렇다고 답변하긴 어렵겠어요. 알튀세르의 얼굴을 잠시 더듬어 보다가 이런 얼개로는 버티기 힘들겠다고 짐짓 판단해 버렸다는 편이 맞을 것 같군요. 그렇지만 알튀세르를 잊을 수는 없었어요. 그의 철학적 고투(苦鬪이자 孤鬪)는 제게 지워지지 않는 강한 인상을 남겼지요.

IV

"속지 않는 자들이 방황한다"[3]라는 라캉의 유명한 표현은 뒤집어 보면 방황하지 않는 자들은 속는다는 뜻이 됩니다. 때로는 헤매는 것이 불가피하고 또 필요한 일이기도 하지요. 속지 않으려는 것이 우리가 따져 생각하는 중요한 이유 중 하나라면, 철학자들은 어쩌면 끊임없이 방황하지 않을 수 없는 운명일 거예요. 그렇다고 줄곧 헤매기만 할 수는 없겠지요. 더러 머물러서 여정을 추스를 쉼터나 정박지 같은 곳이 있어야 할 겁니다. 제가 한동안 여기저기 기웃대다가 잠정적으로 닻을 내린 곳은 에마뉘엘 레비나스의 철학이라고 할 수 있어요. '잠정적'이라는 말이 좀 무색하다 싶긴 합니다. 체류한 지가 어언 스무 해를 넘겼으니 말이죠.

왜 하필 레비나스냐 하는 문제는 예전에도 말씀드린 적이 있습니다.[4] 당시에 지배적이었던 신자유주의의 횡포를 비판하고 저지할 윤리적 근거가 될 수 있지 않을까 하는 생각에서였다는 것이었지요. 하지만 그 밖에도 여러 요인이 있을 겁니다. 개인적인 기질이나 취향에 따른 선호도 영향을 주었을 거예요. 신자유주의를 비판하기 위해 철학적 기반으로 삼을 만한 철학자야 레비나스 말고도 여럿 있으니까요. 그 가운데서도 우리 사회에서는 한때 들뢰즈-가타리가 상당한 인기를 얻었던 것 같아요. 제가 운 좋게도 교수 자리를 얻어 부산대학교에 내려온 다음에도 대학원생들 몇몇이 제게 바랐던 것은 들뢰즈를 공부하는 것이었어요. 그래서 한동안 들뢰즈를 함께 읽었죠. 주요 저작은 거의 다 보았지 싶어요. 관련된 글도 몇 편 썼습니다. 하지만 들뢰즈에게 매혹되거나 동화되지는 못했다는 생각이 듭니다. 그 이유는, 글쎄요. 들뢰즈가 기성의 형식을 거부하고 변화를 내세우긴 하지만 그에 따르면 그런 변화의 이념은 이 세계의 내재성을 벗어나지 않는다고 하는데, 지금 생각해 보면 제게는 오히려 이 점이 마음에 들지 않았던 것 같군요. 들뢰즈 독회 이후, 역시 학생들의 요구로 함께 읽은 스피노자 저작들에서도 그리 큰 감흥을 얻지 못했는데, 그것 또한 유사한 면 때문이었지 않나 생각해 봅니다. 반면에 그다음으로 벤야민을 강독하면서는 좀 나았던 것 같아요. 벤야민의 저술들이 제게 꽤 호소력이 있었던 것은 아마, 그의 철학에는 레비나스와 마찬가지로 초월성 또는 외재성에 대한 강조가 깃들어 있었던 탓이 아닌가 싶기도 합니다.

　여기서 이런 문제를 깊게 파고들 필요는 없겠지요. 될 수 있는 대로 오늘의 주제인 '철학의 기쁨'에 초점을 맞춰 봅시다. 물론 들뢰즈나 스피노자를 공부하는 일이 기쁨을 주지 않은 것은 아닙니다. 그들처럼 출중한 철학자의 사유를 탐구해 나가다 보면, 심심찮게 경탄의 기쁨을 맛보게 되지요. 더구나 스피노자와 들뢰즈는 기쁨을 중시하는 철학자들이 아닙니까. 알다시피 스피노자는 우리의 존재 능력이 증가하거나 강화될 때 느끼는 감정이 기쁨이며, 더 큰 기쁨을 추구하는 것이 우리 삶의 윤리적 목표라고 하지요. 또 들뢰즈도 기쁨을 긍정하는 이런 스피노자의 철학을 높이 평가하고 자기 철학의 중요한 자양분으로 삼았죠. 들뢰즈-가타리의 욕망 개념에도 이와 같은 기쁨에 대한 이해가 스며 있다고 보입니다. 그렇다고 해서 스피노자나 들뢰즈가 기쁨으로 충만한 삶을 산 것 같지는 않지만요.

　우리가 기쁨을 어떻게 이해하느냐와 실제로 얼마나 기쁨을 누리느냐가 꼭 합치하는 건 아니죠. 이것은 기쁨의 본성상 불가피한 일이라고 보입니다. 유한한 존재인 우리는 바라는 바를 늘 뜻대로 성취할 순 없지요. 실은 이런 사정 때문에 기쁨이 기능하는 것이겠습니다. 우리가 원하는 일이 이뤄지는 경우가 많지 않은 까닭에, 그런 경우를 기억하고 재실현하려 할 필요가 있는 것이죠. 그런 쪽으로 우리의 행동을 이끄는 데 기쁨의 존재 이유가 있다고 할 수 있습니다. 그렇기에 우리가 처한 상황의 내외적 요인을 적절히 파악하여 대응하면 기쁨을 느낄

여지가 커질 겁니다. 하지만 그처럼 적절한 또는 적합한 파악을 해내기는 쉽지 않지요. 바로 그 때문에 우리는 지적 탐구가 성공했다고 보일 때 또한 기쁨을 맛보는 것이죠. 철학적 통찰에 수반되는 기쁨도 다르지 않습니다. 스피노자는 우리가 노력하면 '적합한 인식'(cognitio adequata)에 도달할 수 있고, 그럼으로써 능동적으로 기쁨을 누릴 수 있다고 생각했지요. 그러나 제가 보기에 스피노자는 기쁨이 성립하는 요건 가운데 '주체'의 비중을 과도하게 설정하지 않았나 싶군요. 그의 생애 동안 닥쳐왔던 여러 불행한 사태들은 그의 '적합한 인식'으로 제어하기 어려운 것들이었죠.

레비나스의 경우는 좀 다릅니다. 레비나스에 따라 보다라도 기쁨이나 즐거움은 자기중심적 욕구의 충족에서 성립하죠. 우리 삶의 본래적 모습이 즐김, 즉 향유(jouissance)라고 생각합니다. 그런데 이 향유는 '~으로 산다'는 구조를 갖지요. 그리고 이 무엇무엇('~')은 우선 타자적인 요소들로부터, 그러니까 내 뜻대로 좌우할 수 없는 요소들로부터 출발합니다. 그러니까 나의 삶은 내가 아닌 것에 의존해 사는 것이라는, 어쩌면 당연한 얘기를 하는 것이죠. 즐김은 이렇게 내가 아닌 것으로 사는 삶이 존립하는 데서 오는 만족함의 태도라고 할 수 있습니다. 기쁨이나 즐거움은 여기에 수반되는 것이지요. 우리가 ~으로 사는 삶을 사는 한, 여기에 따르는 기쁨이나 즐거움은 우리 삶의 기본 특성인 셈입니다. 그러나 또 그러한 한, 이 기쁨은 근본적으로 자족적인 것일 수 없어요. 타자적인 요소에 기댈 수밖에 없습니다. 그런데 레비나스에 따르면 이 타자적인 것은 궁극적으로 동일화가 불가능한 것, 즉 완벽한 제어와 통제가 불가능한 것이에요. 말 그대로 '다른' 것이거든요. 물론 레비나스 철학에서 이런 타자성의 본령은 윤리적 차원에 있지만, 향유와 관계하는 타자적인 것도 무한하기는 마찬가지입니다. 완전히 장악하거나 소유할 수 없는 것이죠.

이렇듯 레비나스는 스피노자와 달리 타자적인 면을 더 중시합니다. 우리는 기쁨과 즐거움을 누릴 수 있는 삶의 구조를 가지고 있으나, 그 실제적 누림은 무엇보다도 타자적 요소들에 의해 좌우되죠. 이런 점은 날씨만 생각해 봐도 쉽게 알 수 있을 거예요. 날씨가 좋으면 기분이 좋고 즐겁죠. 그러나 날씨를 우리 마음대로 바꾸긴 어렵습니다. 근래에 서동욱 선생은 '철학은 날씨를 바꾼다'라는 제목의 멋진 책을 내놓았습니다만, 거기서 말하는 날씨의 바꿈이란 분무기로 만들어 내는 무지개처럼 국소적이고 일시적인 것에 불과하지요. 내 뜻 같지 않은 험한 세상에서 잠시 가림막이 되어 주는 작은 위안이나 위무로서 말입니다.[5] 서동욱 선생도 기상 현상인 진짜 날씨가 마음대로 바뀌지 않는다는 점을 먼저 강조합니다. 그렇기에 오히려 한순간이나마 우리를 보호해 줄 수 있는 우산과 같은 사유의 피난처가 소중하다는 것이지요. 여기서 스피노자 식의 적극적인 태세는 이미 찾아보기 어렵습니다.

기쁨의 근본적 유인은 기쁨을 느끼는 주체 밖에 있습니다. 기쁨이 느낌인 한에서 그럴 수밖에 없지요. 물론 그 바깥을 안으로 만들어 나가려 할 수는 있습니다. 레비나스 식으로 말해, 외부를 내재화하려, 타자적인 것을 동일자화하려 할 수 있어요. 그러나 거기에는 언제나 한계가 있습니다. 폭우가 쏟아질 때 우산이나 지붕 아래서 비를 피할 수는 있지만, 당장 비를 멈추게 할 수는 없는 것처럼 말이죠. 처마 밑에서 비를 긋는 일도 작은 기쁨일 수는 있겠으나, 마침내 먹구름이 걷히고 환한 햇살을 마주할 때의 기쁨에 그것을 견줄 수 있을까요?

V

에드바르 뭉크의 유명한 그림 〈절규〉에서 그 제목인 '절규'가 의미하는 것은 그림 속 인물의 절규가 아니라고 합니다. 비명을 지르며 절규하는 것은 세상이고 자연이며, 그림 속의 인물은 그 소리 없는 거대한 비명에 괴로워하며 두 손으로 귀를 막고 있는 것이라 하죠.[6] 이런 점을 염두에 두고 〈절규〉를 다시 보면 인물의 배경을 이루는 물과 하늘의 색조 및 움직임이 예사롭지 않게 다가옵니다.

물론 이런 절규를 모두가 듣는 것은 아니죠. 그림 뒤편에서 걸어오는 두 인물처럼 듣지 못하는 사람이 대부분일지 모릅니다. 뭉크의 예민하고 고독한 성정, 노르웨이 에케베르그 언덕의 석양, 또 그것과 어우러진 세기말의 정경이 빚어낸 장면일 거예요. 어떻든, 강렬한 느낌은 주체의 내면만으로 성립하는 건

에드바르 뭉크의 〈절규〉

아니지 않을까 싶군요.

　뭉크가 우울하고 부정적인 느낌만 화폭에 담은 것은 아닙니다. 오슬로대학교 강당의 벽화로 그려진 〈태양〉이라는 작품은 매우 다른 분위기를 보여 주죠. 밝고 희망찬 일출의 모습이 〈절규〉와 대조적입니다. 저는 이 그림이 우리가 누릴 수 있는 기쁨의 원천과 그 강렬함을 잘 형상화하고 있다고 생각해요. 떠오르는 태양의 빛을 마주하고 그 밝음과 따뜻함을 느끼는 것은 우리이고, 그래서 우리의 됨됨이, 곧 감성의 구조가 중요한 건 맞지만, 그 감성에 기쁨이 채워지려면 실제로 태양이 떠

에드바르 뭉크의 〈태양〉

올라야 합니다.

철학의 기쁨도 마찬가지겠지요. 철학에 관심이 없는 사람들에게는 철학적 논의들이 귀찮고 무가치한 일로 보일 겁니다. 아침 햇살이 늦잠을 깨우는 성가신 존재로 여겨지는 경우도 있으니까요. 하지만 태양을 반기는 사람들이라 해도 찬란한 태양을 항상 마주할 수 있는 것은 아니지요.

물론 기쁨의 원천은 다양합니다. 제가 그 원천의 타자성을 강조하려다 보니 태양에 견주게 되었을 따름이죠. 태양은 예로부터 우리네 삶에서 워낙 중요했던 탓에 절대적 상징으로 자리해 왔고, 그래서 신과 또는 이성과 연결되기도 했습니다. 오슬로대학교 강당에 걸린 뭉크의 〈태양〉도 일견 이성의 빛을, 그러니까 계몽(enlightenment)을 나타내는 것으로 비칠 겁니다. 하지만 제 눈에는 사방으로 뻗치는 햇살의 가닥들이 인상적이군요. 눈부신 궁극의 원천이야 우리의 능력으론 미처 붙잡지 못할지라도 하나하나의 햇살은 기쁘게 반길 수 있을 듯합니다.

제가 근래에 레비나스 외에 주로 다룬 철학자로는 데리다를 들 수 있겠군요. 대학원 수업에서 그의 저작들을 같이 읽었고 더러 번역도 했습니다. 후기 저작들이 중심이었는데, 그 이유는 데리다가 이 저작들을 통해 조심스럽지만 그 나름으로 기호나 문자 바깥을 지향하고 있다고 생각했기 때문이에요. 언뜻 보면 이런 해석이 '텍스트 바깥은 없다'라는 데리다의 초기 명제와 배치되는 것처럼 여겨질 수도 있겠군요. 하지만 저는 그의 해체론적 작업 자체가 기존의 질서를 넘어서려는 쪽으로 작용하고 있다고 생각해 왔습니다. 아감벤에 대한 저의 관심도 유사하다고 할 수 있죠. 기존의 문화와 사상에 대한 문헌학적 작업을 통해 바깥 또는 초월을 향한 모색의 노력을 그치지 않고 있다는 점에서 말입니다. 하긴, 여러 문헌을 자유자재로 주무르는 아감벤의 멋진 필치에 매혹되었다는 점도 부인할 순 없겠죠.

저는 우리가 살고 있는 이 시대가 사고방식의 큰 전환기를 맞고 있다고 봅니다. 인터넷 통신과 인공지능의 발전으로 신경계의 외장(外藏) 경향[7]이 심화하고 있을뿐더러, 그에 따라 인간의 자기중심적 사유로부터의 탈피가 불가피해지고 있어요. 환경을 인간에게 맞게 개조하려다 보니 그 과정에서 인간 자신의 됨됨이가 자연적 질서의 한 부분에 불과하다는 점이 점점 더 분명해진 거죠. 이 같은 아이러니는 여전히 남아 있는 인간됨의 심연이나 비밀에도 적용됩니다. 그것 또한 자연의 심연이나 비밀과 무관할 수 없을 테니까요. 이런 점에서 철학과 과학의 재합류가 이루어지고 있다고 보입니다. 물론 학문의 초창기 때와는 달리 여기서 주도권을 철학이 가지고 있는 것 같지는 않군요. 그렇다고 추론과 발견의 기쁨이 사라지는 것은 아니니, 굳이 학문의 인위적인 경계와 명칭을 고집할 이유는 없을 겁니다.

이런 추세의 와중에서 철학은 한편으로 가치의 문제에 집중하게 되죠. 흔히 돈으로 환산되는 경제적 가치 말고 양화 불가능해 보이는 가치들 말입니다. 주지하다시피 이 가치들은 논리적 가치, 윤리적 가치, 미학적 가치 등으로 대별될 수 있어요. 실증과학은 이런 가치들을 직접 문제 삼지 않죠. 이것들은 여전히 철학적 사유의 대상으로 남아 있습니다. 철학은 가치들을 다루지요. 그렇다면 철학은 애당초 기쁨이 수반될 수밖에 없는 활동이 아니겠습니까? 기쁨은, 적어도 진정한 기쁨은 가치 있는 것에 의해 생겨나는 것일 테니까요…. 뭐라고요? 그렇지 않다고요? 아니, 왜죠? 하긴 은행원이 직업적으로 돈을 다룬다고 해서 반드시 돈을 많이 가진 부자라는 법은 없으니까요. 그래도 돈을 많이 접해 본 사람이 부자가 될 가능성이 좀 더 많지는 않을까요?

자, 이제 '철학의 **기쁨**'을 표제로 하지만 **기쁨**을 주지는 못한 제 얘기를 마무리 지어야 할 때입니다. 사실, 저는 재미있게 말하는 재주가 없어요. 농담도 잘 못하는 편이고요. 그래도 제가 자주 했던 농담들이 몇 있습니다. 하나는 제 졸리는 목소리에 관한 것이죠. 강의 때 조는 학생들이 있으면 써먹곤 했습니다. "그래, 나도 안다. 내 목소리가 졸린다는 거. 나도 잠이 안 올 때는 혼잣말을 한다." 이것 외에 만우절 때면 곧잘 하는 흰소리가 있죠. 강의실에 들어가 수업을 시작하기 전에 이렇게 운을 뗍니다.

"좋은 소식이 하나 있고, 나쁜 소식도 있어요. 어느 쪽을 먼저 얘기할까요?"

학생들은 대체로 나쁜 소식을 먼저 말하라고 하는 편이죠. 그러나 상관없습니다. 좋은 쪽을 먼저 말하라고 하는 경우에도 얘기하는 순서는 똑같아요.

"제가 이번에 급작스럽게 외국에 파견 근무를 가게 되어서 이번 학기 강의는 오늘로 마쳐야 할 것 같군요."

이 말이 나쁜 소식에 해당할 때는 '아쉽게도', '미안하게도' 정도의 말을 덧붙이고 자못 심각한 얼굴을 하죠. 좋은 소식을 먼저 말해 달라고 한 경우에는 '지루한 강의를 일찍 끝내니 얼마나 좋으냐' 하는 태도로 밝은 표정을 짓고요. 두 번째 이야기는 여러분이 짐작하는 대롭니다.

"두 번째 소식은 (다행스럽게도/아쉽게도) 오늘이 만우절이라는 겁니다."

이게 좋은 소식에 해당한 경우가 많으니 저는 '다행스럽게'라는 말을 주로 했지만, 학생들은 그때마다 꽤 '아쉬워'했어요.

그런데 오늘도 비슷한 말씀을 드려야 할 것 같군요. 두 가지 소식이 있습니다. 좋은 소식과 나쁜 소식. 무엇을 먼저 얘기할까요? … 나쁜 소식? 역시 그러는 편이 낫겠죠?

"조금 아쉽게도 제가 이번 학기에 퇴직을 합니다. 그래서 제가 교수로서 이렇게 여러분 앞에서 발표나 강연을 하는 것은 이번이 마지막이 될 것 같군요. 매번 그랬듯 재미없는 제 얘기를 이렇게 끝까지 경청해 주셔서 너무 감사합니다. 여러분의 앞날에 많은 기쁨이 함께하길 기원합니다."

이어서 좋은 소식도 마저 말씀드리죠.

"다행스럽게도 오늘은 만우절이 아니군요."

철학자의 아마추어 정신과 프로 정신, 그리고 '사회철학'

I

몇 가지 일화로 논의를 시작해 보고자 합니다. 첫째는 제 석사 논문 지도교수였던 이상철 선생님과 관련된 이야깁니다. 이분의 일화는 예전에도 거론한 적이 있지요. 철학 수업 첫 시간에 학생들에게 대뜸 "자네는 무엇 때문에 사나?"라는 질문을 던지곤 학생들이 당황해서 머뭇거릴 때, "나는 자네들 때문에 사네"라고 말씀하셔서 자못 감동적인 분위기를 자아냈다는 얘기 말입니다.[1] 정말 옛날 일입니다. 반세기쯤 전이니까요. 저도 그런 일화를 전해 들었을 뿐, 직접 겪은 것은 아닙니다. 그런데 오늘 말씀드리려는 것도 마찬가지예요. 어디서 읽었는지 누구한테 들었는지 확실치 않지만, 그 내용만은 강한 인상으로 남아 있는 한 장면이 있습니다. 누군가 이상철 선생님에게 철학자가 어떤 존재냐고 묻자, 그분은 이렇게 대답하셨다는 겁니다.

"철학자는 창고지기라네."

겸손하면서도 의미심장한 말씀이지요. 저는 이 말을 떠올릴 때면, 하이젠베르크의 『부분과 전체』가 생각납니다. 불확정성 원리의 베르너 하이젠베르크의 저서 말이죠. 이 책은 하이젠베르크가 양자역학 태동기를 살면서 어떤 생각을 하고 누구와 교류했으며, 어떻게 당시의 물리학적 문제들과 삶의 문제들을 풀어 나갔는가를 서술하고 있습니다. 여기에는 철학 논의들도 많이 등장합니다. 고대 원자론에서부터 플라톤, 또 근대의 말브랑슈, 칸트 등등에 이르기까지요. 그래서 저는 아주 오래전 일이긴 합니다만, 이공대학 학생들의 철학개론 교재로 이 책을 사용한 적도 있어요. 아무튼 이 책은 철학적 사유와 사상이 물리적 세계를 위시하여 이 세상을 해석하고 문제를 해결해 나가는 데 어떤 자극을 주고 통찰을 주는지를 잘 보여 줍니다. 이런 활용이 가능하려면, 그간 인류가 이뤄 낸 사상적 성과들이 잘 보존되고 이해하기 쉽게 잘 정리되어 있어야 하겠지요. 이상철 선생님이 말씀하신 '창고지기'란 아마 이런 일을 하는 사람을 일컫는 걸 겁니다. 옛 사상 또는 새로운 사상들을 찾아내어 모으고, 먼지를 털고 닦아 내어 그 특성에 맞게 분류하고 배치하는 따위의 일들을 전문적으로 하는 자이지요. 인류의 지혜 창고를 관리하는 일, 이것이 철학자의 소명이라는 뜻입니다. 그 창고는 '지식'의 창고라기보다는 '지혜'의 창고일 테죠. 그래서 경험적 데이터나 경험과학의 지식을 다루는 것과는 다른 세심하고 깊은 주의가 필요합니다. 함부로 내다 버리거나 신기해 보인다고 아무것이나 다 쟁여 놓으려 해서는 곤란하죠. 나름의 감식안이 있어야 합니다.

이상철 선생님은 제 아버지뻘 세대에 속하는 분이죠. 당시에는 이런 창고지기의 역할이 지금보다 한결 더 중요했다고 볼 수 있을 겁니다. 서구화와 산업화의 와중에 서구의 사상을 수입하여 소화하고, 또 우리의 전통 가운데 핵심적인 요소를 보존하는 일이 긴요했을 테니까요. 하지만 오늘날의 견지에서 보면, 그것만으로는 부족하다는 느낌을 지우기 어렵군요.

두 번째 소개할 일화는 첫 번째와 달리 제가 직접 겪은 일이에요. 서울대학교 철학과의 김상환 교수가 저희 부산대학교에 강연하러 왔을 때의 얘기죠. 그것도 벌써 옛날 일이군요. 아마 2005년이나 2006년 무렵이었을 겁니다. 질 들뢰즈 철학이 한참 관심을 끌었을 때였고, 김상환 선생의 강연 주제도 들뢰즈 철학이었던 것으로 기억합니다. 김상환 선생이 들뢰즈의 주저 가운데 하나인 『차이와 반복』의 우리말 번역본(2004)을 내놓았는데, 평도 괜찮았고 책 내용에 대한 관심도 높았죠. 저도 당시의 '시대 분위기'에 끌려 대학원생들과 함께 들뢰즈 책들을 읽고 있었어요. 프랑스어와 영어로 보고 있었는데, 마침 번역본이 나오는 바람에 많은 도움을 받았습니다. 어떤 철학이 수용되고 논의되는 데 번역본이 중요한 역할을 한다는 점은 새삼 언급할 필요도 없겠죠. 하여간 김상환 선생은 프랑스철학의 전문가로, 들뢰즈 철학의 전문가로 대접받고 있었어요. 저는 그렇지 못했지요. 루이 알튀세르라는 프랑스 맑스주의 철학자를 뒤늦게 연구하여 박사 학위를 받기는 했으나, 깊이 있게 프랑스철학 전반을 공부한 것도 아니었고, 들뢰즈에 대해서는 당시만 해도 사실 잘 몰랐거든요. 그래서 들뢰즈 철학에 대한 대학원생들의 요구에 그나마 부응하기 위해서는 여러 전문가의 도움에 기대야 했습니다. 김상환 선생은 그런 전문가였죠. 강연을 잘 듣고 뒤풀이 자리에 가서 이런저런 얘기를 나눴습니다. 그러다가 제가 물어봤죠. 이진경 선생에 대해서 어떻게 생각하느냐고요. 이진경 선생은 당시 우리 사회에 들뢰즈 철학을 소개하고 일종의 붐을 일으키는 데 큰 역할을 했던 인물 중 한 사람이었습니다.

"아마추어치곤 훌륭하죠."

그 말을 듣고 저는 내심 조금 놀랐습니다. 사실 저는 그때까지 아마추어와 프로라는 구별에 대해 별로 생각해 본 적이 없었거든요. 이진경 선생은 철학과 출신이 아니라 사회학과 출신이죠. 학위도 사회학이고요. 당시에 이미 교수였지만, 소위 운동권이었고 감옥에도 얼마간 있었죠. 20대 초반에 「사회구성체론과 사회과학방법론」이라는 글을 써서 이른바 사구체 논쟁을 통해 유명해진 인물입니다. 그렇지만 그 이후로 철학적이라 할 만한 작업들을 많이 해 왔어요. 특히 들뢰즈와 관련해서 번역도 여럿 했고 저서도 많이 냈지요. 물론 그 정확성에 대해선 평가가 다를 수 있어요. 제가 2000년에 부산대학교에 와서 처음 대학원생들과 같이 읽은 들뢰즈의 책이 『스피노자와 표현의 문제』였는데, 힘들여 강독을 끝내고 나자 이진경 선생이 번역한 번역본이 나오더군요. 내용을 제대로 소화하지 못하고 읽었기에 번역본이 반가웠어요. 그런데 스피노자 철학을 중점적으로 연구한 진태원 선생의 말로는 번역에 문제가 더러 있다고 하더군요. 저는 그런 점을 잡아낼 능력이 없었습니다. 아무튼 당시에 저는 이진경 선생도 들뢰즈 철학을 잘 안다고 생각했어요. 최소한 저보다 나았으니까요. 그래서 김상환 선생의 '아마추어'라는 말이 제게 여러모로 가볍지 않게 다가왔죠.

들뢰즈 철학에 관한 한, 당시에 저는 아마추어였습니다. 그러나 저는 철학 전공자고 철학 교수였어요. 그런 면에서 저는 '프로'였을까요? 그렇다면 저는 내실이 없는 프로, 아마추어에도 못 미치는 '프로'였을까요?

저는 지금도 곧잘 제가 '아마추어'라고 말하곤 합니다. 그동안 주로 다루어 온 레비나스 철학에 대해선 '프로'가 아니냐고 최근에 누가(굳이 밝히자면, 명지대학교의 강순전 선생이) 물어봤을 때도 저는 그렇지 않다고 대답했어요. 물론 저는 레비나스 철학에 대해 꽤 아는 편입니다. 레비나스 저서도 몇 권 번역했고, 관련 논문도 여러 편 쓰고 어쭙잖은 해설서도 한 권 냈지요.[2] 레비나스에 관한 한 적어도 국내에서는 어떤 '프로'에게도 크게 뒤지지 않는다고 생각합니다. 그러나 저는 여전히 아마추어라는 생각을 가지고 있어요. 제가 왜 그렇게 생각하는지, 또 그 생각이 정당한 것인지 아닌지는 나머지 일화들을 소개하고 나서 잠시 뒤에 논의하기로 하죠.

II

세 번째 일화는 제가 보고 들은 것이기는 합니다만, TV 토론에서 본 것인 데다가 세부적인 사항도 기억나지 않는 것이어서, 말씀드리기 께름칙한 면이 있군요. 역시 한 이십 년도 더 전의 일이 아닌가 싶은데, 지금은 작고하신 문학평론가 김윤식 선생과 소설가 이문열 선생 사이에 오고 간 대화의 한 단편이 머리에 남아 있습니다. 실은 이문열 선생의 말은 정확히 기억에 없고 김윤식 선생의 말만 선명하게 떠오릅니다. (그것도 제 기억에 '선명'한 것이지, 실제로 그랬는지는 확실치 않아요. 기억의 변형 가능성에 대해서는 여기서 굳이 부연할 필요가 없겠지요.) 아마 이문열 선생이 소설을 쓰는 동기에 대해 자신의 감정과 관련된 얘기를 한 것 같아요. 그랬더니 김윤식 선생이 약간 질타하는 투로 이런 식으로 묻더군요.

"이문열 씨, 당신은 프로가 아니란 말입니까?"

이문열 선생의 대답은 듣지 못했습니다. 대답을 듣고자 던진 말도 아니었겠으나, 여러 사람이 함께한 토론이어서 따로 답변할 시간이 없었지 싶어요. 또 김윤식 선생이 훨씬 위 연배라 그랬는지 모르지만, 이문열 선생이 약간 머쓱한 표정이었던 것이 생각납니다. 이 장면에 대한 제 느낌은 양가적이었어요.

한편으로는, 소설가가 진솔하게 자신의 감정을 표현하면 되지 꼭 '프로 의식'을 가져야 하느냐는 생각이 먼저 들었죠. 어떤 소설이 훌륭한 소설이냐 아니냐는 그 소설을 쓴 자가 프로

페셔널한 소설가냐 아니냐, 곧 직업적 소설가냐 아니냐 하고는 직접 관계가 없지 않을까요? 예컨대, 카프카를 직업적 소설가라고 하기는 어렵지만, 그의 소설은 어떤 직업적 소설가가 쓴 작품 못지않게 평가받고 있지 않습니까? 나아가, 소설을 쓴다는 일이 꼭 직업적인 것이어야 할까요? 늦게 작품을 내놓거나 평생 한두 편밖에 쓰지 않았으나 훌륭한 작가로 인정받는 경우도 있고, 반면에 숱한 작품들을 남겼으나 이름 없이 사라져 간 수많은 직업적 작가들도 있지 않습니까? 이런 생각의 가닥이 문학과 철학을 견주어 보는 데 이르는 건 당연한 일이겠죠. 문학과 비교하여 철학에는 전문적 훈련이 더 필요하거나 필수적인 것일까요? 그래서 철학에는 직업적 자세가 더 요구되는 것일까요? 얼마간 정도의 차이는 있겠으나 그것이 과연 본질적일까요? 이런 의문은 앞의 김상환-이진경 일화와도 연결됩니다. 이진경 선생은 직업적 철학자는 아닐 겁니다. 그렇다고 김상환 선생이 그 점을 문제 삼은 것이라고 볼 수 있을까요? 직업적 철학자가 아니라는 것이 철학 논의의 수준과 정확성에서 중요한 차이를 낳는다고 할 수 있을까요? 만일 그렇다면 또는 그럴 소지가 크다면, 그 이유는 무엇일까요?

　　이 문제는 아마 철학의 특성과 관련된 더욱 심화된 논의로 나아가야 풀릴 수 있을 것 같습니다. 초점을 좀 더 줄여 말하면, 철학이 과학에 가까우냐 문학에 가까우냐 하는 것이 되지 않을까 해요. 이건 언뜻 듣기보다 어려운 문제죠. 전자로 답변하면 오늘날 위세 높은 과학에 치이기 쉽고, 후자로 답변하면 감성을 앞세우는 문학이나 예술에 치이기 쉽습니다. 사실 그게 현재 철학이 놓인 형편이겠죠. 그리고 그 바람에 직업적 안정성은 어느 쪽에서건 구하기 어려워지는 것이고요. 그거야 어쨌든, 우리 논의와 관련하여 일단 얼버무리고 넘어가자면, 적은 차이로나마 문학이 철학보다 직업적 전문성 면에서 더 유연하다고 할 수는 있을 것 같아요. 그래서 제가 김윤식 선생의 발언을 들었을 때, 약간 뜨악한 느낌이 들었던 것이겠죠.

그런데 다른 한편으로, 김윤식 선생의 '질타'에는 무시할 수 없는 면이 있다는 생각이 들기도 합니다. 그것은 '프로'라는 말에 이른바 소명(召命) 및 사회적 역할과 관련된 의미가 배어 있기 때문일 거예요. 프로페셔널은 혼자서 되는 것이 아니죠. 사회가 필요로 하고 뒷받침해 주어야 합니다. 이 사회적 요구와 지지가 내면화하면 소명 의식이 되는 것이죠. 알다시피 예로부터 이 '소명'에는 종교적 무게가 실리기도 했고, 그렇지는 않다 하더라도 보통 민족이나 역사 따위의 초개인적 뒷배가 작용했지요. 게다가 김윤식 선생이 쓴 '프로'라는 말은 즉각 '프로 문학'을 떠올리게 합니다. 한때 김윤식 선생의 주요 연구 분야가 카프(KAPF; 조선프롤레타리아예술가동맹) 문학이었기에 그럴 만도 하지요. 물론 '프로 문학'의 '프로'는 프로페셔널이 아니라 프롤레타리아를 나타내니까 말의 의미 자체는 다르죠. 하지만 이 프로 문학 또는 경향 문학의 신조가 사회 진보와 사회 혁명에 복무하는 직업적 소명에 있느니 만큼, 이 말을 중의적으로 새겨도 그리 이상하지는 않을 줄 압니다. 뭐, 이렇게까지 나아가지는 않는다 해도, "당신은 프로가 아닙니까?"라는 김윤식 선생의 말에는 사회적 역할에 따른 책임 추궁이 들어 있다는 점은 분명해 보입니다. 소설가가 사회적 영향력이 있는 직업이라면, 거기에는 마땅히 그 역할에 대한 자각과 책임 의식이 수반되어야 한다는 지적이겠지요. 소설이나 제반 이데올로기적 작업이 그저 개인적인 감정의 토로일 수만은 없다는 얘깁니다. 그렇다면 철학도 마찬가지 아닐까요? 철학자가, 그것도 철학 교수라는 직업을 가진 이가 사회적 책임 의식으로서의 프로 의식 없이 아마추어적 자세를 내세운다는 것은 적어도 이런 점에서 잘못이 아니겠습니까?

여기에 대한 제 생각을 말씀드리기 전에 마지막 일화를 소개하죠. 정말 마지막이고, 게다가 이건 확실한 증거가 있는 에피소드입니다. 최근에 유튜브에서 본 것이니까요. 심리학자 김정운 선생, 일찍이 남자들의 파마머리를 유행시키는 데 일조한 그 김정운 선생이 생물학자 최재천 선생과의 대담 중에 고(故) 이어령 선생의 말을 인용하는 대목이 인상적이었어요. 여기에 옮겨 보지요.

"이어령 선생님이 저한테 그러시는 거예요. 나는 이해할 수 없다, 한국 교수들이 나는 괴테를 전공했다, 나는 뭐 헤겔을 전공했다고 하는데, 괴테는 누굴 전공한 거고, 헤겔은 누굴 전공한 거야? 저도 문화심리학에서 비고츠키를 한국 사람으로 제일 처음 전공했습니다, 이렇게 말씀드리니까, 그럼

비고츠킨 누굴 전공했는데? 이러시는 거죠.

한국의 모든 학자들은 누군가를 전공하고 왔거든요. 그거 아니란 얘기죠. 그거는 우리가 쫓아갈 때 했었던 거예요. 이젠 쫓아갔던 행동 방식에 변화가 와야 될 때고, 우리 앞에 모범이 없어요. 따라갈 사람이 없는 거죠. 그럼 우리가 창조해야 되는 거거든요. 그래서 방법론으로 에디톨로지를 얘기하는 거고, 지식의 편집을 얘기하는 거고, 편집의 도구들은 우리에게 다 주어져 있고 […]."³

아마 공감하는 분들이 많을 겁니다. 사실, 많은 사람들이 이런 점을 알고 있죠. 하지만 이 한계를 극복하기가 쉽지 않다는 점 또한 알고 있습니다. 누구나 가능하면 나름의 문제의식에 따라 공부하고 또 연구하려 하지요. 그러나 기존의 성과를 제대로 습득하지 못한 바탕 위에서는 그런 시도가 자칫 어설퍼지거나 헛수고에 그칠 공산이 큽니다. 특히 철학 영역에서는 발판이 될 만한 이전의 성과들 하나하나가 만만치 않은 사상적 체계를 이루고 있는 경우가 대부분이어서, 이것을 배우고 익히는 데에도 적지 않은 시간과 노력이 들어가기 마련이죠. 이름난 몇몇 철학자의 사상을 이해하는 데 평생을 바쳐도 모자랄 지경입니다. 철학 연구자로서 전문성을 취득한다는 건 그만큼 어려운 일이죠.

앞서 말씀드린 이상철 선생님은 준거가 되는 '출발점'(Ansatzpunkt)을 강조하셨어요(이건 제가 직접 들은 말씀입니다). 특정한 전문성을 일단 갖추고 그것을 바탕으로 삼아 여러 문제를 풀어 나가야 한다는 뜻이겠죠. 그래야 '프로'의 자격이 있다고 생각할 수 있겠습니다. 김상환-이진경 일화에서 김상환 선생의 견해도 비슷한 맥락에서 이해할 수 있을 겁니다. 김상환 선생의 경우 지금 연구 분야와 관심사의 폭은 넓지만, 학위 논문은 데카르트 철학을 다룬 것이었다고 하죠. 프랑스에 유학을 가서 그곳의 전통을 대표하는 철학자인 데카르트, 그래서 정말 숱한 학자들이 샅샅이 탐색해 온 그 데카르트의 논의를 세심하게 다루는 훈련을 받았다고 들었습니다. 전문가로서의 자부심을 가질 만하죠. 그 바탕 위에서 나름의 독창적 사상을 모색하기도 하는 것으로 알고 있습니다. 모범적인 프로 철학자의 예라고 할 수 있겠어요.

 이제 제 이야기를 하자면, 저는 그렇지 못합니다. 실은 그런 전문가를 지향한 적이 거의 없는 것 같아요. 물론 그렇다고 전문성이 아예 없다는 얘기는 아닙니다. 다만, 특정 분야의 전문성을 확보하려는 노력보다는 제 관심사를 쫓아 자유롭게 공부하는 쪽을 선호했다는 뜻이지요. 그래서 저는 제가 프로라기보다는 아마추어에 가깝다고 여깁니다. 이것이 자랑거리는 아니에요. 오히려 약점으로 다가오는 경우가 많죠. 'Ansatzpunkt'가 확실하지 않다 보니 더러 기초가 부족하다는 생각이 들기도 합니다. 제가 학위 논문 심사를 받을 때 심사위원 한 분이 앞으로도 계속 알튀세르를 연구할 예정이냐고 물었는데, 제가 그럴 생각이 별로 없다고 답변하자 실망과 걱정 어린 반응을 보였던 것이 기억납니다. 전문성의 견지에서 보면 분명 그럴 만한 일이죠.

하지만 저는 아마추어적 자세의 장점도 있다고 생각합니다. 무엇보다 전문성의 영역이 갖게 마련인 조건과 형식에 덜 얽매일 수 있다는 점을 들고 싶군요. 또 그렇기에 더 순수하고 근본적인 동기에 따라 움직이기 쉽죠. 아니, 그런 동기가 앞서기 때문에 프로의 견고한 조건과 형식에 덜 속박된다고 해야 옳을지 모르겠네요. 요컨대, 기성의 질서와 틀에 갇히지 않고 그 바깥과 지반을 향해 열려 있다는 것이 아마추어의 장점이라고 할 수 있습니다. 뭐, 제가 그렇다는 말은 아니에요. 일반적으로 그럴 수 있다는 얘기죠.

프로와 아마추어의 장단점은 스포츠를 통해서도 잘 드러나죠. 프로 스포츠 선수들이 기량이 뛰어나긴 하지만, 순수한 즐거움과 재미, 그리고 자유로움 면에서는 아마추어 스포츠가 낫지 않습니까? 게다가 스포츠의 기능이나 역할 면에서 볼 때, 우리 삶에서 스포츠의 본령은 아마추어적인 면에 있다고 할 수 있지 않을까요? 비록 오늘날에는 돈벌이로서의 프로 스포츠가 대중을 소비자로서의 관객으로 전락시키고 있지만 말입니다.

III

이야기가 좀 어수선해진 면이 있으니, 다소 도식적으로 간추려 봅시다. 학문에서, 무엇보다 철학에서 프로적인 면과 아마추어적인 면이 배타적인 선택지가 되는 것은 아닐 겁니다. 아마추어적 개방성의 바탕 위에서 프로의 전문성과 책임 의식을 갖추는 것이 이상적이겠죠. 그러나 구체적 상황에 따라 어느 쪽을 얼마나 강조하느냐는 미묘하고도 중요한 문제입니다.

알튀세르 같은 철학자라면 아마 이런 것이야말로 철학이 감당해야 할 문제라고 할 것 같습니다. 알튀세르는 철학이 실질적인 지식은 생산하지 못하면서 경계선을 가르는 역할을 한다고 보았으니까요.[4] 이 같은 철학의 역할을 그는 "이론에서의 정치"라고 표현했어요. 맑스주의자로 이른바 '맑스주의의 위기' 시절에 활동했던 만큼, '정치적' 문제의식과 책임감이 아주 강한 편이었죠. 철학자로서 그의 '프로' 정신은 개념들의 질서에 이렇게 정치적이고 계급적인 경계선을 긋는 데서 발휘됩니다. 아마추어 철학, 그러니까 소명 의식을 갖지 못한 자생적 철학은 이런 자각을 결여하고 있다는 점에서 한계가 있다고 여겨지고요. 그런가 하면, 데리다 같은 철학자는 오히려 경계를 허물고 지우는 데서 철학의 역할을 찾죠. 하지만 이것 역시 개념적 평면에서의 정치 행위가 아니라고 할 수는 없을 겁니다. 어떤 방향의 변화가 요구되는가에 대한 상황 판단에서 차이가 생겨나는 것이겠지요.

지금까지의 논의를 통해서도 단편적으로 드러났듯이, 저는 현재 우리의 철학 연구 영역에서 전문성보다는 개방성이 더 강조될 필요가 있다고 생각하는 쪽입니다. 이런 점에서는 알튀세르보다 데리다에 가까운 입장이라고 해야 할 듯싶군요. 사실 오늘날 알튀세르와 같은 견지를 취하기는 쉽지 않죠. 철학의 당파성을 판가름할 확실한 사회적 목표나 실체를 찾기 어려운 상황이니까요. 김윤식 선생의 언급이 시사하는 '프로'로서의 책임감이 기댈 확고한 기준을 세우기도 만만치 않죠. 오히려 자칫 잘못하면 기성의 권위나 제도를 무반성적으로 전문성과 책임의 준거로 내세우게 될 공산도 적지 않습니다. 데리다의 '해체'가 간접적이지만 실질적으로 겨누는 주요한 대상이 바로 이런 권위나 제도라고 할 수 있겠지요.

다른 한편, 철학이 지식의 확장을 직접 성취하지 못한다는 알튀세르의 견해는 오늘날도 유념할 만합니다. 물론 알튀세르의 철학관은 지나치게 좁은 면이 있어요. 한 사회에서 경험적 지식의 자격을 획득하지 못한다고 해서 어떤 지적 작업이 정치적 함의를 갖는 이데올로기적 역할만으로 축소되는 것은 아닐 테니까요. 하긴 알튀세르도 그의 활동 초기에는 철학을 일종의 메타 이론으로, 즉 '이론의 이론'으로 규정했었죠. 그러나 이것도 협소하긴 마찬가지입니다. 과학적 이론을 포섭하지 못하는 사유는 철학에서 배제되었으니까요.

일반적으로 말해, 철학적 사유란 우리가 명확한 답을 갖고 있지 못한 문제, 그러나 우리 삶에 중요한 문제들에 대해 끈질기고도 깊이 있게 생각하는 일이라고 할 수 있습니다. 합리적 추론을 통한 호소력 있는 추측의 작업이라고나 할까요. 이런 면에서 철학적 주장들에는 불확실함과 애매함이 수반되기 마련이죠. '확실한' 지식의 영역으로 인정받게 된 분야는 철학에서 빠져나가 과학의 품으로 이동합니다. 엄밀한 의미에서야 이때의 확실성도 상대적인 것이겠지만, 과학의 위세는 이렇게 상대적으로 확실한 예측력과 그것에 기반한 조작력에서 오죠. 오늘날은 이런 식으로 독립한 과학적 지식의 영역들이 옛날에 비해 현저하게 축소된 철학의 자리를 에워싸고 있는 형국입니다. 알튀세르의 철학관도 이 같은 정황이 낳은 효과의 한 갈래라고 볼 수 있겠죠.

이런 사태는 철학자들에게 양면적으로 다가올 수 있어요. 앎의 지평이 넓어지고 주장의 근거로 삼을 지식이 많아졌다는 면에서는 분명 긍정적이죠. 반면에, 과학이 내세우는 계량과 예측의 위세가 그런 것들로는 해명되기 어려운 가치와 의미의 영역마저 위협하고 있다는 면에서는 부정적입니다. 여기서 철학자는 어떤 태도를 취해야 할까요?

일화를 드는 것은 김정운 선생의 예가 마지막이라고 했으나, 이 논의 맥락에서 한 가지 더 떠오르는 얘기가 있군요. 식언의 실례를 무릅쓰고 간단히 소개하는 것을 용서해 주시기 바랍니다. 다음은 김정운 선생의 대담 상대였던 진화생물학자인 최재천 선생이 최근 철학자 김기현 교수와 대담하는 자리에서 한 말이에요.

"제가 고백을 하나 해야 될 게 있어요. 제가 『통섭』 책을 번역해서 내놓았을 때 제일 먼저 관심을 보인 학회가 철학회

였어요. 철학계에서 '어, 이거 재밌다'라고 해서 저를 부르셨는데, 그때 아주 혼이 난 적이 있는데요. 공개적으로 그 많은 철학 교수님들 앞에서 이런 얘기를 했거든요. '저희 생물학에서 뇌를 들여다보기 시작했는데, 저희가 뇌 안에서 뭔가 대단한 걸 발견하게 되면, 선생님들 한 번에 훅 갑니다. 이 통섭의 시대에, 융합의 시대에, 적어도 지금 시대에 철학을 한다고 하면, 뇌과학, 인지과학 정도는 기본적으로 공부하시고 하셔야 그게 현대적 의미의 철학을 하는 게 아니겠습니까?' 이 따위 소리를 막 지껄였어요."[5]

최재천 선생은 자신이 "혼이 난" 계기가 된 이때의 발언을 '망발'이었다고 표현했지요. 저는 그 회합에 참석하지 않아서 철학자들이 어떻게 반응했는지 구체적으로는 알지 못합니다. 그러나 저는 김기현 교수와 마찬가지로 이 '망발'의 기본 견해에 동의하는 편이에요. 물론 철학자들이 현행 자연과학의 환원주의가 끼칠 수 있는 폐해에 눈을 감아서는 안 될 겁니다. 생물학적 현상들이 물리학적 차원에서 다 해명될 수 없듯, 철학의 개념적 연결망이나 문화적 현상들이 뇌과학이나 생물학적 차원에서 다 해명될 수는 없지요. 환원주의는 자신이 할 수 있는 것보다 더 많은 것을 내세움으로써 복잡한 여러 탐구 영역의 독자성을 훼손할 위험이 있습니다. 이른바 창발적(emergent) 특성이 무시될 수 있는 것이지요. 게다가 그렇게 다른 차원을 압박함으로써 발휘되는 이데올로기적 효과들에 대해서도 주의해야 합니다. 진화론이 경쟁 이데올로기를 부추기는 방식으로 이용되는 것이 비근한 예지요. 하지만 철학자의 이러한 '전문적' 비판이 혹 자신의 영토와 영향력을 보호하고 고수하려는 동기와 결합된 것이 아닌지도 반성해 보아야 할 겁니다. 그리고 이 같은 반성은 마땅히 직업적 틀을 넘어서는, 그런 의미에서 아마추어적인 것이어야 하지 않을까요?

IV

바깥을 향한 개방성으로서의 아마추어 정신은 쟁쟁한 프로 철학자들이 모여 있는 우리 부산대학교 철학과에도 배어 있다고 저는 생각합니다. 그 모습은 철학과의 전공 분야 분류 체계에서 잘 드러나죠. 알다시피 부산대학교 철학과에는 세 개의 전공 계열이 있습니다. 동양철학 전공, 서양철학 전공, 사회철학 전공이 그것이죠. 언뜻 보아도 이상한 분류입니다. 일관되고 공통된 기준이 있는 것 같지 않죠. 사실, 여기엔 그런 기준이 없어요. 원래 있던 동양철학, 서양철학의 분류에 사회철학이 덧붙여졌는데, 1980년대 초반에 있었던 일이라고 합니다. 전공 계열의 수를 늘려야 할 현실적 필요—교수 수나 학생 수의 확충, 그리고 그에 따른 재정 지원의 확대 등이겠죠—가 생겼을 때, 철학에 대한 당시의 사회적 요구에 부응하는 방향에서 '사회철학'이라는 계열이 새로 만들어진 것이죠. 그래서 제가 합류한

2000년 초에 학과의 계열 분류와 교수들의 전공 분포는 다음과 같았습니다.

> 동양철학 계열: 한국철학, 중국철학, 인도철학
> 서양철학 계열: 영미철학, 프랑스철학, 독일철학(현상학), 고중세철학
> 사회철학 계열: 윤리학, 사회철학, 미학·논리학, 역사·문화철학

약간 혼란스러워 보이지만, 여기에 나름의 원칙과 질서가 없지는 않아요. 먼저 동양철학과 서양철학의 세목에는 지역에 대한 안배와 고려가 눈에 띕니다. 세계를 전유하려는 포부가 인상적이죠. 중동과 아랍, 동남아, 아프리카와 남미 등이 동서양의 분류 자체에서 처음부터 빠져 있고, 서양의 경우도 몇몇 나라 중심이라는 점을 문제 삼을 수는 있겠습니다. 그러나 이 대부분이 수입 철학이라는 것을 염두에 두면, 쉽게 이해할 수 있는 일이다 싶어요. 수입을 다변화하는 것은 바람직한 일이지만, 우수하고 질 좋은 물건을 들여오려 한다면, 모든 나라의 제품을 다 수입할 필요는 없는 것 아니겠습니까. 보기에 따라서는 한국철학도 수입품이죠. 현재와 거리가 있는 과거로부터의 수입이니 말입니다. 다른 지역의 철학을 수입하기 위해서는 해당 언어의 습득이 필수적이듯, 한국철학을 공부하기 위해서도 일상어와는 거리가 있는 한문을 익혀야 합니다. 그런가

하면, 서양철학의 경우에도 시대적 안배가 있어요. 분류상으로 이질적인 느낌을 주는 '고중세철학'은 현재의 서유럽 문명의 뿌리로 간주되는 고대 그리스철학과 라틴어철학을 다룹니다. 나머지는 대체로 근대 이후의 철학이지만, 영미철학은 특히 현대에 초점을 두는 경우가 많죠. 때로 프랑스철학이 포스트-모던의 유행과 연관 지어지기도 하고요. 하여간 이 같은 지역과 시대의 안배가 노리는 바는 뛰어난 철학적 성과들을 모아 익히는 데 있다고 하겠습니다. 전문가로서의, 창고지기로서의 프로 철학자에게 적합한 방식이지요.

저는 이런 형태의 철학을 사상사 위주의, 철학사 위주의 철학이라고 부를 수 있다고 봅니다. 이 같은 유형의 철학은 필요하고 또 중요합니다. 인간의 삶에서 과거와 과거의 기억이 그런 것처럼요. 다만, 그 비중이 너무 크지 않나 싶습니다. 창고가 빈약했던 예전에는 불가피한 면이 있었다 치더라도, 이제는 의식적으로 그 비중을 좀 줄여 나갈 필요가 있을 것 같습니다. 괴테를 연구하고 헤겔을 연구하는 것도 좋지만, "괴테는 누굴 전공한 거고, 헤겔은 누굴 전공한 거야?"라는 질문에 대답을 하려는 노력이 한층 더 필요하다는 것이지요.

이런 점에서 생각하면, '사회철학' 계열이라는 부산대학교 철학과 특유의 분류는 장점이라고 할 수 있을 듯합니다. 물론 이 분류는 좀 억지스럽고 이상해 보이죠. 상식적으로 판단해도, '사회철학'이 '윤리학'과 '미학'을, 또 '역사·문화철학'을 포함하는 상위의 범주일 것 같지는 않지요. 모름지기 철학은 인간 세상에서 사회적으로 문제가 되는 철학적 사안들을 다루는 것이 아니냐고 강변해 볼 순 있겠으나, 그런다고 해서 어색함이 사라질 것 같지는 않군요. 가능하다면 적당한 기회에 이름을 바꿔 보는 것이 어떨까 합니다. 저로서는 '철학적 문제들'이라는 밋밋한 명칭밖에 잘 떠오르지 않네요. 구체적 이름이야 어떻든 논리적으로 보면, 철학사와 철학적 문제들로 크게 구분을 하고, 철학사의 하위분류로 동양철학사와 서양철학사를 두는 것이 맞을 것 같습니다.

이런 구상을 당장 실현하는 데는 여러 어려움이 있겠지요. 계열 구분이 실질적으로 작용하는 건 박사 과정에서부터로 알고 있습니다. 그런데 학위 논문을 기존의 철학에 대한 이해 차원을 넘어서서 문제 중심으로 쓴다는 것이 쉽지 않은 일일 겁니다. 그렇게 하기 위해서는 해당 문제를 다룬 이전 철학에 대한 충실한 이해가 전제되어야 하니까요. 철학사 연구와 철학적 문제 연구가 확연히 구분되는 것은 아니기에, 교수들을 배치하는 일도 쉽지만은 않을 거예요. 동양철학사와 서양철학사를 각각의 계열로 삼아서 세 계열 체제를 유지해야 할 현실적 이유가 크기도 할 겁니다. 그러나 어떻든, 논리적 위계와 명칭도 중요하겠습니다만, 더 중요한 것은 지향하는 방향이겠지요.

이쯤 해서, 최근 우리 철학과를 "되게 신나"게 한 BK를 언급할 필요가 있을 것 같습니다.[6] 고백하건대, 저는 선정되기 이전에는 신청 내용을 잘 몰랐습니다. 선정되고 난 뒤에야 신청서를 구해 살펴보았지요. 백 쪽 가까운 신청서 갈피마다 여러분이 애쓴 흔적이 역력했습니다. 학과장 선생님을 비롯한 그분들께 정말 수고하셨다는 뒤늦은 인사 말씀을 드립니다.

복합위기대응철학 융합인재 교육연구팀. 여기서 '복합위기'는 지구의 위기며, 지역의 위기고, 인간의 위기입니다. 그 해결 방향은 공생(共生)과 공영(共榮)과 공진화(共進化)예요. 이런 얼개에 맞추어 수요자의 요구에 부응하는 교육과 현장에 밀착된 연구를 하고 국제화도 꾀하겠다는 것이 요지인 것 같군요. 이것을 다음과 같이 좀 더 쉽고 익숙한 표현으로 바꾸어 볼 수도 있겠지요. '현재 우리가 살고 있는 세상은 생태적인 면에서, 또 지역과 지역의 불균형 면에서, 그리고 과학기술과 기계에 의해 위협당하고 있다는 면에서 복합적인 위기에 처해 있는데, 이를 극복하기 위해서는 다른 생명체들과 더불어 살고, 여러 지역이 어울려 발전해 나가며, 기계와 인간이 함께 진화해 가는 방향을 취해야 한다. 철학이 이런 위기 해결에 기여하기 위해서는, 기존의 철학 텍스트에만 매달릴 것이 아니라, 깊이 있는 사유에 대한 사회의 요구가 무엇인지, 학생들이 필요로 하는 바가 무엇인지를 항상 염두에 두고, 여러 다른 영역의 자료와 지식을 활용하여 교육과 연구를 해 나가야 한다. 우리는 이렇게 하기 위한 준비와 계획을 충분히 갖추고 있다.'

헤쳐 나가겠다는 위기와 문제의 폭이 너무 넓고 막연하다는 느낌이 없는 것은 아니나, 기본 방향과 발상에는 동의하는 편입니다. 아니, 계획서의 세부 내용을 검토하지 못했다 뿐이지 계획서 제출에 찬성했고 참여 인력으로도 기재되어 있으니, 이 계획서의 내용은 곧 철학과 구성원들의 총의의 한 부분인 저의 의사이기도 한 셈이죠. 이런 처지에서 아전인수 격으로 해석하자면, 계획서의 내용은 제가 말씀드린 아마추어적 철학의 정신이 상당히 반영된 것이라 보이기도 합니다.

크게 다른 점은 BK21에는 적지만은 않은 재정적 지원이 포함된다는 점이죠. 이것은 아무래도 '프로'와 관련되는 사안이 아닐까요. 프로의 책임감은 무엇보다 그 직업적 사명을 뒷받침해 주는 사회에 대한 책임감이겠지만, BK처럼 특정 계획에 대해 지원이 주어지는 경우, 그 계획 자체에 대한 책임도 부과되지 않을 수 없습니다. 그렇기에 '복합위기대응철학 융합인재 교육연구'는 이제 어느 정도 강제력을 갖게 되겠죠. 일단 선정된 계획은 그런 강제력으로 실행의 정당성을 획득하게 될 겁니다. 자칫 시끄러울 수 있는 방향성 논의를 잠재울 현실적 힘이 있는 것이죠. 사실, 제가 오늘과 같은 이런 발표를 한번 해야겠다고 마음을 먹었을 때는 BK 선정이 발표되기 전이었어요. 그런데 선정 결과와 계획서를 보고 나자, 내 발표 신청에 대해 학과장인 조창오 선생의 반응이 시원치 않았던 이유를 짐작하겠더군요. 굳이 번거로운 논의를 통해 방향성 모색 운운하지 않더라도 철학과가 추진해 나갈 길의 윤곽은 이미 마련되어 있다고 볼 수 있을 테니까요.

그럼에도 저는 아마추어적 자세를 유지하고 이 발표를 감행하기로 했습니다. 저는 이제 세 학기 뒤면 정년을 맞이합니다. 직업적 철학자에서 벗어나는 것이죠. 정년 후에 무엇을 할지에 대해서는 별로 생각해 보지 않았습니다. 아마추어적 정신으로 계속 철학 연구를 할지, 아니면 또 다른 무엇에 달려들지 아직 확실치 않습니다. 인생에서도 저는 프로가 아닌 모양입니다. 인생에서 프로인 사람, 인생 자체에서 프로인 사람, 참으로 탁월한 사람은, 플라톤에 따르면 진정한 철학자라고 할 수 있을 겁니다. 물론 저 같은 아마추어는 크게 동의하기 어려운 생각이지만 말이죠. 모쪼록 저의 이 어설픈 오늘의 발표가 어떤 식으로든 여러분께 조금이라도 도움이 될 수 있기를 바랍니다. 감사합니다.

헤겔 바깥의 헤겔
— 오늘의 우리 현실과 헤겔

I

지금부터 약 반세기 전 루초 콜레티는 루이 알튀세르의 헤겔 해석을 가리켜 "헤겔을 읽은 지 매우 오래되어서 헤겔에 대한 기억이 대단히 희미해진 사람만이 할 수 있는 주장"[1]이라고 말한 바 있습니다. 알튀세르가 헤겔에게서 '주체도 목적도 없는 과정'을 그 사상의 핵심으로 간파해 낼 수 있다고 주장한 데 대한 평이었지요. 제가 이 자리에서 이 얘기를 먼저 꺼낸 것은 우선, '헤겔을 읽은 지 오래되었다'는 말이 제게도 해당한다는 생각이 들어서입니다. 저는 1980년대 초에 『정신현상학』을 비롯한 몇몇 헤겔의 저작을 잠시 공부한 적이 있습니다만, 그 이후로는 헤겔에 대해 집중적 연구를 한 일이 없습니다. 그러니 제가 오늘처럼 여러 훌륭한 헤겔 전공자들 사이에서 감히 발표자로 나서는 건 정말 무모한 작태인 셈입니다.

그나마 다행인 건, 이번 논의의 초점이 헤겔에 대한 문헌학적 이해나 해석에 있지는 않다는 점이겠습니다. 콜레티가 알튀세르를 몰아세웠던 요체가 바로 문헌학적 정확성 문제였지요. 헤겔 철학에 '주체'가 없다는 건 정말 말이 안 되는 해석이라는 거죠. 아마 헤겔을 좀 공부한 사람이면 당연히 그렇게 생각할 겁니다. 저도 그랬지요. 우리 사회에 알튀세르가 뒤늦게, 또 압축적으로 수입될 당시에, 그러니까 1990년대 초에, 저는 헤겔에 대한 오해와 곡해 속에 받아들여지는 구조주의적 맑스주의의 편향을 바로잡아야 한다고 보았습니다. 그러나 정작 중요한 문제는 단순히 문헌학적 정확성에 있는 것이 아니었지요. 오히려 우리가 이해해야 하는 것은 그와 같은 다소 무리한 주장이 부각되었던 이유가 무엇이었는가 하는 데 있을 겁니다.[2]

슬라보예 지젝과 관련해서도 비슷한 생각을 해 볼 수 있겠지요. 지젝이 오늘날 헤겔을 재론하고 현재화하는 데 있어 중심에 서 있다는 점을 인정하는 사람들도 그의 헤겔 해석이 자의적이며 문헌학적 근거가 취약하다고 여기는 경우가 많다고 알고 있습니다. 역시 '주체'에 대한 해석이 초점이 되겠지요. 알튀세르처럼 주체가 없다고까지 주장하진 않는다 해도, 지젝이 내세우는 헤겔의 주체는 라캉 식의 빗금 쳐진 주체, 자기 부정의 주체이니 말입니다. 반면에 통상적으로 이해되는 헤겔의 주체는 발전과 진보의 주체, 자기 확장과 자기 확증의 주체일 겁니다. 문제는 이런 주체로는 더 이상 현실에 대한 설명력을 갖추기 어렵게 되었다는 작금의 사태에 있는 것이겠죠.

철학과 설명력의 관계에 대해서는 여러 견해가 있을 수 있겠습니다만, 적어도 헤겔의 경우에는 사후(事後)의 설명이라도 가능해야 그 스스로가 '미네르바의 올빼미'라는 별칭에 부합할 수 있을 테지요. 저처럼 철학이 과학적 성과의 한계와 인간의 이지적 욕구 사이를 그럴 법한 가정과 논리를 통해 메우는 역할을 한다고 보는 처지에서는 더욱 이런 요구를 물리기 어렵습니다. 나름의 한계 내에서나마 미래를 예측하고 거기에 맞추어 목적을 세우는 일에 간접적으로라도 이바지하는 것이 아니라면 지적 작업이 무슨 소용이겠습니까? 목적론에 대한 비판은 우리의 이런 활동 방식을 무차별하게 다른 존재들에게 적용하는 데서 오는 무리함을 지적하고 경계하려는 것이지, 목적이 우리 삶에서 지니는 중요성을 부정하기 위한 것이 결코 아닐 겁니다. 그리고 적절한 목적 설정과 추구를 뒷받침하기 위해서는 잘 짜인 설명이 꼭 필요할 테지요.

한국에는 사회 운영에 대한 장기적인 목표와 계획이 부재하다는 말을 여러 번 들은 적이 있습니다. 중국 출신의 경제학자이자 유튜버인 안유화라는 분의 지적이었는데, 중국 공산당이 주도하는 사회 운영 프로그램과 비교하여 나온 말이라는 점을 감안해야 하겠으나, 뼈아픈 비판임은 분명해 보입니다. 장기적 전망과 청사진에 대한 집착이 오히려 변화무쌍한 현실에 대한 유연한 대응을 어렵게 할 뿐 아니라, 그런 구도 자체가 민주적 사회 운영 방식과는 어긋나는 면이 있다고 반론할 수도 있겠지요. 하지만 산업화와 민주화 이후 우왕좌왕해 온—실제로는 '우왕우왕'이었다고 보는 분도 있겠지요—금세기의 경험 가운데서 우리 사회가 과연 어떤 목표를 추구하고 있는지 새삼 자문해 볼 필요가 있지 않을까요?

'큰 이야기'에 대한 불신을 설파하는 것은 한참 전에 시효가 지났다고 생각합니다. 혹 아직도 "공산 전체주의"를 운위하는 시대착오에 대한 비아냥거림으로 활용하는 경우라면 또 모르겠지만요. 우리는 거대 담론의 파국이 초래한 반작용의 음울하고 착잡한 늪에서 진작 벗어났어야 마땅한 것이 아닐까요? 저는 여기에 오늘날 헤겔을 다시 거론하는 중요한 이유가 있다고 여깁니다. 제가 보기에 이것은 알튀세르와 지젝이 원본의 헤겔을 변형하고 왜곡하면서까지 헤겔을 놓지 않은 이유와 통하는 것이지요. 변화와 발전 가능성을 설명할 수 있는 이론이, 그런 의미에서의 변증법이 여전히 필요합니다. 오늘의 '로도스'에서 뛰는 헤겔의 사유가 요구된다고 할 수 있겠습니다.

그렇다고 제가 이 자리에서 헤겔 전문가들과 함께 뜀뛰기 경쟁을 할 자신은 없습니다. 저로서는 다만, 우리 현실에 대한 해명의 실마리가 될 수 있지 않을까 싶은 것들을 몇 가지 늘어놓아 보는 데 그칠 수밖에 없을 것 같군요. 객석에 머물러 있어야 할 아마추어가 경기장에 끼어들어 물을 흐리는 꼴이 될지 모르겠습니다. 미리 양해를 구합니다.

II

세상은 복잡하지만, 설명은 가능한 한 단순할수록 좋습니다. 헤겔 철학이 제아무리 어렵다고 한들, 복잡한 세계를 이해하기 위한 방편이니, 세상사보다는 쉽고 단순해야 할 테지요. 두 항의 대립과 모순을 통한 변화의 설명 방식은 그런 형태라고 할 수 있습니다. 두 항이 본래 하나에서 비롯된 것인지, 두 항의 설정에는 논리적 연관 외에 다른 요소들이 때로는 은밀하게 때로는 자의적으로 끼어든 것인지에 대해서는 따지지 말기로 합시다. 저는 헤겔 논리학(또는 "논리의 학")의 세부 내용은 잘 알지 못하지만, 인류가 오랜 세월에 걸쳐 집단적으로 개발해 온 각종의 주요 개념들을 하나의 체계로 다시 엮어 낸 그 솜씨가 매우 경탄스럽다고 여깁니다. 두 항의 운동이 하나로 지양되어 모이고 재차 다른 두 항으로 갈라져 대립하는 과정들이 이어지고 쌓여서 두툼할 뿐 아니라 방향성을 갖는 체계를 이루어 내지요. 단순함으로 복잡함을 구현해 내는 멋진 직조술이라 하지 않을 수 없습니다.

물론 여기에 불만을 가질 수도 있어요. 헤겔의 논의를 좇아갈 때, 우리는 대체로 현재 진행되는 과정만을, 말하자면 한 채널만을 염두에 두게 됩니다. 우리 의식의 집중 방식이 보통 그러니까요. 하지만 이렇게 해서는 실제 세계에서 일어나는 다른 채널들로부터의 간섭을 고려하기 힘들죠. 이른바 중층결정(Überdetermination)의 효과들을 놓치게 되는 셈입니다. 그러나 이건 헤겔에게 책임을 물을 일이 아닐 테지요. 헤겔 식의 과정을 좇아 구성된 얼개를 통해 지속적으로 점검해야 할 경험적 보충이 필요한 사안일 겁니다. 채널들의 자립성은 실험실에서 외부 요인들을 통제하듯 추상적 사유 과정에서 요구되는 것일 따름이어서 상대적이고 잠정적일 수밖에 없겠지요. 또 그런 과정들의 총괄이라 할 '전체' 역시 잠정적일 테죠. 지젝이 헤겔 논의에서는 현재 또는 미래로부터의 소급을 통한 의미 발굴이 불가피하다는 점을 거듭 강조하는 것은 이런 면에서 당연해 보입니다.[3]

그런데 이 같은 잠정성은 특정한 '전체'의 불완전성을 드러낼 뿐만 아니라 현실 또는 실재 자체의 잠재적 면모와 관련되어 있다고 생각할 수 있죠. 우리에게 알려지는 것이 불완전한 '전체'들 뿐이라면, 그 너머의 현실이란, 아니 현상을 통해 다가오는 현실 너머의 실재란 과연 무엇이겠습니까? 여기서 저는 이제껏 철학 논의에서 어쩌면 블랙홀 같은 모습을 보여 온 이 현기증 나는 영역으로 넘어갈 의도는 없습니다. 다만, 두 가지만 짧게 짚어 두도록 하죠. 우선, 현상 너머의 실재에 대한 생각도 현상에 속하니까 현상을 벗어나는 것이 불가능하다는 입론은, 새로운 경험의 가능성을 봉쇄하지 않는 한 현상 너머의 영향을 부정할 수 없고 따라서 그 실재성을 무시할 수 없다는 점,[4] 다른 한편으론, 그렇다고 해서 새로운 경험에 대한 개방성만 주목하고 강조하는 것은 미래에 대한 응답(response)의 자세 면에서 무책임(irresponsible)하기 쉽다는 점.

저는 특히 두 번째와 관련하여 헤겔적 사유에 적극적인 관심을 가질 필요가 있다고 생각합니다. 숱한 철학자들이 개방성의 근거나 양상 문제에 초점을 맞추곤, 블랙홀 근처에서처럼 우리의 시간이 가는 걸 잊어버린 듯한 인상이에요. 지젝이 내세우는 "무보다 못한 것"(less than nothing)이나 "덴"(den) 같은 데 홀린 채 말이지요. 보기에 따라선 바디우의 "사건"(événement)이나 데리다의 "대상 없는 기다림" 따위도 유사한 작용을 하고 있지 않나 싶어요. 이런 모토들을 둘러싼 진지한 태도들을 의심하는 것은 아니지만, 그 같은 막연함을 한껏 세공해 본들 거기에서 더 이상 기대할 만한 것이 있을지 궁금하군요. 그것보다는 차라리 체계화의 한계를 인정하면서, 두 대립되는 계기들로 변화의 과정을 논리화하고 설명하려는 방도를 세련화하는 것이 진정 헤겔을 계승하는 길이 아닐까요?

III

"근대화가 함축하는 서구적 산업화를 추구하는 계기와 식민지적 종속에 대항하는 자주의 계기가 근대 이후 우리의 역사를 이루는 변증법적 대립의 두 축이라고 할 만하다."[5] 몇 년 전에 저는 이런 식의 문장으로 시작해서 우리 역사에 헤겔적 변증법을 적용해 보려는 어설픈 시도를 해 본 적이 있습니다. 그다지 만족스럽지 않았고 별다른 반향도 없었던 그 내용을 여기서 되풀이할 필요는 없겠지요. 하지만 연속적인 문제의식은 버리지 않았던 탓에, 최근 몇 년간의 답답한 사태들의 해명 요구에 유사한 방식을 참조하게 되는 것 같습니다. 무엇보다도 현재와 같은 검찰공화국의 성립이 어떻게 가능했으며, 민주주의의 후퇴와 남북관계의 경색, 대미 대일 종속의 심화 등등이 어떻게 일어났는지를 생각해 보지 않을 수 없는 노릇이고, 이런 점들을 되짚어 보는 데 이전의 사유가 소환되기도 하니까요.

최근 몇 년간 가장 극적인 변화를 겪은 것은 제가 보기에 남북관계인 것 같습니다. 벌써 옛날 일이다 싶지만, 평창 동계올림픽 남북 단일팀과 판문점 도보다리 회담, 평양 능라도 경기장의 연설이 있었던 것이 2018년, 불과 5년 전의 일입니다. 당시의 분위기를 회상해 보면, 우리가 여전히 같은 사회에 살고 있다는 사실이 새삼스러워질 지경이지요. 더 흥미로운 면은 이런 변화의 주요 원인이 우리 사회 내부에 있지 않다는 점을 이제는 누구나 알고 있다는 겁니다. 그 가시적 변곡점은 2019년 2월의 북미 하노이 회담 결렬이라고 할 수 있겠으나, 그런 변화가 우연적이 아니며 그 뿌리가 결코 얕거나 만만하지 않다는 점이 이후의 과정에서 여실히 드러났죠. 지금까지 이어지는 미국의 대북 정책 기조는 최소한 오바마 시절부터 시작된 것이고, 그것은 중국에 대한 견제를 노리는 이른바 아시아로의 회귀(Pivot to Asia) 정책과 연결되어 있습니다. 공화당이냐 민주당이냐, 트럼프냐 바이든이냐 하는 정권의 문제보다 더 깊고 단단한 수준의 것이죠.

고고도미사일방어체계(THAAD)를 한반도에 배치하고, 남한과 일본을 묶어 세우려는 미국의 의도는 현재 성공적으로 관철되고 있다고 보입니다. 뒤집어 말하면 앞서 언급한 '자주'의 계기는 후퇴하고 위축되었다고 해야 되겠지요. 이런 분위기 탓인지, 근대 이후 한반도의 운명에 압도적 영향을 미쳤고 지금도 미치고 있는 것은 무엇보다 외세와 지정학적 조건이 아닌가 하는 생각을 하게 됩니다. 예컨대, 한국전쟁의 실질적 주역이 미국과 중국이었다는 인식이 부각되고 있는 것도 오늘날 미중의 대립과 긴장 관계를 반영하는 것이라 할 수 있겠습니다.[6] 산업화 면에서도 외세의 영향이 강조됩니다. 1990년대 이후 일본의 반도체 산업이 몰락하고 대신 한국과 대만이 반도체 생산의 상당 부분을 담당하게 된 것도 미국의 주도하에서 일어난 일이고, 따라서 현재의 우리 산업 구도와 미래 전망도 미국의 대중국 견제 전략에 따라 큰 영향을 받을 수밖에 없지 않겠느냐는 것이 일반적인 견해인 것 같습니다.

중국의 중요성도 만만치 않지요. 특히 금세기 들어와 중국이 세계무역기구(WTO)에 가입하고 세계의 공장으로 급성장하기 시작하면서 수출입의 주요 상대국으로서 한국 경제에 지대한 영향을 미쳤다고 할 수 있습니다. 근래에 한동안 화제가 되었던 『좋은 불평등』이라는 책의 저자는 한국에서 소득 불평등의 정도가 심해진 시기가 중국과의 무역에서 대기업이 호황을 누렸던 기간과 겹친다는 점을 여러 통계 수치들을 통해 입증하려 했지요.[7] 저는 이런 주장의 사실에 입각한 설득력을 부인하기 어렵다고 생각합니다. 물론 지금은 '탈중국'을 외치는 사람들이 많기는 합니다만, 2023년 8월 현재 중국은 수출과 수입 모두에서 20퍼센트를 넘는 비중으로 우리의 교역 상대국 가운데서 여전히 수위를 차지하고 있지요.[8] 현재 한국 경제의 불황이 중국 경제의 상대적 위축이나 투자 및 무역 여건의 악화와 관련이 있음도 분명해 보입니다.

　미국이 되었든 중국이 되었든 이들의 영향력을 떠나서는 우리 사회의 형편을 논하기 힘들 테지요. 이제 동남아나 남미 등 다른 지역과의 관계 다변화에 힘을 쏟고 있다고 합니다만, 그런다고 해서 우리의 지정학적 위치와 이미 돌이키기 어려운 대외 의존적 산업구조가 바뀔 것 같지는 않군요. 돌이켜 생각하면, 우리와 같은 여건에서 산업화와 자주의 요구를 마주했을 때, 자본주의적 산업화의 길을 택했을 경우 자주(自主)는 상당 부분 뒤로 물러날 수밖에 없지 않았나 싶습니다.

　우리 사회의 발전에 중요한 계기로 작용한 '민주화'는 이런 산업화와 연결되어 있다고 볼 수 있습니다. 내속적이고 연속적인 계기였다고 할까요. 물론 이때의 '민주'를 보편적인 것이라 여길 순 없을 겁니다. 다중(多衆)이 힘과 권리를 가지는 방식이 여럿일 수 있을 테니까요. 또 현재 실존하는 민주주의의 방식들이 과연 명실상부한 것인지 의심스러운 면도 많죠. 하지만 한때 우리에게 익숙했던 구호로 말하자면, '민중민주'가 '민족해방'보다는 산업화와 친화적이라고 할 수 있습니다. 중국의 예에서 보듯 산업화가 필연적으로 서구적 민주화를 수반한다고 속단하기는 어려우나, 우리의 경우는 국가자본주의 축적 단계를 넘어선 서구적 산업화와 민주(民主)의 요구가 적어도 한동안은 잘 호응한 사례가 아닐까 합니다.

북한의 경우는 반대라고 할 수 있겠지요. 자주의 요구에 산업화와 민주가 밀려난 꼴이라고 할까요. '민족해방'이 오래도록 실질적인 '민중민주'를 가로막았다고 해야 될 것 같습니다. 과거 소련과 중국의 도움을 받았지만, 나름의 독자성을 유지하고자 하는 고집이 핵 개발에 이르게 했다고 볼 수도 있겠어요. 지금도 명목상으로는 조중동맹 조약이 유지되고 있고 최근에는 러시아와의 관계가 긴밀해지고 있으나, 남한의 경우처럼 외국 군대가 계속 주둔을 한다든지 합동 군사훈련을 한다든지 하는 경우는 없었다고 하지요. 지속적으로 경제적 어려움을 겪고 있지만, 이를 극복하기 위해 자주를—그것이 비록 민중의 자주라기보다 소수 지배 집단의 자주라고 할지라도—뒤로 물릴 생각은 지금도 없는 듯합니다. 요컨대 거칠게 말하면, 한반도에서 남쪽에는 산업화 내지 민중민주의 계기가, 북쪽에는 자주 내지 민족해방의 계기가 우위에 선 채 다른 계기와 대체로 길항적 관계에서 작용해 왔다고 할 수 있을 것 같습니다.

그런데 이런 조야한 개관이 헤겔 철학과 어떤 관련이 있으며, 오늘의 현실을 해명하는 데 어떻게 연결이 된다는 걸까요? 일단, 산업화와 자주의 계기란 헤겔 식의 모순을 이루는 쌍도 아니고, 또 거기서부터 민주화나 핵무장 따위가 필연적으로 도출되고 정당화되는 것도 아니지 않습니까? 물론 그렇지요. 앞서도 언급했듯이, 개념이나 계기의 연결을 통한 설명은 여러 요인들이 영향을 미치는 현실을 단순화하여 재구성하는 방편일 따름입니다. 하지만 '산업화'와 '자주'가 모순까지는 아니더라도 대립하거나 상충하는 계기로서 그 구체적 형태들을 달리하며 작용해 왔다고 파악하는 것이 오늘의 사태를 바라보는 데 도움이 되지 않을까요?

    무엇보다도 저는 우리의 현황이 산업화 우위의 맥락에서 작용하던 내부적 동인이 목표를 잃고 취약해진 가운데 외적 요인이 극성을 부리고 있는 국면이라고 봅니다. 단적으로 말해, 많은 이들이 의아하게 생각하는 뜬금없는 윤석열 정권의 등장은, 민주화 이후 자주의 요소가 개입된 시도들이 좌절되고 그간의 산업화 방식이 낳은 문제들이 극복되지 못한 데서 비롯한 방향 설정의 공백을, 고유한 내용 없는 형식적 수단에 불과한 검찰 중심의 관료적 집단이 주워 '먹은' 데 따른 것이라고 할 수 있죠. 강하게 도사리고 있던 미국의 요구가 그 비어 있는 자리에 손쉽게 파고든 것은 지극히 자연스러운 사태일 겁니다. 그렇게 해서 이제 우리는 한 나라의 정책 결정 심장부가 도청을 당하고도 항의할 생각조차 못하는 어처구니없는 '신뢰'의 일방적 투명함을 목도하게 된 것이죠.

    촛불혁명이라는 놀라운 형태의 민주화를 발판으로 성공적인 출발을 보였던 문재인 정권이 궁지로 몰리기 시작한 과정을 돌이켜 보면, 계기들의 양상을 좀 더 구체적으로 재구성할 수 있을지 모르겠습니다. 하노이 회담의 결렬 이후—그다음에도 2019년 6월 말의 판문점 남북미 정상회동 같은 몇몇 에피소드적 사건은 있었으나 실질적 변화는 없었죠—남북의 관계는 사실상의 관계 단절에 이르기까지 악화 일로를 걸었고,[9] 대중의 관심과 기대도 급속히 식어 버렸습니다. 조국 사태가 터진 것이 2019년 9월이니까, 대외 여건 악화에 내부 문제가 겹친 양상이라고 해야겠죠. '적폐청산'의 도구로 썼던 칼날에 베인 꼴이라고들 합니다만, 더 큰 문제는 대북 정책의 좌절을 뚫고 나아갈 만한 '적폐청산' 이상의 목표가 없었던 데 있지 않나 싶습니다. 2020년 코로나에 대한 대응으로 국민적 역량이 결집되긴 했으나, 그해 여름부터 터진 아파트 가격의 앙등이 민심의 이반을 재촉하는 결정적 역할을 했지요. 문재인 정권이 구태로부터 자유롭지 못하다는 점이 거푸 확인된 셈입니다. 하지만 이를 극복할 만한 동인이나 세력은 눈에 띄지 않았지요. 윤석열의 검찰 정권은 앞선 정권과 맞서는 공허한 힘만을 과시한 채 아무런 비전도 없이 이 상황을 집어삼킨 격입니다. 그렇다 보니, 실제의 내용은 강력한 외세의 영향을 적극 수용하는 것 말고는 이전 정권에 대한 반대라는 퇴행적 방식으로밖에 채워질 수 없는 것이겠지요.

그렇다면 이제 우리 사회의 목표는 이러한 퇴행과 종속성의 강화를 다시 되돌리는 데 맞춰져야 할까요? 아마 대부분 그런 것 이상이 필요하다고 생각하실 겁니다. 새로운 변화의 기초를 제시하고 그에 맞는 목표를 설정하는 일, 여기에 헤겔을 끌어올 수 있을까요?

IV

많은 분이 비슷한 경험을 했으리라 짐작합니다만, 청년 시절 제게 헤겔은 무엇보다 '자유'의 철학자였습니다. 세계사는 "자유의식의 진보의 역사"라는 말이 강한 인상으로 남았지요. 진보의 순서를 문명권에 따라 공간적으로 배치한 것이나 물질적·경제적 동인을 제대로 고려하지 못한 것 따위는 맑스 같은 후대의 사상가들에 의해 극복되는 시대적 한계로 여겨졌죠. 이런 지연 효과를 고려하면, 자기의식의 원리에서 출발한 자유는 산업화로서의 외화와 그것의 자주적 전유를 그 전개 형태로 담고 있다고 해석될 수 있을 겁니다. 그럴 경우, 자유는 산업화와 자주를 아우르는 근본 틀로 취급될 여지를 갖겠지요.

그런데 이 '자유'는 최근에 우리가 여러 번 목도했다시피 내용 없는 공허한 울림으로 되뇌어지기도 합니다. 이럴 때 자유가 운위되는 양태는 매우 자의적이어서, 실제로는 자신의 좁게 겨냥된 과녁만을 노릴 뿐, 주변의 중요한 문제들을 수습하거나 해결하는 데는 무책임하며 그런 의미에서 역설적으로 자유롭죠. 흔히 말하는 대로 아집과 무지와 무능의 소치라 하겠습니다. 다만, 저는 이런 모습이 나타나는 데에는 애당초 자유 개념과 결부되어 있는 자기중심성 탓도 있다고 생각합니다. 자유주의에서 자유는 보편적 권리로서의 자유를 의미한다고 합니다만, 알다시피 이때의 보편은 실상 시대적으로 또 집단적으로 한정된 '보편'이죠. 게다가 우리가 익히 보다시피 그런 특정한 잣대마저도 보편적으로 적용되지 않습니다. 덕택에 지금 우리는 권리와 법이 그야말로 '자유롭게' 전횡되는 현실을 아프게 경험하고 있는 것이지요.

이런 모습이 자유가 완성되어 가는 과정에서 보이는 부정적 면모일 따름이라고 주장하는 것은 오늘날 받아들여지기 어려운 구태일 겁니다. 이념의 외화와 자기복귀라는 틀이 한때 호소력이 있었던 건 그것이 자기 확인과 자기 확장에 대한 사회의 전반적인 열망에 부응했기 때문이겠죠. 물론 아직도 그런 생각을 고집하고픈 집단이 있겠으나(아마 북한—적어도 현재의 주도적 지배층—의 경우는 여전히 이런 범주에 들어가지 않을까 합니다), 그렇게 하려면 그동안 드러난 숱한 문제들을 도외시할 수밖에 없을 거예요. 주체는 단일하지 않을뿐더러 궁극적으로 단일해질 수도 없다는 것, 각각의 주체는 재현의 실패를 지시하며[10] 그런 실패가 계속되는 한에서 요구된다는 것, 또 주체의 자유란 이 같은 실패가 일회적이지 않게 하는 선택의 기제이고 이것이 바로 자유의지—집단적 자유의지(만일 그런 것이 있다면)를 포함해서—의 실체라는 것 등등이 그간의 사태에 대한 반성을 통해 도출된 일반적 결과들이라고 생각합니다.

그렇다고 자유의 여지를 확대하고 공고히 하려는 활동이 중요하지 않다는 소리는 아니에요. 확실성을 보장받으려는 과도한 목적론적 구도를 포기하고 자기중심적 외화가 초래하는 감당하기 어려운 결과들을 충분히 경계한 채로 그러한 노력이 이루어져야 한다고 볼 뿐입니다. 그리고 그러할 때, 시대에 뒤

떨어진 목표에 얽매인 상태에서가 아니라면 과연 '자유'가 주도적 모토로 내세워질 수 있는지, 오히려 퇴행적 발상에 이용당할 소지가 많지 않은지 의심스러워하는 것이죠. 더러 얘기되듯 누구의 자유인가, 어떤 자유인가를 구체적으로 문제 삼는 것도 중요하지만, 자유 자체의 본질에 대해서, 자유 개념의 특성에 대해서 따져 보는 일이 필요하다는 겁니다.[11]

외화로서의 산업화와 자기복귀로서의 자주를 주된 계기로 삼아 지나간 일들을 꿰어 보려 했다고 해서 미래에 대해서도 같은 틀에 갇혀 있어야 하는 것은 아니겠죠. 오히려 그동안 불거진 예기치 못했고 해결의 실마리를 제대로 발견하지 못한 문제들에 초점을 맞추어 보는 일이 긴요할 겁니다. 그 같은 과정을 통해 새로운 문제틀의 수립 가능성을 모색할 수 있을 테지요.

V

여러 문제 가운데 제가 특히 흥미롭다고 여기는 우리 현실의 사안으로는 무엇보다 세대 문제를 들고 싶군요. 그중에서도 근래에 두드러진 세대 간의 불평등 논란이 관심을 끕니다. 세대의 문제는 시간적 추이와 관련된 문제고 그런 점에서 변화, 발전의 문제이기도 할 테지만, 변화의 속도가 느린 사회에서는 신세대와 구세대의 갈등이 일반적인 형태로 논의될 따름이었겠죠. 혁명적 격변의 시기에도 체험의 단절적 변화가 세대의 구분에 새겨지겠으나, 우리의 경우는 유례를 찾기 힘든 압축적인 산업화와 민주화의 경험을 한 탓에 세대 간의 특성이 더욱 뚜렷하게 드러나는 것 같습니다.

이제 산업화 이전 세대는 거의 사라지고 있다 하겠고, 1970년대까지 젊은 시절을 보내고 지금은 확연히 노년층에 접어든 산업화 세대와 1987년을 전후한 민주화 운동의 주역이라 할 이른바 386(이 이름이 등장했던 1990년대 초 당시에 386이었지, 현재는 586을 거쳐 686에까지 이른) 세대, 그리고 민주화 이후 성장기를 보낸 X, Y, Z의 알파벳 세대 등 갈수록 구분도 촘촘해지는 세대들이 오늘을 함께 살아가고 있죠. 여기서 특히 세기의 전환기를 어려서 겪은 이들, 대체로 1980년대 중반쯤에 태어난 Y세대에 해당하는 이들을 M(밀레니엄)세대라고 하고, 이들과 1997년 외환위기 이후에 태어난 Z세대를 묶어서 MZ세대라 부르는 것 같군요. 그런데 불평등과 관련한 논란의 초점은 현재 사회의 중심 세력이라 할 386세대와 20~30대 청년층을 이루는 MZ세대 사이에 있는 듯합니다.

『불평등의 세대』라는 책을 쓴 사회학자 이철승 교수는 한국의 세대를 "자원 동원 네트워크"라고 이해합니다.[12] 단순히 경험과 기억을 공유하는 집단 이상이라는 거죠. 특히 그는 386세대가 성공적으로 이 네트워크를 활용하여 한국 사회의 주도층이 되었으며, 그다음 세대들을 소외시키고 있다고 주장합니다. 이철승 교수가 드는 386세대의 성공 요인들로는 다음과 같은 것들이 있어요. 첫째, 베이비 붐 세대라서 수가 많다는 점,

둘째, 민주화 운동에 힘입어 균질성과 응집력을 획득했으며 학생-시민-노동조직의 연계를 이루어 냈다는 점, 셋째 이른바 세계화에 편승한 고도성장기에 사회에 본격적으로 진출했다는 점. 그런데 다른 한편, 이 세대는 세계화의 신자유주의 바람에 휘말리고 만 탓에—IMF 외환위기가 그 단적인 징표겠죠—시장이 야기하는 불평등한 '신분의 위계화'에 빠져들게 되었고, 이를 극복하지 못한 채 결국 '권력의 과두제화와 독점'에 안주하게 되었다는 겁니다. 그리고 바로 이 점이 청년세대가 불만을 가지고 반발하는 주요 이유라고 할 수 있을 테죠.[13]

이철승 교수는 386세대와 다른 세대의 소득 격차가 커지고 있고, 세대 간 정치권력의 분포 비율 면에서도 이 세대 이후 젊은 세대가 차지하는 비중이 줄어들고 있다는 점을 여러 통계 도표를 통해 제시합니다.[14] 하지만 여기에 대한 반론도 만만치 않지요. 그 주된 논거는 세대 간 불평등에 비해 모든 세대 내의 계급 간, 계층 간 불평등이 더 심하며, 따라서 우리 사회의 불평등 및 갈등의 주요 원인은 세대 격차에 있지 않다는 겁니다. 오히려 세대 간의 갈등을 부추기고 이용하려는 세력이 문제라는 것이지요.[15] 저는 이 논란에서 어떤 편을 들 만큼 우리 사회의 실증적 사실에 밝지 못합니다. 양측이 내놓는 통계들은 나름으로 자기 주장을 뒷받침할 만한 설득력이 있다고 보여요. 다만, 세대 내의 불평등 역시 크다고 하더라도 386이라는 1960년대 출생 세대의 경제적·정치적 비중이 다른 세대가 같은 연배일 때에 비해 다소 큰 것은 사실인 것 같습니다. 하지만 저로서는 이런 차원과는 조금 다른 결의 사태에 주목해 보고 싶군요.

저출산의 문제야말로 심각한 세대의 문제이고 또 세대 간의 문제가 아닐까요? 노령층을 부양해야 할 젊은 세대의 부담이 늘어난다든가, 한국 사회의 소멸이 우려될 지경이라든가 하는 얘기만이 아닙니다. 그렇게 예상되는 결과 이전에 자식 세대가 출산을 기피하게 만든 부모 세대의 책임을 먼저 문제 삼아야겠죠. 그리고 지금의 청년세대가 처한 상황의 엄중함에 주목해야 할 줄 압니다. 저는 이것이 앞서 말한 공백과 관련이 있다고 생각합니다. 우리의 산업화가 낳은 문제들이 집약되어 나타난 증상이 저출산이고, 여기에 대한 대책의 부재가 사회 발전 방향과 비전의 공백으로 이어지며, 이것이 윤석열 정권의 탄생과 같은 현상을 낳았다는 것이지요.

저는 몇 해 전에 저출산이 "생물학적 파업"이라고 말한 적이 있습니다.[16] 작년에는 영국의 BBC가 "한국은 출산 파업 중"이라는 표현으로 우리의 저출산 사태를 보도하여 화제가 되기도 했지요.[17] 사전의 협의도 주도하는 조직도 없는, 그런 점에서 무의식적이지만 집단적인 저항인 셈입니다. 무엇보다 오늘의 청년세대를 낳은, 그리고 현 상황을 만든 세대를 향한 (아마 오늘의 발표자들 대부분이 여기에 해당하지 않을까 싶은데) 항의겠지요.

산업화한 국가들 대부분이 저출산 현상을 보인다는 것이 변명거리가 될 수는 없을 겁니다. 지난 몇 세기에 걸친 급속한 인구 증가를 생각하면 장기적으로는 인구수가 주는 것이 바람직한 일일지 모르죠. 하지만 인류세의 위기를 개체 수 조절로 극복하는 선구적 모습을 보인다고 자위하기에는 출산을 포기하게 되는 이유들이 너무 팍팍하고 출산율의 저하가 너무 가파릅니다. 그 원인들에 대해서는 차고 넘칠 만큼 많은 논의가 있지만, 한 가지 분명해 보이는 것은 이러한 사태가 급속한 압축성장의 대가라는 점이죠. 극심한 경쟁과 수도권 중심의 과밀집 등이 저출산의 원인으로 흔히 지목되곤 합니다. 여기에 덧붙여 저는 축약된 과정 탓에 욕망에 대한 반성과 조절의 기회가 없었거나 부족했다는 것도 무시하지 못할 이유라고 생각합니다. 말하자면 서구의 68혁명에 해당하는 계기가 생략되어 버렸다고 할까요. 이런 면을 고려하지 않으면, 늘어난 소득에도 불구하고 더욱 돈에 모든 가치 평가의 기준이 집약되는 오늘의 분위기를 설명하기 어렵다고 봅니다. 이 점에 대해서도 386세대는 책임을 면하기 어려울 거예요. 비록 압축적 과정 때문에 오히려 지연된 민주화라는 과제에 치여 스스로는 어쩔 수 없었던 면이 있다고 해도 말이죠.

그렇다면 이제 어떻게 해야 할까요? 또 이 '어떻게'는 오늘 우리의 주제인 헤겔 철학과 어떤 관련이 있을까요? 아마 헤겔이라면 혹 압축적 산업화에 대립하는 계기로 탈성장을 내세우지 않을까 하는 생각이 얼핏 들긴 합니다. 그런데 우리 사회에서 탈성장 담론이 자리 잡을 여지는 얼마나 될까요? 그것은 주변 강대국들의 영향으로 여전히 고초를 겪고 있는 한반도 주민의 일부가 그 반대의 극을 추구하기 위해 영세중립국을 내세우는 일[18]보다는 더 현실적인 시도일까요?

이창동 감독의 영화 〈버닝〉(2018)에는 두 개의 원작이 있습니다. 무라카미 하루키의 「헛간을 태우다」(1983)가 직접적 원작이지만, 무라카미의 그 단편이 제목에서부터 윌리엄 포크너의 「Barn Burning」(1939)을 염두에 둔 것인 데다가, 이창동 감독 자신도 포크너의 그 작품에 영향을 받은 것으로 보입니다. 아예 영화 한 장면에 그 소설이 실린 포크너의 책이 등장하기까지 합니다. 주인공인 종수(유아인 분)가 포크너의 소설을 좋아한다고 말하고, 그 말을 들은 벤(스티브 연 분)이 그 책을 구해 카페에서 읽고 있는 것으로 나오죠. 그거야 어쨌든 이 세 작품은 다 같이 헛간(〈버닝〉의 경우 비닐하우스)을 태우는 걸 모티브로 하고 있어요. 하지만 세 작품의 배경이 다르듯, 태운다는 행위의 의미도 조금씩 다릅니다.

포크너의 헛간 불태우기는 소작농의 저항을 표현하죠. 지주에게 헛간은 대단한 재산은 아니지만 쓸모없는 것도 아닙니다. 몰래 불 지르고 적당한 손해를 입히기에 적합한 장소지요. 그래서 그 일은 추적당하고 재판받는 자못 심각한 사태에 이르기도 합니다. 반면에 무라카미의 경우에 헛간은 "태워지기를 기다리는" 것으로 묘사되죠.[19] 적어도 그것을 태우는 소설 속의 부유한 젊은이에게는 말입니다. 그는 있어도 그만이고 없어도 그만인 헛간, 그러니까 완전히 무가치한 것은 아니지만 사라져도 별 지장이 없는 헛간을 골라두곤 마음 내킬 때 몰래 태웁니다. 아니, 그렇게 한다고 얘길 하죠. 소설에서 이 헛간은 그가 별 부담 없이 사귀는 젊은 여자와, 그러니까 있어도 없어도 좋을 그런 여자와 암시적으로 겹칩니다. 이창동의 영화 〈버닝〉에서도 비슷해요. 돈 많고 세련된 젊은이 벤이 주기적으로 태운다는 비닐하우스와 그의 일시적 애인인 해미(전종서 분)가 겹치죠. 그런데 큰 차이는 〈버닝〉에서는 태우는 행위가 거기에서 그치지 않는다는 데 있습니다.

〈버닝〉의 주인공 종수는 무라카미 소설의 화자(話者)와 마찬가지로 소설가(정확히는 소설가 지망생)이기는 하지만, 쿨한 분위기의 전자와 달리 농촌 출신의 투박함을 잃지 않은 청년이지요. 그래서 그는 태워짐에 분노하며 결국 태우는 자를 태웁니다. 쓸모없음을 처리하는 자를 처리하죠. 물론 영화 마지막의 이런 장면들은 종수가 쓰는 소설 속의 사태라고, 그러니까 종수의 희망이 영상으로 드러난 것이라고 해석하는 것이 가능할 겁니다. 어떻든 〈버닝〉은 이렇게 저항을 재도입하죠. 포크너가 묘사한 소작농의 저항은 이제, 사회가 꼭 필요로 하지 않는 잉여적 존재로 전락할 위험에 놓인 청년세대의 저항이 됩니다. 이 저항이 무엇을 목표로 하는지는 분명치 않습니다. 우리 현실에서도 아직 그렇죠. 출산율 저하는 어쩌면 소극적 저항으로 보이지만, 자신의 삶을 받아들이지 않는 사회의 미래를 태우는 극단의 저항으로 연결되는 것인지도 모릅니다.

VI

보통 사람도 자동차나 PC 같은 개인 소유 기계는 통제할 수 있겠지만, 대형 기계 시스템에 대한 통제권은 극소수 엘리트의 손에 쥐어지게 될 것이다. 오늘날과 비슷한 상황이지만, 거기엔 두 가지 차이점이 있다. 진보된 기술 덕분에 엘리트는 대중에 대해 더 강화된 통제권을 갖게 된다. 그리고 인간의 노동이 불필요해진 탓에 대중은 불필요한 존재, 즉 체제에 떠넘겨진 쓸모없는 짐 더미가 되어 버린다.[20]

이것은 '유나바머'로 불리는 테어도르 카진스키의 선언문에 나오는 구절입니다. 잘 알려져 있다시피 그는 십수 년간이나 미국 몬태나주 숲속에 숨어 지내며 기술문명을 중단시키려는 목적으로 십여 차례에 걸쳐 폭탄 테러를 저지르다 1996년 체포되었던 인물이죠(무기형을 선고받고 수감 중에 2023년 6월 숨을 거뒀지요). 카진스키의 견해에, 특히 그의 반기술주의 방법론에 찬성하는 것은 전혀 아니지만, 그의 문제의식에는 동조할 수 있는 부분이 꽤 있다 싶어요.

사실, 청년세대의 집단적 불안감에는 자신들의 존재 가치에 대한 의구심이 강하게 자리 잡고 있지 않나 하는 생각이 듭니다. 이것이 이전과는, 그러니까 소외되고 착취를 당하더라도 자신의 활동에 분명한 가치를 부여할 수 있었던 시절과는 크게 달라진 점이 아닌가 해요. 코인에 대한 열풍도 외모에 대한 지나친 관심도 이처럼 가치의 기준이 불확실해진 데 따른 것이 아닐까 짐작해 봅니다. 그렇다면 이런 불안감을 해소해 줄 수 있는 길이 있을까요? 그리고 그것은 헤겔 철학과 어떤 관련이 있을까요? 유감스럽게도 여기에 대해 제가 자신 있게 답을 내놓을 처지는 아닌 것 같군요.[21] 저로서는 이렇게 어설프고 산만한 문제 제기를 하는 것으로 그치고 다른 분들의 발표에 귀를 기울여야 할 듯합니다.

끝으로 덧붙이자면, 저의 이 부족한 발표에 '헤겔 바깥의 헤겔'이라는 제목을 붙여 본 데에는 오늘의 상황이 헤겔 철학의 태생적 배경과는 확연히 다르다는 판단이 작용했다고 할 수 있습니다. 지젝은 "헤겔을 넘어선 헤겔"[22]이라는 표현을 사용하던데, 아마 외적 조건보다는 내적 특징의 발전과 연속성에 더 무게를 둔 것이겠죠. 저는 오늘날의 철학은 외부에, 바깥의 변화에 좀 더 관심을 기울여야 한다고 봅니다. 그러면서 설명과 의미 부여의 틀을 짜 나가야겠죠. 그것이 제가 주제넘게 떠올려 보는 오늘의 헤겔 모습입니다.

환대와 환대 너머

이렇게 좋은 자리에 불러 주셔서 감사합니다. '환대'해 주셔서 감사합니다.

이 자리에서 저는 마땅히 이렇게 인사를 할 수 있을 줄 압니다. 저는 환대받는 처지니까요. 반면에 여러분은 대부분 환대하는 입장일 테지요. 이를테면 여러분은 이 자리의 주인이고, 저는 손님이라고 할 수 있을 겁니다. 운 좋게 초대받은, '환대와 냉대(혹은 박대)' 사이에서 갈피를 잡고 싶어 하는 손님 말입니다.

물론 자리를 바꾸면 제가 주인이 될 수도 있을 겁니다. 이 모임을 인문학자들의 논의 마당이라고 보기보다는 '환대'라는 주제를 논의하는 자리라고 여긴다면, 혹시 잠시나마 제가 주인 노릇을 할 수 있을까요? 환대라는 주제로 문을 열어 논객들을 맞아들이는 역할을 한다는 점에서요. 그렇다면 저는 이렇게 말할 수 있겠지요.

어서 오세요. 환대를 논의하는 자리에 오신 것을 환영합니다. 여러분을 환대합니다.

그런데 제가 과연 이런 말을 할 자격이 있을까요? 환대의 이름하에 여러분을 환대할 자격이 있을까요?

저는 아마 그렇게 생각했던 것 같습니다. 이 모임에서 이 주제로 한마디 해 달라는 부탁을 들었을 때, 전혀 망설이지 않고 대뜸 그러겠다고 했으니까요. '아, 이건 내게 익숙한 주제야'라며, 환대에 대한 어쭙잖은 주인 의식이 발동한 것인지도 모르겠네요.

사실 제가 환대에 대해 거론하기 시작한 건 이십여 년 전부터입니다. 아마 우리나라에선 별로 선례가 없을 거예요. 데리다의 『환대에 대하여』(남수인 옮김, 동문선, 2004)가 번역되어 소개되기 전에 『배제의 배제와 환대』(동녘, 2000)라는 논문집을 낸 적이 있습니다. 이 책에서 주로 다루었던 것은 사회적 보편성의 문제였는데, '배제의 배제'가 자기중심적 '보편화'를 꾀하는 허울 좋은 보편성을 극복하기 위한 소극적 대책이었다면, '환대'는 진정한 보편성을 구현하기 위한 더 적극적인 길로 내세워졌죠. 타자를, 그러니까 자기와 다른 자를 기꺼이 받아들이는 개방적 자세로 말입니다. 물론 당시에 저는 레비나스와 데리다를 비롯한 유럽 사상가들의 환대 논의에 영향을 받았습니다. 1996년 여름부터 다음 해 여름까지 포스트-닥터 연수를 명목으로 파리10대학교에 잠시 공부하러 갔었는데, 그 무렵 프랑스에서는 상 빠삐에(sans papiers)라는 불법 체류자 문제가 중요한 사회 현안 중 하나였고, 그와 관련된 철학적 쟁론도 활발

했던 것 같습니다. 환대 논의는 그 일환이었다고 보아도 좋겠죠. 우리나라도 그 무렵 이른바 세계화의 물결과 더불어 개방이 본격화되었습니다만, 우리에게 강력하게 다가왔던 것은 이민이나 노동력에 대한 개방이라기보다는 자본에 대한 개방이었고, 그 여파는 알다시피 IMF 사태라는 환란으로 이어졌죠. 자본에 대한 우리의 '환대'는 유럽의 환대 논의에서의 환대와는 사뭇 다른 것이었습니다. 어떻든 제 기억에 그 시절 우리 사회에서 '환대'가 주된 논의거리로 부각된 적은 없는 것 같습니다. 『배제의 배제와 환대』는 당시 우리 사회의 번지수와는 잘 맞지 않았다고 해야 할까요.

그렇다고 제가 외국 논의의 수입에만 머물렀던 것은 아닙니다. 나름의 문제의식이 있긴 했습니다. 오래전에 절판된 그 책의 책갈피를 새삼 떠들쳐 보니 앞머리에 다음과 같은 언급이 있군요.

[...] 환대는 자리를 가진 자가 그렇지 못한 자를 맞이하는 자세, 주인이 타자를 손님으로 맞이하는 자세이다. 자리가 없는 타자는 약자이며, 환대는 이 약자에 대한 책임짐이고 응답이다. 이 환대는 계산을 넘어선다. 즉 내가 손님이 될 때를 염두에 둔 대칭적 상호성을 넘어선다. 그럴 때에만 환대는 폐쇄적 자기 관계를 깨치고 새로운 변화의 가능성을 맞이할 수 있다. 환대는 자신의 테두리를 열어 놓는 자기 변화이다. 타자를 내치고 밀어내는 것과 맞아들이고 내어 주

는 것의 차이—이것은 폐쇄성과 개방성의 차이이다. 타자에게 우리의 방식을 강요하고 속박하는 것과 타자의 방식을 인정하고 우리 속에 받아들이는 것의 차이—이것은 지배적 동일성과 융화적 통일 사이의 차이이다. 이런 점에서 환대는 통일의 논리이다. 동일성과 상호성의 논리를 넘어선, 비대칭적 관계에서의 통일의 논리이다.

휴전선이 무너지는 사태를 걱정하던 때가 있었다. 군사 충돌에 대한 걱정이 아니다. 북한의 기근이 계속되고 정변과 민란이 일어나고 난민이 무리 지어 휴전선을 넘는다. 그럴 때 남쪽은 어떤 태도를 취할까. 휴전선을 가로막고 난민들의 남하를 저지하는 사태. TV 화면에 비친 난민들의 모습. 혼란을 두려워하는 서울 시민들의 목소리 … 환대에 대한 최초의 관심은 여기에서 왔다. 우려 섞인 술자리의 대화에서. 북한의 사정에 대한 무지의 소치였다고 해도 좋다. 전혀 엉뚱한 발상이었다고 생각을 접기에는 오늘날에도 탈북자와 약자에 대한 우리의 대응이 부끄럽다.[1]

여기에는 몇 가지 보충 설명이 필요해 보이는군요. 먼저, 진부할지 모르지만 약간의 개념적 정리가 있어야겠습니다. 환대에는 위에서 말하듯 계산적이지 않은 비대칭적 환대만 있는 것이 아닙니다. 오히려 대칭적이고 상호적인 환대가 일반적이지요. 물론 환대는 주인이 손님에게 하는 것입니다만 오늘의 주인이 내일의 손님이 될 수 있으니까, 현재의 비대칭적 관계는 내일의 비대칭적 관계와 대칭을 이룹니다. 이렇게 잠정적인 대칭성은 사실 모든 거래관계의 바탕에 깔려 있습니다. 그러니까 대칭적 환대란 일종의 거래일 수 있다는 뜻이지요. 그렇다고 거래가 나쁘다는 얘기는 아닙니다. 거래를 일반화하고 안정화한 것이 오늘날의 문명을 낳았다고 해도 과언이 아니니까요. 사실, 환대가 철학적 논의의 지평에 떠오른 것도 거래를 안정화하는 근대적 장치인 '보편적 권리'와 결부해서입니다. 칸트의 환대 개념이 이 점을 잘 보여 주지요. 즉, 칸트가 정식화한 환대는 "낯선 땅에서 적대적으로 대우받지 않을 권리"를 뜻합니다.[2] 만일 이 권리가 모든 인간에게 적용되는 보편적인 것이라면, 권리로서의 환대가 이룰 수 있는 진전도 상당하겠지요. 단순히 이방인이 아니라 난민에게도 적용될 수 있습니다.

하지만 불법 체류자 문제나 난민 자격심사 논란에서 보듯이 권리의 인정과 실현에는 많은 조건이 따릅니다. 게다가 환대가 일종의 권리로 취급되는 한, 상호적인 제한이 있을 수밖에 없지요. 주인은 주인으로서, 이방인은 이방인으로서 자신의 테두리와 한계를 지켜야 합니다. 주인은 이방인을 적대시해서는 안 되며, 이방인은 주인의 땅에서 일어나는 문제에 간섭할 수 없습니다. 이러한 설정은 언뜻 당연해 보이지만, 실상은 특정한 곳에서 누가 주인이고 누가 이방인인가 하는 '우연한' 조건에 의해 근본적으로 제약받고 있다고 할 수 있지요.[3] 여기서 우리가 트럼프의 장벽을 앞에 놓고 원래 아메리카 대륙의 주인이 누구였나를 따질 필요까지는 없겠습니다만, 권리와 결합된 주인과 이방인 또는 주인과 손님의 구분이 대개 기존의 질서를 정당화하고 유지하는 데 기여하고 있다는 점은 지적할 수 있을 것 같습니다.

물론 권리로서의 환대가 적대보다 낫다는 점은 굳이 언급할 필요가 없겠지요. 저는 지금 다만, 환대의 적극적 의의가 권리나 그것이 봉사하는 거래의 안정화에 의해서는 포괄되지 않는다는 점을 말씀드리려고 하는 것입니다. 권리로서의 환대는 데리다가 말하는 '조건적 환대'에 해당하는데, 잘 알려져 있다시피 데리다는 이것에 대비해 '무조건적 환대'의 면을 강조합니다. 무조건적 환대의 정신이 바탕에 있어야 진정한 환대가 성립한다는 것이지요. 역시 제 이전의 글을 통해 이 점을 잠시 살펴보겠습니다.

[…] 무조건적이고 유보 없는 환대는 권리나 의무에 따른 환대와 달리 자기의 경계를 열어 놓는다. 이런 환대는 나와 동일한 권리를 지닌 어떤 이방인, 즉 국적이 있고 신분이 확실한 사람들에 대해서뿐만 아니라 내가 전혀 모르는 '완전한 타자'에 대해서까지 열려 있다. 나는 타자를 맞아들여 그에게 내 집의 자리를 제공하지만, 그 대가로 타자에게 어떠한 요구도 내세우지 않는다. 맞아들이는 자의 처지에 따른 조건, 즉 자기 영역의 질서에 따른 제약뿐 아니라, 상호적이고 쌍무적인 방식의 어떠한 제약도 부과되지 않는다. 이와 같은 비대칭성이야말로 무조건적 환대의 특성이자 자기 변

화를 가능케 하는 진정한 열림의 특성이다. 그리고 이런 의미에서 타자를 맞아들이는 것은 나의 자유, 즉 나의 한정된 영역 안에서의 자유에 문제를 제기하는 것이기도 하다.[4]

[...] 무조건적 환대의 정신이 없다면 권리상의 환대는 충돌과 갈등을 자기 관점에서 조정하고자 하는 또 하나의 허울에 불과할 수 있다. 권리는 그것이 누구에 의해 또 어떤 맥락에서 규정되는가에 따라 그 상당 부분이 달라지기 때문이다. 심지어 종교 분쟁이나 인종 분쟁에서조차 분쟁 당사자들은 자기들의 정당한 권리를 찾는다고 생각하지, 자신들이 상대방의 권리를 무시하고 있다고 생각하지 않는다. 그렇기에 환대를 받을 수 있는 이방인의 자격과 상호성도 자기편에서 제한하고 규정할 수 있다. 이런 점에서 볼 때, **진정 상호적인 권리의 인정을 위해서도 자신의 틀에 맞지 않는 상대방을 받아들이는 자세, 즉 자신의 틀을 열어젖히는 무조건적 환대의 정신이 필요하다.** 결국 무조건적 환대란 나와 공통된 것만 받아들이고 타자를 '자기화'하려는 동일자의 지배 논리를 넘어서는 것이라고 할 수 있다.[5]

강조 표시—고딕 강조—는 제가 한 것이고, 첫 단락에 달려 있는 각주들은 생략했습니다. 데리다의 『환대에 대하여』와 『아듀 레비나스』를 참조하고 있군요. 거기서 레비나스에 닿아 있는 지점은 타자의 환대가 나의 자유에 문제를 제기하는 것이라는 대목입니다. 아래 단락에서, 타자를 자기화하려는 동일자의 지배 논리를 넘어선다고 하는 부분도 레비나스적 서술이라고 할 수 있죠. 아무튼, 이렇게 볼 때 무조건적 환대의 의의는 무엇보다도 자신의 현재 틀이나 경계를 고집하지 않고 그것을 넘어서는 데 있다고 하겠습니다. 따라서 나의 변화를 수반하는 타자와의 관계는 무조건적 환대에 바탕을 두어야 한다는 것이죠. 환대를 '융화적 통일'과 연결 지을 수 있는 소지도 여기에 있습니다.

그런데 한 가지 유의해야 할 사항은 조건적 환대와 무조건적 환대가 배타적인 것은 아니라는 점입니다. 말하자면, 조건적 환대와 무조건적 환대는 서로를 나름의 자리에서 환대할 수 있다는 얘기가 될 수 있을까요. 무조건적 환대는 조건적 환대의 바탕에 놓인 채 현실의 조건들을 받아들이고, 조건적 환대는 무조건적 환대의 영향으로 자신의 조건들을 변화시킬 수 있습니다. 하긴 이 양자가 얽히는 양상은 역시 비대칭적이죠. 조건적 환대는 권리로서의 환대나 법적인 환대처럼 때로 건조하게 고립적으로 내세워질 수 있겠지만, 무조건적 환대 그 자체만의 모습은 현실에서 찾아볼 수 없을 겁니다. 순수한 무조건적 환대는 성립 불가능하니까요. 더 정확히 말해, 최소한 지속 불가능하지요. 순수한 무조건적 환대란 말 그대로 아무런 조건 없이 타자를 받아들이고, 아무런 조건 없이 자신을 개방하며, 아무것도 남기지 않고 자신의 모든 것을 내어 주는 것일 텐데, 그래서야 환대의 요건인 주인으로서의 주체의 자리와 심지어 주체 자체마저 존립할 수 없을 테니까요. 그러므로 무조건적 환대는 언제나 현실의 조건들과, 그러니까 어떤 조건적 환대와 결합하는 한에서 현실화한다고 보아야 할 겁니다. 얼핏 말장난처럼 들릴지 모르지만, 제게는 이런 논의 방식이 그리 낯설지 않습니다. (유사한 예를 들자면, 하이데거의 '존재'와 '존재자'의 관계, 레비나스의 '말함'과 '말해진 것'의 관계 등을 거론할 수 있겠군요.) 이것은 유한한 현상의 영역에서 그 영역이 자신의 한계 내에서 포착할 수 없는 더 근원적인 것과 맺는 관계를 지시하는 방식이라고 할 수 있죠. 현상의 영역은 언제나 조건적이니까요. 실은, 무조건이 운위되는 조건도 있기 마련입니다. 때로 그것은, 현재 거론되는 무조건적 환대의 경우처럼, 현재의 조건이 상대적임을 한껏 강조하여 그 변화를 도모할 필요와 결부되어 있지요. 그러한 한도 내에서만 무조건은 조건과 분리되고 대치되는 것처럼 여겨질 뿐입니다.

요컨대, 무조건적 환대는 조건적 환대와 따로 있는 것이 아니라 그것과 겹쳐 있습니다. 이 점을 놓치면 무조건적 환대를 실체화하려는 잘못을 범하게 되지요. 무조건적 환대는 그 자체로는 예시될 수 없습니다. 그것은 환대의 예들 가운데 배어들어 가 있을 따름이며, 그 예들 하나하나는 모두 특정한 조건들에 의해 제약되어 있죠. 이를테면, 데리다가 『환대에 대하여』의 말미에서 거론하는 구약의 롯의 경우를 생각해 봅시다. 오늘날의 견지에서 보아 끔찍하기 짝이 없고 도저히 허용될 수 없는 그 사례는 당시의 조건에서 무조건적 환대의 정신을 표현하고 있을 뿐입니다. 그마저도 과연 적절한 것인지, 다시 말해 제대로 된 환대의 방향을 구현하고 있는 것인지 문제 삼을 수 있겠지만 말이죠.

저는 방금 "제대로 된 환대의 방향"이라고 말했습니다. 꼬투리 잡히기 쉬울 발언이겠지만, 딱히 피해 가고 싶지는 않군요. 아마 통시적으로 고정된 그런 식의 방향은 없을 겁니다. 환대라는 오늘날의 문제의식 자체가 그것을 거부하죠. 저는 또 방금 "오늘날의 문제의식"이라고 말했군요. 이 역시 문제 삼을 만한 표현이지만, 마찬가지로 회피하기 어렵다고 여겨집니다. 우리는 어차피 나름의 문제의식하에서 바람직한 방향을 설정하고 그것을 과거의 예에 투사하면서 우리가 파악한 당시의 조건들을 감안하여 그 예들에 대한 평가를 조절하고 거기에 의미를 부여하기 마련이니까요. 데리다가 아포리아의 형태로 내놓는 문제 제기도 같은 방식으로 이해할 수 있다고 생각합니다. 데리다가 제시한 극단적인 예는, 비록 무조건적 환대의 정신에 입각한다 하더라도 그것과 결합되는 각 시대의 조건들은 지극히 제한적이고 가변적이어서 결코 절대시될 수 없을뿐더러, 달라진 조건하에서 바라보면 아주 잘못된 가치 판단을 담고 있는 것으로 드러날 수 있다는 점을 보여 주죠. 하지만 이것이 '무조건적 환대'를 폐기하거나 무의미하게 만드는 것이 아닙니다. 오히려 그런 조망은 무조건적 환대의 실체화를 막는 방식으로 환대에 관한 문제의식이 설정될 수 있음을 가늠케 합니다.

그렇다면 무조건적 환대의 정신이 살아 있다는 전제하에서 환대의 문제에 있어 정작 중요한 것은 무조건적 환대와 결합하는 시대적 또는 상황적 조건들이 아닐까요? 이 조건들이야 말로 무조건적 환대가 발현하는 양태를 포함하여 환대의 현상들을 규정지을 테니까 말입니다. 원래 인류 역사에서 낯선 자에 대한 환대는 드물었습니다. 오늘날도 때로 그렇습니다만, 예전에는 더더욱 위험을 감수하는 일이었기 때문이죠. 이 학술대회의 표제가 '손님: 환대와 냉대 사이'지요? 손님이란 일단 맞아들여야 할 자를 뜻할 겁니다. 환대하건 냉대하건(혹은 박대하건) 간에 말입니다. 하지만 낯선 자가 곧 손님은 아니죠. 낯선 자는 적일 수도 있습니다. 재러드 다이아몬드에 따르면, 인류 역사에서는 오히려 그런 경우가 대부분이었습니다.[6] 낯선 자에 대해서는 환대(또는 냉대)보다는 적대가 일반적이었다는 얘기지요. 인류사의 대부분을 차지하던 소규모 집단적 삶의 조건 탓에 낯선 자에 대한 적대적인 대응이 불가피했다고 보아야 할 겁니다. 다른 한편, 손님도 다 낯선 자는 아닙니다. '단골손님'도 있으니까요. 게다가 손님이라고 해서 모두 환대의 대상은 아니죠. 어쩔 수 없이 맞아들이긴 하지만 꺼려지는 손님도 있기 마련입니다. 실은, 이번 학술대회의 표제를 처음 보고 대뜸 '손'(the guest)이라는 드라마(OCN, 2018)가 생각났습니다. 여기서 '손'은 귀신 또는 악령을 의미하죠. '손 없는 날'이라고 할 때의 그 손과도 통하지 싶습니다. 또 예전엔 천연두가 '손님'이라고 불리기도 했지요. 황석영의 소설 『손님』(2001)은 이처럼 전혀 반갑지 않은, 또 자주 찾아와서 그다지 낯설지도 않은 손님인 환란을 다루고 있습니다. 김광태 감독의 영화 〈손님〉

(2015)도 유사한 예겠네요. 요컨대, 맞아들여야 하는 상대인 손님 가운데는 달갑지 않은 대상도 있다는 얘깁니다. 그렇다면 내키지 않는데도 상대를 손님으로 대해야 하는 이유 또는 조건은 무엇인가요? 또 더 나아가, 만일 우리가 손님에 대한 환대와 냉대 사이에서 환대 쪽으로 방향을 잡아야 한다면, 그래야 하는 이유와 그럴 수 있는 조건은 무엇인가요?

먼저, 환대건 냉대건 손님맞이가 가능할 수 있는 형식적 조건에 대해 간단히 짚고 넘어갑시다. 너무도 뻔한 얘기지만, 손님맞이에는 이 사안의 주체와 객체인 주인과 손님이, 그리고 이 일이 이루어지는 자리가 있어야 합니다. 주인과 손님이 구별되는 것은 이 자리가 누구에게 속하느냐에 따라서지만, 손님맞이가 이루어지는 자리에서는 주인과 손님이 함께 어우러집니다. host와 guest가 함께 하는 것이지요. 더구나 자리의 주인됨과 손님됨이 어떻게 성립하는가를 따지다 보면 양자가 얽혀 그 구별이 불가능해 보이는 지점이 드러나기도 합니다. 이런 면에서, 주인과 손님이라는 뜻을 아울러 가진 hôte라는 프랑스어 단어가 의미심장하게 다가올 수 있겠네요. 하지만 손님맞이의 양태를 일별하기 위해서는 일단 주인과 손님의 구별을 인정하고 각각의 비중과 역할을 살피는 것이 좋겠습니다. 손님이 워낙 위력적일 때는 주인은 손님이 마음에 들지 않아도 울며 겨자 먹기 식의 태도를 취할 수밖에 없습니다. 함부로 자리에서 내치지 못하고, 행여 성을 내어 패악을 부리지 않을까 전전긍긍하면서 손님이 빨리 자리를 뜨기를 내심 기원할 수밖에 없지요. 과거의 천연두, IMF 사태와 같은 환란도 이런 경우에 해당한다고 할 수 있겠군요. 대뜸 알 수 있듯이 여기에는 손님의 위력 못지않게 주인의 역량이 중요합니다. 오늘날도 우리가 코로나바이러스 때문에 고생을 하고 있지만, 옛날에 천연두를 대했던 것처럼 속수무책이진 않고, 따라서 코로나바이러스를 손님처럼 대하지는 않습니다. 또 IMF 자금이나 여타의 국제금융자본이 오늘날에도 손님일 수는 있겠으나, 우리가 눈치만 보아야 할 정도로 그렇게 위력적인 손님은 아니라고 생각하고 싶군요. 한편, 위력적이지만 기꺼운 손님도 있을 수 있습니다. 우리를 도와줄 수 있는 권력자나 이를테면 천사 같은 존재가 여기에 해당하겠지요. 그러나 어떻든 주인에 비해 손님이 훨씬 위력적일 경우, 환대냐 냉대냐는 주인의 선택 사안이 되기 어렵습니다. 천사의 환대에 관한 이야기도 그것이 선택의 문제로 받아들여지는 것은 천사의 정체가 감춰졌을 때, 더욱이 우리가 냉대하거나 박대할 수 있는 약한 자로 위장되었을 때 정도지요. 그러니까 환대나 냉대의 갈래는 손님이 약자일 때 비로소 문제가 되는 것이라고 보면 좋겠습니다. 여기에는 칸트 식의 상호적인 환대의 경우도 포함시킬 수 있습니다. 이방인은 자신의 자리를 떠나 남의 땅을 방문한 처지라는 점에서 적어도 그 상황에서는 약자니까요. 따라서 환대의 문제는 실질적으로 약자를 맞아들인다는 사태에 의해 조건 지어진다고 할 수 있겠습니다. 강한 자에 대한 환대 여부는 문젯거리가 못 된다는 얘기죠. 도움에 대한 기대를 가지고 환대하는 것이야 누구나 그럴 만한 일이고, 상대의 위력 때문에 마지못해 환대하는 척하는 것은 사실상의 환대에 해당하지 않는 것 아니겠습니까?

자, 그렇담 이제 이렇게 물어봐야 할 것 같군요. 그래요, 환대의 문제가 기본적으로 약자를 맞아들임에 관한 문제라고 칩시다. 하지만 그렇다 해도 우리는 왜 환대를 해야 합니까? 왜 기꺼이 약자를 맞아들여야 하죠? 굳이 그렇게 하지 않아도 될 텐데 꼭 그래야 할 이유는 어디에 있나요? '나도 경우에 따라 약자가 될 수 있으니까'라는 대답, 잠재적 대칭성을 내세우는 칸트 식의 대답을 저는 앞에서 논외의 답변인 것처럼 밀쳐놓았지요. 환대의 의의를 밝히기에는 부족하다고 말이죠. 하지만 과연 그게 그런 식으로 처리될 수 있는 문제일까요? 환대가 상호적 이해관계를 넘어서는 것이라고 전제하는 것은 갈데없는 선결문제 요구의 오류에 해당하지 않을까요? 혹시 계산이나 거래를 초월하는 환대라는 설정 자체가 오히려 허구적인 것은 아닐까요? 또는 그러한 환대인 것처럼 보이는 현상들도 따지고 보면 일종의 변형된 거래에 불과한 것은 아닐까요?

솔직히 말해, 저는 이런 의문이나 문제 제기를 말끔히 해소하거나 반박하기는 어렵다고 생각합니다. 인간의 행위 전반을 이익이나 이해관계—그것이 개체적이건 집단적이건—에 입각해서 해명하려는 시도는 그 역사가 꽤 유구한 데다가, 오늘날에는 계산으로 간주할 수 있는 형태와 영역을 한껏 확장하여 제법 설득력 있는 성과들을 낳고 있지요. 이런 견지에서 보면, 명시적인 계산은 우리가 실제로 행하는 의식되지 않은 다양한 형태의 계산들에 비해 매우 작은 부분에 불과합니다. 복잡한 신체 운동이 신경계의 계산에 따른 것이라는 점은 오늘날의 로봇 공학에 의해 부분적으로 실증되고 있죠. 우리의 감정도 일종의 계산 결과라고 이해할 수 있습니다. 불명료한 환경 정보에 포괄적으로 대응하기 위한 준비 태세로서 말이죠. 이때의 계산은 물론 신경망적 방식에 의한 것이겠고, 환경을 통해 검증된 그 결과의 적합성은 차후의 계산에 가중치를 지닌 데이터로 입력되어 해당 알고리즘을 다듬어 나가는 데 활용될 겁니다. 이와 유사하게 집단적 행위 관습이나 규범도 환경에 대한 특정 개체군의 대응 전략으로 이해될 수 있겠죠. 그 전략을 도출하는 계산의 메커니즘은 개체들의 네트워크를 포괄해야 할 테니 더욱 복잡하고 미묘하겠지만 말입니다. 이런 관점에서야 환대 역시—조건적 환대건 무조건적 환대건 양자의 겹침이건 간에—인간 집단이 몇몇 문제들에 대응하기 위해 채택하는—대개 명확히 의식하지 못한 채로겠지만—일종의 전략이고 나름의 계산 결과로 간주하겠지요. 그것의 효용과 결부된 미래의 진화론적 전망이 얼마나 밝은지는 경험적 검증을 거쳐야 하는 또 다른 계산의 문제로 취급할 테고요.

이 자리에서 저는 이와 같은 접근 방식의 의의를 폄훼할 생각이 없습니다. 오늘날 딥러닝의 인공지능과 진화론의 결합은 각광받는 설명 모델이라고 할 수 있어요. 인간에 대한 이해를 크게 바꿔 나가는 중입니다. 이와 같은 모델은 인간(집단)을 진화론적 무대 위에서 작동하는 일종의 지능장치(네트워크)로 이해하고, 계산과 알고리즘의 중요성을 부각시킵니다. 알고리즘의 세부 얼개를 완전히 파악하지 못한다고 하더라도 원리상 그 장치가 계산을 통해 움직인다는 점을 내세울 수 있다면, 이것 자체의 존재론적 함의는 대단한 것이겠죠. 저는 오늘날 이런 관점이 이미 지배적이 되어 있다고 생각하고 있습니다. 저와 같은 철학자들 역시 이 파장의 영향에서 자유롭지 않지요. 그런데 다른 한편, 우리의 논의와 관련하여 주목할 만한 것은 이 모델이 지적·문화적 장치들의 불가피한 한계를 인정하는 데 기여하고 있다는 점입니다. 요즘 AI가 보여 주는 학습 능력과 자기 향상 능력은 자못 감탄스럽지만, 그 방식은 연역적 정확성을 지닌 것이 아니라 귀납적 패턴화에 따른 것이고, 그래서 언제나 개선의 여지가 있는 잠정적인 것입니다. 게다가 그 기능 자체도 일정한 영역 내에서 또 특정의 목적과 관련하여 작동하는 것이죠. 비록 범용을 지향한다 해도 그 적용 범위에는 한계가 있기 마련입니다. 말하자면, 이런 장치에는 경계가 있고 외부가 있으며, 그런 외부와의 관련하에서 드러나는 불완전함이 있습니다. 흥미롭게도 이런 점들은 환대를 중요하게 다룬 철학자들, 이를테면 레비나스와 데리다 같은 이들이 강조해 온 특징들이지요.

 물론 레비나스와 데리다가 인간과 인간의 문화를 AI적 장치에 견준 것은 아니겠으나, 그들이 계산적이고 체계 내적인 정합성의 한계를 지적하고 비판하는 데 많은 힘을 쏟았다는 것은 분명합니다. 뿐만 아니라 그들은 이 한계 너머와의 바람직한 관계를 모색했지요. 다름 아닌 환대에 대한 논의가 그 중요한 부분이었다고 할 수 있을 겁니다. 이렇게 말씀드리면, 레비나스는 몰라도 데리다가—"텍스트 바깥은 없다"라고까지 언명했던 그 데리다가—과연 체계 외부와의 관계에 대해 적극적인 주장을 했을까 하고 의아해하실 수도 있을 것 같군요. 그런데 환대를 본격적인 논의의 장에 올려놓은 것은 레비나스라기보다는 데리다라고 할 수 있습니다. 하긴 그 데리다는 1960년대의 데리다가 아니라 1990년대의 데리다죠. 하지만 그는 이미 1970년대 말경부터 교환관계를 넘어서는 증여에 대한 탐구를 시작합니다. 주고받는 경제의 틀을 넘어서는 줌(donner; give)의 문제를, 대칭적이지 않은, 대가 없는, 심지어 '갖고 있지 않은 것을 주는' 줌의 문제를 파고들죠. 그 성과가 『시간을 주다』로, 『죽음을 주다』로, 또 그것의 연장인 『용서하다』(pardonner; forgive)로 이어집니다. 이런 탐구 역시 데리다의 다른 작업들과 마찬가지로 주요 개념틀의 내적 비완결성을 지시하는 것이라 해석될 수 있겠습니다만, 제가 보기에 그 지시는 불가불 체계 바깥에 대한 관심으로 연결되는 것 같습니다. 환대라는 문제의식, 그리고 이와 연결되어 나타나는 데리다 말년의 탐구 주제들이 바로 그 점을 웅변해 준다고 할 수 있겠죠.

  레비나스나 데리다에게서도 그렇듯, 일반적으로 보아 인간 문명의 내적 체계는 무엇보다 경제를 중심으로 파악될 수 있을 겁니다. 데리다가 풀이하는 경제라는 말의 희랍어 어원처럼, 그것은 인간이 자원을 모아들이고 소비하는 집(oikos)의 질서(nomos)의 연장이죠.[7] 그렇게 해서 마련되는 것이 주인의 자리입니다. oikos가 화로나 집 안의 불을 뜻하기도 한다는 것과 연관해서 보면, 한자의 주인 주(主)자가 집 안에 켜 놓은 촛불의 형상에서 비롯된 것이라는 점도 흥미롭군요. 그런데 환대는 이 자리를 내주는 데서 성립합니다. 적어도 잠정적 또는 제한적으로나마 '주는' 데서 성립하죠. 경제적이고 체계 내적 시각에서는 이 줌을 어떻게든 교환의 범위 안에 포섭하고 싶을 겁니다. 선물을 주고받는 행위를 지연된 교환으로 보는 증여에 대한 잘 알려진 해석은 이런 유형에 속하지요. 이 주고받음이 적용되는 범위에는 물질적 재화만이 아니라 평판과 같은 무형적 가치도 들어갑니다. 심지어 구원도 그 대상이 될 수 있지요. 만일 자신의 자리를 내주는 환대의 보답으로 돌아오는 대가가 구원이라면—비록 구원의 서사 자체는 허구라 해도 최소한 그것이 심리적 위안을 주는 가치 등을 담고 있는 한에서—일종의 교환이 성립하는 셈이지요. 이와 유사하게, 환대해야 하는 이유를 미래의 보상에서뿐만 아니라 과거로부터도 찾을 수 있습니다. 애당초 누군가가 나를 환대했다면 환대받은 나의 처지에서는 이전의 빚을 갚는다는 의도로 누군가를 환대할 수 있을 거예요. 내가 환대하는 상대가 나를 환대해 준 바로 그 당사자가 아니라도 말이지요. 이 세상이 또는 신이 나를 이미 환대했으므로 우리도 이웃이나 낯선 자를 환대해야 한다는 생각은 이런 유형에 해당합니다. 최근에 번역된 『환대와 구원』(조슈아 W. 지프)[8]에서처럼 이 두 가지가 결합된 형태도 드물지 않겠지요. 어떻든 이 모두는 환대가 경제화한 모습을 보여 준다고 할 수 있습니다. 레비나스조차 『전체성과 무한』에서 경제 영역에 속하는 거주와 집을 논하는 가운데 우리가 여성적 타자성에 의해 맞아들여지고 환대받는다고 말하지요.[9] 오늘날의 견지에서 볼 때 문젯거리인 발언임이 분명합니다만, 레비나스에게서 환대의 본령은 경제가 아닌 윤리에 있고, 타자에 의한 맞아들여짐보다는 타자를 맞아들임에 있다는 점을 덧붙여야 되겠군요. 타자를 환대해야 하는 이유도 맞아들임의 대가로서 제시된다고 보기는 어렵습니다. 잘 알려진 것처럼 레비나스에게서 그것은 얼굴의 호소와 명령에 따르는 것이죠. 이 타자의 얼굴은 모든 보상의 구도를 벗어나 우리에게 다가옵니다. 그렇기에 얼굴의 호소와 명령에 대한 응답, 곧 타자에 대한 책임은 다하면 다할수록 오히려 더 커진다는 역설이 성립하지요.

데리다의 경우는 환대의 실천을 레비나스처럼 윤리적 명령으로 내세우고 있다고 할 수는 없을 것 같군요. 환대에 관한 데리다의 논변들은 진정한 환대가 요구하는 특성을 추적하고, 거기에서 봉착하는 조건과 무조건의 아포리아를 파헤치는 데 맞춰져 있죠. 그의 주안점은 이를 통해 우리 삶의 면모가 계산 및 거래 너머와 불가피하게 닿아 있음을 드러내는 데 있다고 보입니다. 말하자면 환대 문제를 다룸으로써, 언뜻 강고해 보이는 기존 체계 너머를 환대하게 한다고 할까요. 제가 보기엔 이런 작업이 기성 질서의 변화 가능성을 모색하고 촉구하는 시도의 일환으로 여겨지는군요. 그러니까 환대란, 단지 약자 개개인을 내 자리에 손님으로 맞아들이는 구체적 행위들에 그치지 않고, 좀 거창하게 말해 문명의 방향성 전환을 뜻하는 개념이라는 생각이 듭니다. 바깥을 경계하며 내부의 질서를 확립하고 확장하려는 공격적인 방향으로부터, 낯섦과 약함을 받아들이고 보호하며 그럼으로써 스스로를 변화에 열어 놓는 더 유연하고 개방적인 방향으로의 전환을 말이죠. 타자를 우선시하는 레비나스 철학도 저는 크게 보아 마찬가지의 방향에서 이해하고 있습니다. 데리다에 비해 레비나스가 훨씬 과감하고도 적극적으로 이해관계 너머의 영역을 강조하고 있다는 차이는 있겠지만 말입니다.

 얘기가 좀 산만해졌나요? 도식적으로나마 정리해 봅시다. 계산적 체계와 그 외부의 관계에 대해 AI 진화론의 모델이 여전히 체계 내적 효율성의 강화와 발전에 무게를 두고 있다면, 데리다와 레비나스는 체계의 경계와 그 바깥에 강조점을 두고 있다고 할 수 있겠습니다. 전자의 시각에서도 외부에 관심을 기울이긴 하겠지만 그건 어디까지나 체계를 유지하고 기능의 적합성을 높이기 위해서죠. 거기에 도움이 되는 한에서 외적 요소에 대해 개방적인 전략을 취할 수도 있을 겁니다. 이를 환대의 문제에 적용한다면 철저히 조건적 환대의 테두리 내에 머무는 것이 되겠지요. 약자에 대한 환대는 그러한 조처가 낳는 효과를 현재의 (정보처리) 역량으로 계산한 결과에 따라 결정될 겁니다. 가능한 근사치를 구하는 그 계산의 방식은 여러 양태의 메커니즘으로, 이를테면 우리가 감정적 판단, 규범적 판단,

심지어 미학적 판단이라고 부르는 방식으로 나타날 수도 있겠죠. 어떻든, 약자를 환대해야 할 (또는 그러지 말아야 할) 이유는 원칙적으로 계산에 따라 도출될 겁니다.

반면에, 데리다와 레비나스는 계산의 한계를 지적하고 계산 이상의 것을 추구합니다. 이해관계에 따른 거래 너머에 주목하죠. 여기서 환대는 단순히 선택하고 말고의 문제가 아니라 삶의 본래적인 특성에 닿아 있는 것으로 받아들여집니다. 조금만 살피면 계산으로 풀 수 없는 사태들이 거래의 연결망들에까지 파고들어 와 있는 것을 발견할 수 있다는 거죠. 대표적으로 탄생, 늙음, 죽음 등은 우리가 구축해 놓은 거래의 체계 바깥과 관계하고 있는 사태들입니다. 이런 면모를 체계 내로 끌어들여 이해 가능한 것으로 만들기 위해 우리는 때로 가상의 교환관계를 상정해 보지만, 그와 같은 시도들이 결국 만나게 되는 것은 실제로 거래할 수 없는 것을 주고받는다고 여김으로써 야기되는 아포리아들이죠. 시간이나 죽음 등은 계산과 교환의 손아귀를 여지없이 빠져나갑니다. 이것은 우리의 삶의 체계가 대양 위에 떠 있는 작은 섬과도 같은 처지라는 것을 짐작하게 하지요. 바다에서 밀려오는 파도와 바람을 맞아들이지 않을 방도는 없습니다. 물론 폭풍우를 환대해야 한다는 얘기는 아닙니다. 그건 애당초 환대의 대상이 아니죠. 다만 그렇게 외부로 열려 있음이 환대가 성립하는 바탕이라는 점을 환기하고자 하는 겁니다. 표류하다 섬으로 밀려온 자들은 당연히 환대해야 하겠죠. 그들이 자신의 신분을 증명할 아무런 서류도 가지고 있지 않다고 해서, 또 언젠가 나를 환대해 줄 일말의 가능성도 없어 보인다고 해서, 그들을 내칠 수는 없지 않겠습니까.

그러나 현실에서 이와 유사한 경우를 만나면 대처하기가 쉽지 않습니다. 몇 해 전에 있었던 제주도의 예멘 난민 사태를 생각해 보세요. 제주도도 섬이고 남쪽만인 한반도도 사실상의 섬인 셈이나 수백 명 규모의 난민을 마다할 정도로 작은 섬은 아닐 텐데, 여기로 밀려온 난민들에 대한 대응은 환대와는 꽤 거리가 있는 것이었습니다. 당시 청와대 국민청원에 올라온 글(2018년 6월 13일 자)은 아예 난민 신청을 받지 말 것을 요구하고 있는데, 여기에 동의한 인원은 무려 70만 명을 넘었지요. 그 청원은 "구태여 난민 신청을 받아서 그들의 생계를 지원해 주는 것이 자국민의 안전과 제주도의 경제 활성화에 기여할 수 있는지 심히 우려와 의문이" 든다고 말하고 있으며, "유럽과 다른 선진국은 난민 문제에 대해 사죄해야 할 역사적" 잘못이 있지만, "과연 대한민국이 난민을 받아 줘야 하는 이유가 있는 것인지" 묻고 있습니다. 전형적으로 이해관계와 주고받음의 계산에 따른 발상이지요. 이 청원에 대해 당시 법무부 장관(박상기)이 내놓은 답변(2018년 8월 1일 자)은 "우리나라의 국제적 위상과 국익에 미치는 문제점을 고려할 때 난민협약 탈퇴나 난민법 폐지는 현실적으로 어려움이 있다"라는 것이었는데, 이해관계를 따지는 방식과 범위는 다르겠지만 행위 결과의 이익을 계산한다는 점에서는 이 답변 또한 청원과 마찬가지의 사고방식에 입각해 있는 것으로 보입니다. 이런 점에서 어쩌면 지금 우리 사회의 모습은 제가 20여 년 전에 환대 문제에 관심을 가졌던 때와 크게 다르지 않다고 할 수 있을지도 모르겠네요.

물론 당시와 달라진 점이 없는 것은 아닙니다. 그간 우리나라에 체류하는 외국인 수는 50만 명에서 (현재는 코로나 사태로 꽤 줄었겠으나) 250만 명 이상으로 5배가 늘었고, 다문화 가구의 구성원 수는 이제 100만 명을 넘어섰으며, 북한이탈주민의 수도 3만 3,000명에 달합니다. 이에 따른 사회적 갈등도 많아졌지만 법적 제도화와 인식 변화도 있었지요. 환대에 관한 논의도 늘어났습니다. 개인적으로 특히 기억나는 것은 2018년 초에 부산 부경대학교에서 환대를 주제로 열렸던 한양대학교 평화연구소 주최 워크숍이군요. 이 모임에서 제가 발표했던 글은 「환대하는 삶」이라는 제목으로 졸저 『철학의 슬픔』(그린비, 2019)에 실렸는데, 그 내용이 오늘의 얘기와 겹치는 부분도 있습니다. 한양대학교 평화연구소에서는 그 워크숍의 연구기획과 관련해서 『다양성의 시대, 환대를 말하다』(최진우 엮음, 박영사, 2018)와 『환대: 평화의 조건, 공생의 길』(최진우 엮음, 박영사, 2020)이라는 연구서들을 내놓았지요. 오늘 제가 초대받은 이 학회(새한영어영문학회)도 우리 사회에서 환대 문제에 대한 관심이 계속 커지고 또 깊어지고 있음을 보여 주는 증거라고 생각합니다.

이제 '환대 너머'에 관한 논의를 덧붙임으로써 이 어설픈 발표를 마무리 지어야겠군요. 이렇게 얘기하면, 아직 환대의 실현도 어렵고 매우 불충분한데 웬 '환대 너머'냐고 의아해하시는 분들이 있을 법합니다. 하지만 '환대 너머'는 사실 환대가 봉착하는 어려움과 관계가 있습니다. 앞에서도 여러 번 언급했듯, 환대는 무엇보다 '자리'의 문제이기 때문이죠. 환대가 성립하려면 자리를 차지하고 있는 주인과 거기 맞아들여지는 손님이 있어야 합니다. 때로 어떤 자리의 주인과 손님이 바뀔 수는 있겠지만, 자리 자체가 없다거나 주인과 손님의 구별이 없으면 환대 자체가 있을 수 없죠. 그런데 현실적으로 환대가 실현되기 어려운 것은 바로 이 자리에 대한 집착 때문이 아니겠습니까. 이방인에 대한 적대와 배척, 냉대 또는 박대는 그들이 나의 자리를 차지할지 모른다는 염려에서 비롯하는 것이겠죠. 이것은 곧 이해관계의 문제, 계산의 문제이고 경쟁의 문제이기도 합니다. 환대는 이 다툼의 기반인 자리를 바탕에 놓아둔 채 그것이 지니는 속성만을 일시적으로 변화시키려는 것일 수 있죠. 이 자리가 누구의 자리인가, 누가 얼마만큼이나 차지하고 있으며 또 얼마만큼이나 잠정적으로 내어 주는가, 누가 얼마나 강퍅하게 굴며 얼마나 너그럽게 구는가 따위로 말입니다. 이런 구도에서는 모든 것을 내준다는 이른바 무조건적 환대 또는 절대적 환대는 환대의 한계 개념이 되겠지요. 앞서도 지적했듯 순수하게 실현되는 순간 그것은 곧 환대가 아니게 되니까요. 따라서 환대라는 틀을 고집하는 한, 우리는 데리다가 보여 준 조건과 무조건의 아포리아를 피하기 어렵습니다.

그렇다면 환대라는 틀을 넘어서는 길은 없을까요? 제가 알기로는 레비나스가 그런 방도를 추구하는 대표적인 사람인 듯합니다. 그는 『전체성과 무한』에서 '타자에 대한 환대'를 책임과 직결된 윤리적 자세로 중요하게 취급하긴 합니다만, 그 이후로는 이 사안을 주요 논의거리로 삼은 적이 거의 없는 것 같아요. 레비나스의 두 번째 주저라고 할 『존재와 달리 또는 존재성을 넘어』에서는 환대라는 낱말이 단 한 번, 그것도 데카르트를 비판하는 맥락에서 사용될 뿐입니다(Nijhoff판 99쪽, 영어본 79쪽). hôte라는 단어도 같은 곳에서 손님의 의미로 역시 딱 한 번 등장할 뿐, 주인이라는 뜻으로는 아예 쓰이질 않아요. 대신에 볼모 또는 인질(otage; hostage)이라는 말은 자주 나타나죠. 주체(sujet; subject)는—여기에 주체(主體)라는 번역어는 적합하지 않습니다만—타자의 볼모라는 겁니다. 먼저 자리를 차지하고 있다가 타자를 손님으로 맞아들이는 주인이 아니라, 애당초 타자에 매여 있는 처지라는 뜻이죠. 타자는 주체에 우선하며, 주체는 타자와의 관계에 의해 비로소 성립됩니다. 우리 삶의 모습이 워낙 그렇다는 거예요. 타자는 내게 손님으로 오는 것이 아니라 애당초 근접해 있습니다. 강박이라고 할 정도로요. 비록 내가 무언가를 차지하고 있다 해도 그건 원래 내게서 비롯하거나 내게 속하는 것이 아니죠. 오히려 나는 타자를 대신하고 있을 따름이에요. 일시적으로라도 내가 어떤 자리를 차지함이 의미를 갖는 것은 그 자리에 이미 얽혀 있는 타자들을 대신하여 책임을 다함으로써죠. 내가 타자의 볼모라는 말은 이렇게 내가 스스로 행하지 않은 바에 대해서도 책임을 지는 처지를 일컫습니다. 따라서 이와 같은 책임짐은 계산이나 거래를 넘어서며, 그 기초가 되는 이해관계를 넘어서지요. 레비나스에 의하면, 이해관계(intéressement; interest)란 존재 사이에 놓임(inter-esse-ment)을, 곧 자리를 차지함을 뜻하는 반면, 책임짐은 존재 사이에서 벗어남(dés-intéressement; dis-interestedness)을, 즉 탈-이해관계를 뜻합니다. 이와 같은 책임의 견지에서는 자리를 둘러싼 주인의 자세인 환대란 이미 문젯거리가 되지 않겠지요.

    너무 비현실적인 방향으로 나아갔다는 느낌이 드시나요? 어쩌면 그런 반응은 당연한 것이겠습니다. 하지만 레비나스의 이와 같은 사유가 우리를 끊임없이 괴롭히는 경쟁과 다툼의 문제를 발본적으로 해결하려는 시도임은 분명합니다. 그의 이런 지향은 다음과 같은 언급에까지 이르지요.

> 세계에서의 나의 존재(mon être-au-monde) 또는 "태양 아래의 나의 자리"("ma place au soleil"), 나의 집, 이런 것들은 다른 사람에게 속하는 자리를, 즉 이미 나로 인해 제3세계에서 억압받거나 굶주리고 추방당한 다른 사람에게 속하는 자리를 부당하게 빼앗은 것이 아니었을까. 즉 그것은 배척이고 배제이고 추방이며 약탈이고 살해가 아니었을까. "태양 아래의 나의 자리"란 모든 대지에 대한 찬탈의 시작이고 찬탈의 이미지라고 파스칼은 말했다. 이것은 나의 존재함이 폭력과 살인으로 이룰 수 있는—그 의도나 의식의 무고함에도 불구하고—모든 것에 대한 두려움이다. […] 그

것은 나의 **현존재**(*Dasein*)의 바로 그 **장소**(le Da)가 누군가의 자리를 차지하는 것이 아닐까 하는 두려움이다. 이것은 자리를 가질 수 없음(incapacité d'avoir un lieu)을, 곧 심오한 의미의 유토피아를 뜻한다.[10]

이 구절을 저는 『배제의 배제와 환대』에서도 인용했지요(144쪽). 그때는 이런 견지를 어떻게든 환대와 연결시키려 하면서 여기서의 유토피아를 '환대의 유토피아'라고 불렀는데, 지금 생각하면 그건 아무래도 무리였다 싶네요. 자리-없음(u-topos)과 자리를 전제하는 주인의 자세인 환대를 함께 놓기란 어려운 일일 테니까요. 당시에도 그런 점이 걸렸는지, "환대를 통해 나의 자리를 끊임없이 벗어난다"든가 "'환대'를 통한 유토피아"라는 표현을 쓰고는 있습니다만, 그것보다는 '환대를 넘어' 성립하는 것이 '존재와 달리'이자 '존재성 너머'의 지평이고 책임의 유토피아라고 보는 편이 옳겠습니다. 레비나스의 사상적 지향은 환대를 통해 환대 너머에 이르는 셈인데, 20여 년 전의 저는 이런 점을 숙지하지 못한 것 같군요.

환대를 통해 환대를 넘어.

생각하는 것만으로도 어려운 길이겠습니다. 그러나 여기엔 어딘지 모르게 우리를 잡아끄는 어떤 힘이 감지되는 것 같지 않습니까? 환대를 주제로 이렇게 이야기를 나누는 우리는 환대의 문턱에서 어디쯤 와 있을까요?

『전체성과 무한』의 이편과 저편

I

에마뉘엘 레비나스의 『전체성과 무한』이 세상에 나온 해가 1961년이니까, 이제 60년이 넘었습니다. 레비나스가 주로 활동했던 프랑스에서는 약 10년 전인 2011년에 『전체성과 무한』 출간 50주년을 기념하여 논문집도 내고 학회도 열었습니다.[1] 생각해 보니, 우리는 이제 이 책의 진갑(進甲)에 맞추어 행사를 갖는 셈이군요. 우리 나름으로 『전체성과 무한』의 새로운 출발을 기대하며 마련한 자리라고 생각해도 좋을 것 같습니다.

제가 이번 발표 제목을 '『전체성과 무한』의 이편과 저편'이라고 한 것은, 이 책에서 더 톺아보았으면 하는 점들과 이 책을 딛고 더 나아갈 수 있으리라 생각되는 지점들을 함께 살피겠다는 의도를 담은 것입니다만, 포괄적이거나 종합적인 정리를 해 보겠다는 욕심은 없습니다. 그저 제 생각의 이쪽저쪽을 늘어놓는 데 그치지 않을까 싶어요. '이편'과 '저편'은 레비나스의 'en deçà'와 'au delà'에서 따온 말인데, 레비나스에서 이 표현들은 수평적인 의미의 이쪽과 저쪽을 가리키는 것은 아니지요. 차라리 깊이와 높이를 시사한다고 보는 편이 맞을 겁니다. 그래서 저는 'en deçà'를 때로 '심층으로'라고 옮기기도 했습니다. '이편으로'라고 번역한 경우가 더 많습니다만, 그때에도 새김은 마찬가지였지요.[2] 'au delà'는 보통 '너머'로 옮겼는데, 이것도 이 세상과 절연한 피안을 뜻하지는 않습니다. 대개는 이해관계 너머의 윤리적 지평을, 그러니까 현실의 한층 높은 차원을 가리키지요. 이런 점에서 보면 『전체성과 무한』의 이편과 저편'은, 만일 명실상부한 것이 되려면, 『전체성과 무한』에서 표면적으로는 잘 드러나지 않는 깊은 의미와 『전체성과 무한』이 지닌 한계가 함축하는 발전적 면모를 아울러 보여 주어야 할 겁니다. 바라는 바이지만 자신할 수 없는 목표이지요. 그런 지향을 제목에나마 담아 본 것이라고 여겨 주시길 바랍니다.

'이편'과 '저편'이 아래로, 또 위로 넘어서고자 하는 현실은 『전체성과 무한』에서는 다름 아닌 '전체성'이지요. 레비나스가 비판해 마지않는 '존재론'의 영역이고—이렇게 말하면 레비나스가 기꺼워할 것 같지는 않지만—라캉 식으로 표현해 '상징계'의 영역입니다. '내면성'(intériorité)의 영역이자 유한의 영역이기도 하지요. 『전체성과 무한』에서는 2부 「내면성과 경제」에서 이 영역의 됨됨이를 자세히 다루고 있습니다. 제가 보기에는 이 부분이 『전체성과 무한』에서 '이편'으로 주목할 만한 면을 꽤 많이 담고 있는 것 같습니다. 향유와 거주, 작품, 경제 등등 이른바 동일자의 세계가 성립하고 확장되어 나가는 계기들을 다루고 있기 때문이지요. 다음으로는 4부인 「얼굴 너머」가 그런 편입니다. 2부가 동일자의 공간적이고 역사적인 확장을 설명한다면, 4부는 동일자의 시간적이고 생물학적인 연속을 해명하려 한다고 볼 수 있습니다. 제목이 '얼굴 너머'입니다만, 이때의 '너머'는 에로스와 번식성(fécondité)을 통해 유한자가 개체의 유한함을 극복해 나가는 방식을 주로 다루고 있지요. 이런 점에서 2부와 4부는 1부 및 3부와 대조됩니다. 1부(「동일자와 타자」)와 3부(「얼굴과 외재성」)는 타자와의 관계를 주안점으로 삼고 있고, 그렇기에 『전체성과 무한』의 본격적인 특색을 드러내는 부분이라고 할 수 있죠. 무한을 향한 욕망, 타자에 대한 책임, 얼굴의 호소 등등 잘 알려진 내용이 여기서 전개됩니다. 그런 만큼, 『전체성과 무한』의 '저편'을 논한다면, 그것은 대체로 1부와 3부를 겨냥하게 될 겁니다.

그러니까 '이편'과 '저편'은 『전체성과 무한』의 내용에 이중으로 적용되는 셈이지요. 이 책을 펴낼 당시의 레비나스 견지에서 볼 때, '이편'은 전체성의 현실보다 더 깊은 삶의 지반을 가리키며, '저편'은 전체성의 현실을 넘어서는 타자와의 관계를 지시하지만, 지금 이 책을 읽고 소화하는 저 같은 처지에서는 '이편'에서 『전체성과 무한』의 현재적 깊이를, '저편'에서 『전체성과 무한』의 성취 너머를 조망하게 됩니다. 현재적 깊이에는 그 현재가 있기까지의 형성 과정이 중요하게 작용하고, 성취 너머에는 앞으로의 발전 가능성이 자리 잡으므로, 시간적으로는 '이편'에는 과거가 또 '저편'에는 미래가 그 중심 내용을 이룬다고 할 수 있겠지요. 실제로 『전체성과 무한』의 2부와 4부는 레비나스의 이전 작업과 관련이 많고, 1부와 3부는 이후의 작업과 연관이 깊습니다.

다른 한편, 여기 우리의, 즉 저와 여러분의, 또는 우리 각자의 '이편'과 '저편'을 더하여 생각해 볼 수도 있겠습니다. 우리도 나름의 다소간 견고한 테두리와 틀을 지닌 삶을 살아가며, 그런 현실에 의미를 부여하고 그것에 대해 사유하지요. 하지만 이렇게 포착된 현실의 '이편'과 '저편'이 있지 않겠습니까? 우리가 보통 의식하지 못하지만 실상 우리의 됨됨이를 이루는 데 크게 관여했으며 관여하고 있을 깊이와 너머의 영역 말이지요. 거기에는 모두에게 공통되는 부분도 있고, 시대와 사회 환경에 따라 달라지는 부분도 있으며, 또 각자의 처지로 인해 독특하게 이어지는 부분도 있을 겁니다. 이런 우리의 '이편'과 '저편'이 『전체성과 무한』의 이편과 저편'의 파악에 영향을 미치겠지요. 그러나 '이편'과 '저편' 자체는 한정되거나 고갈되지 않습니다. '이편'과 '저편'에 대한 그때그때의 파악이 그럴 수 있을 따름이지요. 아마 이 같은 면들이 우리의 논의를 때로 복잡하게 때로 풍부하게 만들 겁니다. 그런 각도에서 저는 이 자리를 통해서도 우리가 놓인 상황의 이해와 레비나스 철학의 해석 사이의 관계를 생각해 볼 일단의 기회가 마련될 수 있지 않을까 기대해 봅니다.

II

『전체성과 무한』의 '이편'에서 논의할 주제로 저는 먼저 향유, 즉 'jouissance'를 들고 싶습니다. '향유'(享有) 대신 '즐김'이라는 말로 옮겨도 좋다고 생각합니다. 'jouissance'는 그간 우리에게 라캉의 용어로 자주 다가왔지요. 라캉의 경우에는 '향유'보다 '향락'(享樂)이라는 번역어가 익숙한데, 향유보다 성적(性的) 뉘앙스가 강하긴 하지만 이것 역시 라캉 철학에서 'jouissance'가 함의하는 바를 나타내는 데 부족하다고 여겨 그냥 '주이상스'라고 쓰는 경우도 많은 듯합니다. 라캉 철학에서는 이 'jouissance'가 실재계에 기반한 작용으로서 '주체'를 초과하는 면모를 갖는다면, 레비나스 철학에서의 'jouissance'는 어디까지나 주체의 jouissance, 주체의 향유이고 즐김이지요. 물론 여기서도 주체 외부에 대한 의존은 핵심적인 사안입니다. 레비나스에서 향유란 단적으로 말해 '~으로 삶'에서 성립하는 것이니까요. 우리는 먹을 것을 즐기고 날씨를 즐기고 사랑을 즐깁니다. 그렇지만 여기서 무게 중심은 여전히 주체에게 놓여 있지요. 그렇기에 레비나스는 향유를 자기중심주의(에고이즘)로 특징짓습니다. 자기중심적이지만 외부에 의존적인 이 모순적 면모가 향유를 향유이게 합니다.

우리가 어떤 것에서 즐거움을 느끼고 그것을 즐기게 되는 까닭은 그와 같은 대상이나 상태가 항상 주어지지 않는다는 데 있습니다. 일반적으로 보아, 그것이 나의 삶에 필요한 것이긴 하나 나의 관할 범위에서 벗어나 있다는 점 때문에, 즐거움이 유인(誘引)의 보상으로 생겨나는 것이겠죠. 하지만 즐거움의 계기인 이 과소성과 우연성은 그것을 극복하기 위한 노력, 곧 집을 짓고 울타리를 치고 그 안에 내게 필요한 것들을 쟁여 놓는 동일화 작업과, 그렇게 마련된 질서의 영역을 전체로 여기려는 전체화 기획을 불러일으킵니다. 이 내부의 질서가 완전할 수 없는 이상, 그것을 정비하고 개선해야 할 필요가 있고 그런 일에도 보상이 있어야 할 테니, 그에 따른 즐거움도 주어지겠죠. 아마 라캉의 '잉여 향유' 또는 '잉여 향락'이 여기에 해당할 겁니다만, 레비나스는 이런 면모에 크게 주목하지 않습니다. 그에게서 향유는 동일자적 삶의 출발점이자 '타자를 위한' 삶의 전제로서 다루어집니다.

그렇다면 우리는 어떤 점에서 레비나스의 '향유'에 관심을 가질 필요가 있을까요? 좀 거창하게 말해, 저는 문명론적 견지에서 그렇다고 봅니다. 일찍이 윤구병 선생님은 인류의 문명을 '기르는 문화'와 '만드는 문화'로 대별한 적이 있지요.[3] 저는 이 구별이 알기 쉽고도 매우 적실하다고 여깁니다만, 윤구병 선생님의 다소 복고적인 지향에는 선뜻 동의가 되질 않아요. 농업 생산마저 만드는 문화의 일부가 되어 버린 현실이 걱정스럽지 않은 것은 아닙니다. 레비나스의 용어로 말하면 농산물을 포함하여 우리 문명의 거의 모든 면모가 인간의 '작품' 또는 '제작물'(oeuvre)이 된 셈이고, 거기에서 비롯하는 소외의 결과를 피하기 어렵게 되었지요. 하지만 이 "제작물의 총체"(448쪽)를 벗어나는 일이 '기르는 문화'를 되살리자는 식으로 이루어질 수 있을까요? 저는 차라리 '즐기는 문화'를 내세우는 편이 나을 것이라고 봅니다. 물론 이때의 즐김은 결코 자족적인 것이 될 수 없지요. 오히려 오늘의 처지에서 즐김은, 자연의 위력에 무력했고 그래서 두려움과 신비화를 피하기 어려웠던 예전과는 달리, 개방적으로 타자적 요소를 인정하는 진취적 모습을 갖출 수 있을 겁니다. 요컨대, '만드는 문화'를 넘어 우리가 나아가는 경지는 '즐기는 문화'이며, 이 즐김은 타자를 통해서만 가능하다—이것이 제가 레비나스의 향유 개념을 통해 말해 보고 싶은 점입니다.

　레비나스가 향유와 관련하여 언급하는 타자적 요소들이 윤리적 관계의 타자는 아닙니다. 그러나 소유될 수 있는 사물도 아니지요. 그 요소는 무엇보다 "바람, 땅, 바다, 하늘, 공기"(191쪽) 같은 것들입니다. 우리 삶에 필수적일 뿐 아니라 우리 삶이 비롯하는, 우리가 그 속에 "잠겨"(190쪽) 살아가는 요소들이지요. 동일자와 다르고 동일자보다 우선적이라는 점에서 이 요소들도 타자라는 이름에 값합니다만, 인격적 상대는 아니라는 점에서 이들과의 관계가 타인(autrui)과의 관계와 같을 수는 없습니다. 그런데 우리는 이 타인 아닌 타자와 향유라는 방식으로만 만나는 것일까요? 그렇지는 않습니다. 특히 오늘날처럼 환경이 오염되고 파괴되어 향유의 조건 자체가 위협받고 있는 상황에서는, 향유를 위해서도 향유를 넘어서는 타자에 대한 고려가 불가피하지요. 향유가 우리 삶의 원초적 형태로 여겨지는 것은 동일자적 면에서입니다. 환경 파괴로 인한 향유의 어려움도 동일자적 확장 시도가 요소들의 타자적 면모를 무시하고 진행된 탓에 생겨난 것이라고 볼 수 있죠. 이를 극복하기 위해서는 타자적 요소들에 대한 존중이 필요합니다.

그런데 사실 『전체성과 무한』에선 이런 면이 쉽게 눈에 띄지 않습니다. "외재성에 대한 존경"(20쪽)은 두드러지지만, 그것이 자연적 요소들에 쏠리지는 않지요. 레비나스는 오히려 "요소들과 사물들은 존경과 불경 바깥에 있다"(397쪽)라고 말하기도 합니다. 외재성의 초점을 윤리에 두려는 의도 탓이겠고, 무엇보다 '요소'(élément)와 '사물'(chose)이라는 용어가 동일자적 자세와 관련된 것이기 때문이기도 하지요. 동일화되면서 즐거움을 주는 면모 너머의 초월적 특성에 주목할 때는 '요소'라는 말 대신 그냥 '타자'라는 표현이 쓰이지요(예컨대 155쪽, 163쪽 등). 레비나스가 이른바 환경 문제에 큰 관심을 가졌던 것 같지는 않지만, 타자에 대한 존중 사상이 자연에 적용될 소지는 풍부해 보입니다.[4]

향유가 동일자적 태도에 묶여 있는 것인 한, '얼굴'과 관련을 맺기는 어렵습니다. 레비나스에서 '얼굴'은 윤리적 만남의 직접성을 단적으로 드러내는 감성적 개념이기 때문이지요. 얼굴은 타자가 우리에게 호소하고 명령하는 현장입니다. 말하자면, 하이데거가 내세우는 'Da-sein'에서의 'Da'에 비견될 수 있는 중요성을 가진다고 할까요. 물론 그 차이도 상당히 큽니다. 무엇보다 하이데거의 'Da'는 현존재에, 그러니까 주체에 귀속되는 데(비록 이것이 'Ex-istenz'의 'ex'와 연결된다 해도) 반해, 레비나스의 얼굴은 타자의 현현 방식으로서 (비록 이것이 '내게 다가오는' 관계라 해도) 타자에 속하는 것이지요. 아무튼 그렇기에, 자연에도 얼굴이 있느냐, 동물에도 얼굴이 있느냐는 질문은 레비나스 윤리의 적용 가능성에서 핵심적인 문제가 될 수 있습니다.[5] 오늘날 같으면, 우리 주변의 개나 고양이뿐 아니라 돌고래나 코뿔소에게도 우리에게 호소하는 얼굴이 있다고, 또 무너져 내리는 북극의 빙산이나 베어지고 타들어 가는 아마존의 밀림에도 우리에게 명령하는 얼굴이 있다고 할 사람들이 적지 않을 성싶군요.

우리가 타인을 향유할 수 있느냐 하는 문제도 흥미롭습니다. 향유가 동일화의 일환이고 타인이 타자인 한에서, 타인의 향유란 처음부터 모순적인 조합이지요. 『전체성과 무한』에 따르면, 타인을 향유하려는 이 모순적인 추구가 에로스로서의 사랑입니다. 여기에 대해서는 다른 곳에서도 제법 다룬 바가 있기에,[6] 이 자리에서는 에로스가 그 자체로서는 실패할 수밖에 없는 시도이지만, 좀 더 시야를 넓혀서 보면 동일자적 욕구의 '이편'에서 '저편'으로 나아가는(384쪽) 매개 역할을 담당하고 있다는 점 정도만을 환기하고자 합니다. 이때의 이편이란 타자를 모색하고 잡으려 하나 결코 잡지 못하는 욕구—이런 욕구의 행위가 '애무'(caresse)이고 그 순간적인, 그러나 곧 "소유 속에서 소멸"(403쪽)하는 성취의 느낌이 '향락'(volupté)인데—의 저변으로서, 오히려 동일자에 의한 타자의 수용을 가능하게 하는 무의식적 깊이에 해당하며, '저편'은 그렇게 하여 성취될 아직 다가오지 않은 타자성, 곧 미래의 타자인 자식을 함의하지요. 그러니까 에로스란 동일화의 욕구에 미리 스며 있는 타자성이 실현되어 가는 번식성의 계기인 셈입니다.

저는 이런 식의 내용이 매우 재미있지만('애무'와 '향락'에 대한 "에로스의 현상학" 부분의 서술은 다른 철학 텍스트에서는 찾아보기 힘든 '에로틱'한 면을 지니고 있습니다), 앞에서도 언급했던 것처럼 이와 같은 대목이 레비나스 사상의 핵심과 가깝다고는 보지 않습니다. 이 부분은 『시간과 타자』(1948)의 마지막에 다루어진 같은 주제들을 연장하고 발전시킨 것이라고 할 수 있어요. 덧붙이고 다듬은 것은 나중이더라도 발상 면에서는 『전체성과 무한』 1부보다 먼저 쓰였을 겁니다. 게다가 여기서 부각된 사안들은 『전체성과 무한』 이후의 저작에서는 주제적으로 잘 다루어지지도 않아요. 레비나스 스스로도 자신의 주된 주장이나 사유로 여기질 않았던 거겠죠. 2부도 그렇습니다만, 저는 이 4부를 읽으면서 헤겔 식 사고방식의 그림자를 꽤 많이 느꼈습니다. 개체를 넘어선 연속성과 집단성은 헤겔이 말하는 '정신'의 특성인데, 이것은 레비나스에게서도 동일자의 전개 과정으로 나타나지요. 물론 레비나스는 이것을 동일자의 완성이라는 형태로 닫아 버리지 않지만요. 하지만 나이면서 타자인 자식을 통해 끝없이 이어지는 방식으로 유한을 넘어선다는 생각은 여전히 동일자 위주의 설정이 아닌가 하는 의구심을 지우기 어렵습니다. 그런 점에서 에로스가 매개하는 '이편'과 '저편'은 실상 '이편'의 견지에서 조망되는 면이 강한 것 같습니다.

    2부와 4부에서 논의되는 여성성(féminité)에 대해서도 비슷한 지적을 할 수 있을 듯해요. 『전체성과 무한』에서의 여성성은 동일성 내부의 타자성을 뜻한다고 보면 좋을 겁니다. 동일자 밖에서 만나는 타자가 아니라 동일자 내부에 이미 배어들어가 있는 타자가 여성이라는 것이죠. 안온하고 친절하고 친밀한 내면의 타자, "정주와 집의 내면성의 조건"(227쪽)이 여성입니다. 이것은 '너머'의 타자, '저편'의 타자가 아니라, '이편'의 타자죠. 다시 말해, 동일자를 뒷받침하는 동일자 심층의 타자, 그런 점에서 동일자적 타자입니다. 그래서 이 타자는 낯선 자가 아니고, 대화 상대자도 아니며, 맞아들여야 할 외부의 상대가 아니라 오히려 그 같은 환대의 전제인 것이죠. 레비나스는 이런 여성적 타자에 대한 논의가 실제의 여성을 가리키는 것이 아니라 동일자의 한 계기인 거주의 특성을 나타낸다고 말하고 있으나(231쪽), 그렇다고 하더라도 이 같은 여성성이 다분히 가부장적인 동일자적 시각에서 상정되고 있다는 지적을 피할 수는 없을 겁니다. 에로스 논의에서 보이는 여성에 대한 서술도 마찬가지예요. 여성성은 부드러움이고 상냥함이며 연약함이고 의미하지 않음이죠(388쪽). 심지어 순결함이자 처녀성이기도 합니다(390쪽). 물론 이때의 순결함이란 궁극적으로 침범될 수 없는 타자성의 깊이를 뜻하는 것이지만, 그렇다고 해도 이 타자성은 비-인격적인 것이고 내밀한 것이기에(401쪽), 윤리적 명령의 높이를 지니는 타자성에 이르지는 못하지요. 동일자 너머의 타자, 동일자 저편의 타자는 아닌 것입니다.

저는 이런 면들이 『전체성과 무한』의 동일자적 출발점에서 비롯하는 모습들이라고 생각합니다. 동일자에서 타자로 향한다는 이 책의 기본 설정에 깔려 있는 주체의 입지가 반영되어 있다는 것이지요. 레비나스는 '노에시스-노에마'의 구도를 거부하면서도 자신이 줄곧 현상학적 견지를 취하고 있다고 말합니다. 이때 현상학의 특성으로 부각되는 것은 주체의 지향성이라 할 수 있습니다. 물론 이 주체는 타자를 향하고 타자에 응답하며 타자를 받아들인다는 점에서 후설 식의 의미 구성적 주체와는 다르다고 하지요. 하지만 출발점이 주체이고, 이 주체가 동일자로 여겨지고 있다는 점이 중요합니다. 타자의 우선성이 거듭 강조되지만, 논의의 방향은 '동일자에서 타자로'입니다. 이른바 '분리'를 통한 동일자의 성립은 타자를 향함과 타자를 맞아들임의 전제이지요. 그런데 이런 동일자로서의 주체는 나름 견고해서 스스로를 깨뜨리거나 해체하지 못합니다. 『존재와 달리 또는 존재성을 넘어』(1974)에서 주체의 탈핵화(dénucléation)가 자주 언급되는 것과 대조적이죠. 그렇다 보니, 타자를 맞아들일 여지를 주체에게서 확보하는 방식으로, 동일자의 영역인 거주 안에 맞아들임을 본성으로 하는 여성적 '타자'를 끌어들이게 된 셈입니다. 그런 탓에 이 여성적 타자는 자칫 동일자적 주체의 보조 장치처럼 보이게 되지요. 에로스에서의 여성도 유사합니다. 동일자의 연속이자 타자이기도 한 "아이의 미래가 도래하기 위해서는 여성인 타인과의 만남이 필요하다"(406쪽)라는 것이니까요.

    이렇게 말하다 보니 제가 『전체성과 무한』의 '이편'과 관련해서 이 책의 한계나 문제점을 들추어내는 데만 초점을 맞추고 있다는 인상을 주지 않을까 우려되는군요. 하지만 제 어쭙잖은 지적은 레비나스의 이 기념비적 저작이 이룬 방향 전환의 바탕 위에서 가능한 것입니다. 적어도 서양의 근대 이래 지배적이었던 주체 중심적 사고방식에 가한 방향 전환 말이지요. 동일자란 이 주체의 자기 확장 시도가 미치는 범위를 아우르는 이름인 셈인데, 레비나스는 이런 동일자가 아니라 그 너머의 타자가 우선적임을 내세우고, 무엇보다 이 점을 동일자가 받아들이는 것이 긴요하다고 주장합니다. 타자를 마주한 동일자의 반성과 자기비판을 촉구하는 것이죠. 이 과정에서 불가불 동일자의 됨됨이를 파헤칠 수밖에 없는데, 이것은 그간의 사상사적 자취를 비판적으로 정리하는 작업이기도 합니다. 『전체성과 무한』의 내용적 풍부함은 여기에 힘입은 바가 크지요. 저는 그 풍부함을 그대로 놓아둔 채, 그런 작업에서조차 작용하는 동일자적 구심력이 빚어내는 '이편'의 몇몇 주름을 건드려 보려 했을 따름입니다. 이제 『전체성과 무한』이 실려 가는 원심력적 운동에서의 '저편'에 대해서도 어설프게나마 몇 마디 해 볼 차례인 것 같군요.

III

『전체성과 무한』은 타자를 향하고 무한을 향합니다. 그런 지향을 갖는 '형이상학적 욕망'을 전면에 내세우지요. 하지만 이 '다른 것'과 '한정 없는 것'에 대해 알거나 말할 수 있는 방도가 무엇인가 하는 문제는 오래전부터 논란거리였습니다. 알다시피 데리다는 『전체성과 무한』에 대한 최초의 본격적인 검토라 할 「폭력과 형이상학」(1964)이라는 글에서 이런 점을 신랄하게 파고들죠. 우리가 의식의 의미작용이나 세계에 대한 파악 방식의 한계를 인정한다 해도, 그러한 의식과 이해를 떠나서는 그 너머에 관한 논의 자체가 불가능하다는 점을 지적합니다. 레비나스의 후설과 하이데거 비판은 자신이 수행하는 일에 대한 불철저한 반성에 기반하고 있다는 얘기지요. 데리다가 보기에 레비나스가 규정의 폭력을 피해 내세우는 타자, 그리고 그런 타자의 '얼굴'은 부정신학적인 공허함과 비유의 모호함을 지닐 수밖에 없습니다. 그것마저도 언어를 사용하는 논의이고 주장이라는 점에서 선택이고 제한이며, 그렇기에 또한 폭력적이지요. 그것도 이론적으로 정치(精緻)하지 못한 '윤리적' 형이상학의 폭력인 셈입니다.

레비나스는 이와 같은 데리다의 비판에 대해 언어 사용에서 오는 제약을 인정하지요.[7] 하지만 그가 목표로 하는 바를 물리지는 않습니다. 오히려 타자의 우선성을 더 일관성 있고 더 철저하게 제시하려는 쪽으로 노력을 기울입니다. 그 성과가 모인 저작이 『존재와 달리 또는 존재성을 넘어』라고 할 수 있지요. 흔히들 주목하는 것처럼, '말해진 것'으로서의 '말'(le dit)과 '말함'(dire)을 구분한 것은 데리다의 비판에 대한 직접적 대응이라고 할 수 있지만, 제 생각에 그것보다 한층 중요한 면은 논의의 방향이 이제 '타자에서 주체로'라는 형태를 띠게 된 점이라고 봅니다. 이것은 타자를 강조하는 레비나스의 사유가 불가피하게 겪게 되는 변화가 아닐까 싶어요. 타자가 우선적이라면 관계의 출발점도 타자가 되어야 하지 않을까요. 아무튼 이제 주체는 '분리'된 동일자로 취급되는 데 그치지 않고, 타자에 의해 형성되고 삼투되는 것으로 여겨집니다. 타자는 이미 주체에 가까이 있고 달라붙어 있으며 엮여 있다고 생각되죠. 그래서 주체성은 "동일자에서의 타자"[8]라고까지 말해지는 것입니다. 이렇게 되면 앞서 보았던 것처럼 타자를 맞이할 여지를 마련하기 위해 굳이 여성성 같은 것을 운위할 필요가 없어져요. (실제로 『존재와 달리 또는 존재성을 넘어』에는 '여성'에 대한 언급이 한 번도 등장하지 않습니다.) 애초부터 동일자가 타자와 떨어져 있는 것이 아니니까요.

이런 점에서 보면, 데리다가 오히려 『전체성과 무한』에 더 충실한 것처럼 보입니다. 그는 레비나스 사후(死後)에도 『전체성과 무한』을 자주 소환하지요. 특히 '환대' 문제와 관련해서 그렇습니다. 사실, 환대는 레비나스보다는 데리다에 의해 크게 부각된 사안이라 할 수 있죠. 데리다도 지적하다시피,[9] '환대'라는 표현은 『전체성과 무한』에서 드물게 나타날 뿐이에요. 그런데 데리다는 이제 환대를 그 책에 숱하게 등장하는 '맞아들임'과 등치시켜 판을 키웁니다. 물론 이것은 결코 자의적인 해석이라 할 수 없어요. 『전체성과 무한』에서 레비나스는 명시적으로 지향성이 얼굴을 맞아들임이고 환대라고 말하니까요(450쪽). 데리다는 바로 이 대목에 주목합니다.[10] 그런데 '환대'는 여전히 '동일자에서 타자로'라는 방향을 유지하는 바탕 위에서의 행위 방식이라고 할 수 있어요. 주인이 낯선 자인 손님을 기꺼이 자기 자리에 맞이하는 것이 환대니까 말이죠. 만일 타자가 이미 동일자에 달라붙어 있고 스며들어 있다면, 환대라는 문제 설정은 상당 부분 그 힘을 잃게 될지도 모릅니다.

아닌 게 아니라, 『전체성과 무한』 이후에 레비나스가 환대 문제를 주제적으로 다룬 적은 거의 없는 것으로 보입니다. 얼마 전에 저는 '환대'를 논의하는 자리에서 레비나스가 환대의 문제의식을 결국 '환대 너머'로 끌고 간다고 간단히 언급한 적이 있습니다.[11] 환대가 주인과 손님의 구별을, 주인의 자리를, '존재-사이에-놓임'(inter-esse-ment)으로서의 '이해관계'(intéressement)를 전제한다면, 환대 너머는 '존재-사이에서-벗어남'(dés-intéressement)으로서의 탈-이해관계를 함축한다는 얘기였죠. 그러니까 '환대 너머'는 곧 '존재성 너머'를, 바꿔 말해 '존재와 달리'를 지시하는 것이기도 합니다.

반면에, 데리다는 환대의 문제 설정을 고수합니다. 그도 『전체성과 무한』에서는 타자를 맞이하는 주인의 지위를 지녔던 레비나스의 주체가 『존재와 달리 또는 존재성을 넘어』에 와서는 오히려 타자의 '인질'(otage)로 여겨진다는 점에 주의를 기울이죠. 하지만 데리다는 이 '전환'(retournement)을 '환대 너머'로, 환대 '저편'에서 받아들이고 싶어 하지는 않습니다.[12] 차라리 그는 이것을 환대의 깊이와, 말하자면 환대의 '이편'과 연결하여 이해하려고 하죠. 데리다가 말하는 '무조건적 환대'의 정신은 바로 이 심층과 닿아 있을 겁니다. 타자가 이미 나에게 근접해 있고 달라붙어 있으며 나를 사로잡고 있다는 말은, 나의 현재가 애당초 타자에 의해 성립되었음을, 그래서 나는 나의 자리에서 타자를 '대신'하고 있음을 함축하겠죠. 만일 환대가 이런 바탕 위에서 이루어지는 것이라면, 현실적으로는 그것이 이런저런 상황을 고려하는 조건적인 면을 지닐 수밖에 없다 해도, 근본적으로는 타자를 맞아들이는 '무조건적' 원리가 거기에 마련되어 있다고 볼 수 있지 않겠습니까?

제가 레비나스와 데리다, 이 두 사람 중 누가 옳고 누가 그른가를 따지려는 것은 물론 아닙니다. 저는 다만 『전체성과 무한』의 설정을 대하는 차이가, '타자로부터'에 비중을 두느냐 '주체로부터'에 비중을 두느냐에서 비롯하는 면이 있다는 점을 거듭 지적하고 싶은 것이죠. 이런 차이와 관련하여 데리다는 『존재와 달리 또는 존재성을 넘어』의 견지가 "지향성의 우위를 더욱 심각하게 몰아낸다"[13]라고 말하고 있어요. 『전체성과 무한』에서도 타자가 지향적 의식의 경계를 넘어 내세워지는 면이 없지 않았으나, 『존재와 달리 또는 존재성을 넘어』에 와서는 '타자로부터'가 '주체로부터'를 압도하는 것으로 보인다는 평가겠지요. 하지만 레비나스 사상의 요체를 타자의 우선성에 둘 경우, 이런 추세를 도리어 자연스러운 전개로 볼 수도 있을 겁니다. 만일 주체의 지향성에서 출발하는 것을 현상학의 양보할 수 없는 특성이라고 한다면, 레비나스 철학은 현상학에서 출발하여 현상학 너머로 나아간다고 말해도 좋을 거예요.[14] 그러나 그러한 '저편'의 논의가 현상과 의식에 대한 우리의 이해를 깊게 하는 데 도움을 준다면, 그와 같은 타자 철학이 우회적으로 현상학의 '이편'을 두텁게 한다고도 말할 수 있겠죠.

　이렇게 얘기하면 아무래도 제가 은근히 레비나스 편을 드는 것으로 비칠 것 같군요. 하지만 저도 '환대'가 '탈-이해관계'나 '존재성 너머'보다는 현실성 있는 논의 주제라고 생각합니다. 데리다가 레비나스의 '전환'을 건너질러 가면서 환대 문제를 집요하게 제기하는 데에는 충분한 현실적인 이유가 있습니다. 아시다시피, 지금도 여전히 심각한 난민 문제, 이스라엘-팔레스타인 문제 등이 그런 사안이지요. 아울러 저는 레비나스 철학이 정치적 현실과 거리가 있는 윤리적 담론으로 유행하는 데 대한 데리다의 우려 섞인 목소리도 귀담아들어야 한다고 생각합니다. 그의 지적처럼, 레비나스 나름의 치열한 사유가 오히려 현실에 대한 참여를 방해하는 방편으로 이용당할 수도 있으니까요.[15]

　다른 한편, 저는 환대에 대한 문제 제기가 그간의 세계화(globalization) 경향과 관련이 있다고 생각합니다. 동구권과 소련의 붕괴 이후, 미국 중심의 자본주의 질서가 확장되어 가는 가운데 생겨나는 문제들에 대한 대응의 일단이 환대의 문제의식으로 나타났다고 할 수 있죠. 레비나스에서 제3자(le tiers) 또는 삼자성(illéité)의 문제로 드러나는 보편성의 사안을 끊임없이 강조하는 데리다의 논의도 이런 맥락과 연결되어 있다고 보입니다. 물론 이때 초점이 되는 보편성은 자본의 보편적 운동이 아니라 오히려 그것이 훼손하고 은폐하는 보편성이고, 그런 면에서 탈-자본의 견지에서 추구되어야 할 보편성이지만요. 그렇다면 오늘날처럼 이른바 '탈세계화'가 심심찮게 운위되는 상황에서는 '환대' 논의가 사그라들까요? 꼭 그럴 것 같지는 않군요. 그 이유는 무엇보다도 이 '탈세계화'가 탈-자본주의와 거리가 먼 것이어서 '세계화'가 야기한 문제들을 해소하기는커녕 이어받아 악화시킬 공산이 커 보이기 때문이겠지요. 아마 '환대'는 당분간 더 힘해진 현실과 대결하는 시련을 겪어야 할 듯합니다.

『전체성과 무한』이 세상에 나온 시기를 감안하면, 레비나스가 당시에 '세계화'를 염두에 둘 수 없었던 것은 분명합니다. 그러나 서구 문명이 타자의 우선성을 받아들이는 쪽으로 방향을 바꾸지 않으면 확장적 전체성의 위기에서 벗어나지 못하리라는 통찰을 체화하고 있었죠. 이 책이 본격적으로 주목받은 시기를 볼 때, 한 세대쯤 뒤에야 그의 통찰이 현실과 만나 빛을 발하기 시작했다고 할 수 있을까요? 저는 낯선 자가 바로 우리의 이웃이라는 주장이 『전체성과 무한』의 특징적이고 흥미로운 발상이라고 말해 왔습니다.[16] 낯선 자가 우리 삶에 가까이 다가와 있는 현대의 실제 상황을 잘 반영하고 있다는 생각에서였지요. 하지만 이 '낯선 이웃'이라는 역설적인 조합에 또 하나의 역설적 조합이 겹쳐야 『전체성과 무한』의 발상은 제 모습을 갖춥니다. 그것은 '약함과 높음'의 조합이지요. 이 후자의 조합은 전자의 조합에 비해 더 받아들이기 힘들어 보입니다만, 사실 전자와 달리 매우 오래된 조합입니다. 이것은 세태를 반영한다기보다는 당위의 요청과 연결되는 근원적 조합이에요. 동일자의 눈에 가난함과 벌거벗음으로 드러나는 약함은 동일자 경계 바깥의 외재성과 이어지며 무한함에 이릅니다. 헐벗고 가난한 낯선 이웃을 맞아들여야 할 까닭, 그의 호소이자 명령에 응답해야 할 까닭이 여기에 있지요.

낯섦과 이웃함의 결합이 현실에서 경험하는 수평적인 것이라면, 약함과 높음은 현상의 차원과 궁극의 차원이 함께하는 수직적 결합이라고 할 수 있을까요? 이 높음의 의미를 어떻게 받아들이느냐가 레비나스 사상에 대한 태도를 좌우할 것 같습니다. 무한에 닿는 예전의 높음이 대개 종교적 권위의 위압적 형태를 띠는 것이었던 반면, 레비나스가 말하는 타자의 높음에는 그런 힘의 면모가 전혀 없어요. 절대자의 하강이나 변양 따위로 약함이 표면적으로만 구현되는 것이 아니죠. 강함은 동일자적 확장이 필요로 하고 그래서 추구되는 것이며, 약함은 이런 강함과 대비하여 그렇게 일컬어지는 것이기에, 타자의 높음은 애당초 힘의 견지에서 조망할 수 없는 것입니다. 힘의 행사와 무관한 높음, 어떤 보상의 약속과도 무관한 높음—이것이 타자의 높음이죠. 이런 높음을 내세우는 데 레비나스 사상의 성패가 달려 있다고까지 말하고 싶군요. 그리고 이것은 탈종교 시대의 종교라고 함 직한 윤리—『전체성과 무한』에서 종교는 '동일자와 타자의 유대'(38쪽)로 설정되고 있지요—의 성패이기도 할 겁니다.

높음에 관해서 '이편'과 '저편'을 거론한다는 건 어울리지 않는 일이겠으나, 그 높음과 엮이는 '약함'에 대해서는 그럴 수 있을 것 같아요. 『전체성과 무한』에서는 약함이 '여성'과 함께 논해집니다(386쪽 이하). 이때의 약함은 비존재와 연관되고, 이 비존재는 미래와 연결되어 있어요. 그러니까 아직 존재하지 않는 미래를 향하는 에로스의 한 측면으로 다루어지는 것이죠. 『존재와 달리 또는 존재성을 넘어』에서 타자의 근접성이 드러나는 주체의 중요한 특성인 '상처받기 쉬움'(vulnérabilité)도 『전체성과 무한』에서는 여성성과 결부되어 언급됩니다. 이런 점들은 '비존재'가 '존재성 너머'로, 여성적 연약함이 주체의 감성 일반으로 나아갈 수 있게 하는 잠재적 깊이를 이룬다는 면에서, 『전체성과 무한』의 '이편'에 해당한다고 할 수 있겠어요. 반면에 약함의 '저편'은 주체에 이미 스며 있는 타자성 자체가 되겠지요. 그런 점에서 타자를 존중하는 것은 우리의 약함을 존중하는 것이 됩니다.

"무한과의 관계는 죽을 수밖에 없는 자가 죽을 수밖에 없는 자에게 갖는 책임이다."[17] 저는 레비나스의 이런 언급이 '언더도그마'를 운위하는 사람들에게 매우 우회적이지만 좋은 답이 될 수 있다고 봅니다. 타자의 약함은 죽을 수밖에 없음에 이르죠. 이것은 타자성을 절멸시킬 수 있다는 생각과는 무관합니다. 무한을 없앨 수는 없지요. 무한이 내 앞의 타자로, 타인으로 나타날 때, 그것은 약함이고 죽음을 피할 수 없음이 됩니다. 죽음이 곧 타자성이라는 말은 아니에요. 무한한 타자성의 바탕 위에 삶이 놓이는데, 그렇게 한정된 삶의 경계가 죽음이라는 것이지요. 이 경계 너머까지를 함께 조망하면 타자는 무한하지만 또한 죽음을 피할 수 없는 자로 비칩니다. 무한하지만 그 무한함이 유한에 배어 있기에 그것이 약함과 죽을 수밖에 없음으로 나타나는 것이죠. 반면에 내가 동일자인 한에서 나는 약하지 않습니다. 그 테두리 안에선 죽음과도 무관하지요. 그러나 주체로서의 나는 상처받을 수 있는 자, 타자에 붙잡히고 강박되어 있는 자가 됩니다. 내게도 타자성에 의한 약함과 죽을 수밖에 없음이 배어 있는 셈이죠. 그러니까 "죽을 수밖에 없는 자가 죽을 수밖에 없는 자에게 갖는 책임"에서 앞의 '죽을 수밖에 없는 자'와 뒤의 '죽을 수밖에 없는 자'는 함의가 조금 다릅니다. 전자의 초점은 타자에 사로잡히고 타자를 대신하는 동일자로서의 유한자이고, 후자의 초점은 유한을 통해 드러나는 무한으로서의 타자죠. 그러나 양자 모두에 약함이 드러납니다. 전자가 약함의 '이편'이고, 후자는 약함의 '저편'이겠죠. 강함이 지배하는 듯 보이는 세상에서 레비나스는 이렇게 약함의 중요성을, 이편에서 저편에 이르는 약함의 깊이와 높이를 역설합니다.

IV

이제 한 가지만 더 거론하면서 산만하고 지루한 제 발표를 마무리해 보도록 하겠습니다. 마지막 사안으로 저는 '시간' 문제를 건드리고 싶군요. 지루함의 터전이기도 한 바로 그 '시간' 말이죠. 앞서 『전체성과 무한』의 '이편'이 시간상으로는 이 저작의 과거와 연결되는 면이 있다고 말씀드렸는데, 막상 이 책에서 주로 다루어지는 시간은 과거보다는 미래이고 현재라고 할 수 있습니다. 반면에 『존재와 달리 또는 존재성을 넘어』에서는 '과거'가 더 중요하게 논의되지요. 이런 차이 역시 동일자로부터 출발하느냐, 타자로부터 출발하느냐에 따라 나뉜다고 볼 수 있어요. 『전체성과 무한』에서는 의식적인 시간이 논의의 초점이 됩니다. 아니, 의식과 시간이 거의 등치되어 취급되는 대목이 많아요. ("의식을 갖는다는 것, 그것은 다름 아니라, 시간을 갖는다는 것이다", 244쪽) 이런 견지에 따르면, 시간을 갖는다는 것은 자기 자신과 거리를 갖는다는 뜻이고, 그것은 유예(猶豫)의 내면을 가진다는 뜻이죠. 이를 통해 동일자는 항상성의 여지를 확보하지요. 이 여지를 뒷받침하는 실질적인 내용은 일어날 일에 대한 예측이고, 이를 위해서는 이미 있었던 일을 떠올리는 기억이 필요합니다. 기억에 비추어 예측이 가능하므로 기억이 있어야 미래로 뻗친 시간이 성립할 수 있죠. 그러니까 여기에는 이미 과거가 개입되어 있어요. 하지만 이것은 재현되는 과거이고, 그런 점에서 동일자에 포섭되는 과거입니다. 반면에 타자에서 출발하는 과거는 기억을 넘어서 있는 과거, 재현되지 못하는 과거지요. 이런 "타자의 시간"(68쪽)도 『전체성과 무한』에서 논의되긴 하지만, 그것이 시간의 주된 면모로 취급되는 곳은 아무래도 『존재와 달리 또는 존재성을 넘어』에서라고 해야 되겠습니다.[18]

예측이 다 맞는 것도 아니고 기억도 다 정확한 것도 아니니까, 동일자적 시간은 기억과 예측을 벗어나는 타자적 시간에 둘러싸여 있는 셈이지요. 이 타자성은 동일자의 항상성에도 파고듭니다. 동일자는 늙고 죽죠. 앞에서도 보았던 약함의 이 같은 모습은 유한에 담긴 무한으로서의 시간성이 드러내는 불가피한 양태라 할 수 있습니다. 이런 시간을 가로지르는 미래로서 『전체성과 무한』이 내세우는 것이 번식성이죠. 이 번식성의 미래는 동일자적 연속성을 이어 가면서도 예측을 벗어나는 타자성의 측면을 담고 있습니다. 그러나 이미 지적했다시피 이것은 동일성의 우위를 바탕으로 하고 있으며, 그런 점에서 미래의 '이편'에 해당한다고 할 수 있겠어요. 그렇다면 미래의 '저편'은 어떤 것일까요? 타자로부터 오는 시간으로서의 미래, 예측을 넘어서는 새로움으로서의 미래, 하지만 불확실성 자체나 혼돈은 아닌 미래—얼핏 하이데거의 '생기'(Ereignis)나 바디우의 '사건'(événement) 등이 떠오릅니다. 하지만 책임의 윤리적 방향성에 어울리는 레비나스의 '미래'는 '영감'(inspiration)이나 '예언성'(prophètisme) 등을 통해 다가오죠. 이런 면이 상론되는 것도 역시 『존재와 달리 또는 존재성을 넘어』에서입니다.[19]

이렇게 볼 때, 『전체성과 무한』은 타자를 향하는 동일자처럼 『존재와 달리 또는 존재성을 넘어』를 향하고, 후자는 마치 타자처럼 전자를 감싸고 있는 것 같습니다. 그런데 『전체성과 무한』에 따르면, '마치 ~처럼'(comme si)은 시간을 이루는 의식의 계기지요. "마치 존재하는 것의 현재가 아직 완전히 성취되지 않았다는 듯이, 또 그 현재가 거둬들여진 존재의 미래만을 구성한다는 듯이 관계하는 것"(244쪽)이 의식의 시간성입니다. 그렇다면 제가 레비나스의 두 저작을 엮는 방식도 이런 의식의 시간성에 의거하고 있다는 얘기가 되겠지요. 레비나스는 '마치 ~처럼'의 의식이 그 바깥의 사태보다 우선적인 것으로 여겨지는 일을 경계합니다. 그것을 환상이라고 부르죠. 그러나 또한 '실정적(positif) 사건'이라고 말합니다(63쪽). 피할 수 없는 의식의 작동 방식이라는 뜻이겠지요. 레비나스는 이 불가피한 환상을 돌파하는 길을 타자에 대한 수동성에서, 개방성에서 찾았다고 할 수 있을 겁니다.

우리는 이 '마치 ~처럼'의 문제가 간단치 않음을 알고 있지요. 많은 논의들이 있겠으나, 제게는 아감벤과 데리다의 작업이 특히 흥미롭습니다. 아감벤은 바울과 칸트, 아도르노, 벤야민 등을 통해 '마치 ~처럼'이 구원의 희망과 어떻게 연관되어 있는지를 드러내지요. 그에 따르면 메시아적인 것은 '마치 ~처럼'의 폐지인 동시에 실현이기도 합니다.[20] 현실적인 것의 기각은 바로 그 현실을 통해서만 작용한다는 것이죠. 데리다에게도 '마치 ~처럼'은 우선, 이념과 현실을 화해시키는 칸트 식의 목적론적 판단으로 등장합니다. 그는 여기에 오늘날의 대학과 인문학의 과제를 적용하죠.[21] 무조건성이 그 이상적 목적으로 놓입니다. 하지만 그에게서도 이 이상의 실현은 '마치 ~처럼'에서 보장되지 않을뿐더러, 오히려 그것으로부터의 해방을 필요로 합니다. 그래서 데리다는 이런 논의 자체를 개방하는 자세를 취하지요. 자신의 강연을 듣는 청중들과 독자들에게, 또 타자들에게요. 『전체성과 무한』의 논의도 아마 그럴 겁니다. 타자를 향한 이 책은 레비나스 자신에게뿐 아니라 독자들에게 열려 있지요. 『전체성과 무한』의 실현은 그것 너머이기도 할 겁니다.

이름의 의미

"내게 남아 있는 이름 없는 그 이미지들, 이미지 없는 그 이름들…."
—사뮈엘 베케트, 『이름 붙일 수 없는 자』에서

1. 이름에 대해 말하기

안녕하세요, 이렇게 와 주셔서 고맙습니다. 오늘 제가 여러분께 말씀드리고자 하는 것은 '이름'에 대한 몇 가지 두서없는 이야기들입니다. 이를테면, 이름을 싸고돌고 이름에 이르며 때로 이름을 건너지르는 논의들이라고 할 수 있겠네요. 제가 명색(名色)이 철학을 다루는 사람이다 보니 거기에 따라 짐작하시는 바도 있을 겁니다만, 제 어쭙잖은 얘기가 여러분이 생각하시는 철학의 이름에 걸맞은 내용이 될지는 잘 모르겠습니다. 다만 한 가지, 혹시라도 성명학(姓名學)이나 성명철학(姓名哲學)을 기대하시는 분이 계시다면, 꽤 실망하실 공산이 크다는 말씀을 미리 드려야겠네요.

제 말을 지금처럼 이렇게 직접 듣는 것이 아니라 글로 읽게 되실 분들도 있을 겁니다. 실은, 이름이라는 주제로 글을 하나 청탁받은 다음에, 같은 주제로 강연을 할 기회가 생겼어요. 그래서 기왕 그럴 거, 아예 말하는 형태로 글을 쓰는 것이 어떨까 하는 생각을 하게 되었죠. 제 편의와 게으름 때문이긴 합니다만, 변명의 구실이 전혀 없는 것은 아닙니다. 이름이라는 게 최소한 어떤 정체성을 가진 것이고 그런 의미에서 고정된 것이라면, 글이 아니라 말의 형태로 이름을 다루는 것에는 그 나름의 장점이 있을 테니까요. 고정된 것을 풀어헤쳐 살피도록 도와준다고 할까, 뭐 그런 면에서 이름의 기원이나 기능을 조망하는 데에는 글보다 말이 유리한 면이 있지 않을까 합니다.

아무튼 이제 이름에 대해 생각해 보기로 합시다. 먼저, 이름 없는 세상을 떠올려 보면 어떨까요. 아예 이름이 없는 세상을요. 이게 이상한 건 아닐 겁니다. 원래 세상엔 이름 따윈 없었을 테니까요. 세간의 온갖 이름들이 없었을뿐더러, 세상 자체의 이름도 없었던 시절, 그런 때가 있지 않았겠습니까. 그렇다고 사물들 자체가 없었다거나 살아 있는 존재들이 없었다고 생각할 필요는 없겠지요. 중요한 것은 이름이란 붙여지는 것이라는 점입니다. 말하자면, 이름은 본래적인 것이라기보다는 이차적인 것이어서, 이름 붙일 대상이 있고 또 이름 붙이는 자가 있어야 비로소 성립한다는 얘기지요. 그런데 그렇다면, 이름은 왜, 또 어떻게 붙여지는 걸까요? 그리고 어떻게 붙여져야 하는 걸까요?

이름의 기능은 크게 지시적인 면과 묘사적인 면으로 나누어 볼 수 있을 겁니다. 우리는 대체로 지시적인 면이 중심이라고 생각하지요. 무엇을 다른 것과 구별하고 지시할 필요가 이름을 낳았다는 겁니다. 그런데 기왕이면 그 이름이 해당 대상의 특징을 잘 드러내 줄 경우, 그 구별이나 지시가 더 효과적으로 이루어질 수 있겠죠. 그래서 이름에는 대상을 형용하고 묘사하는 면이 따라붙게 됩니다. 물론 대상이 복잡해지면 단순한 이름 자체만으로는 그런 특성들을 직접 담거나 표현하기 힘들겠죠. 그래서 이름은 명시적 또는 함축적으로 일정한 내용들과 결합되면서 작동하게 되지요. 거기에는 사전적 정의처럼 비교적 분명한 규정들도 있고, 여러 경로로 결부되는 다양하고 애매한 이미지들도 있습니다. 이런 게 우리가 이름을 부르거나 들을 때 환기되는 내용을 이루죠.

제가 좀 추상적으로 논의를 시작했나 봅니다. 벌써 지루해하시는 분이 계시네요. 사실, 저도 뭔가 더 재미있는 얘기를 하고 싶습니다만, 워낙 그런 재주가 부족한 편입니다. 게다가 이번에 이 '이름'이라는 주제로 청탁을 받을 때, 몇 가지 다루어 달라는 사안이 있었습니다. 그중 하나가 발터 벤야민이라는 사상가의 이름에 관한 이론인데요, 그걸 염두에 두다 보니 서두가 더 딱딱해진 것 같군요. 벤야민의 언어론[1]은 직접 읽어 보면 꽤 까다롭고 어떤 면에서는 좀 신비한 구석이 있다고도 느껴지는데(특히 '마법' 운운하는 부분들이 그런 인상을 주지요), 막상 그 의도나 발상을 파악하고 나면 그렇게 난해한 것은 아니라고 생각합니다.

말이 난 김에, 발터 벤야민이라는 이 이름에 주목해 봅시다. 이 이름은 다른 어떤 사람이 아닌 발터 벤야민을 지시합니다. 물론 동명이인이 있을 수 있겠죠. 그러나 그렇다고 지시관계가 달라지진 않습니다. 우리가 발터 벤야민이라는 이름으로 가리키는 사람은, 유대계 독일인이고 「기술복제시대의 예술작품」과 「역사철학테제」 등등을 썼으며, 나치의 박해를 피해 도망하려다 실패하고 결국 비극적으로 생을 마감하고만, 바로 그 비평가이고 사상가지요. 이렇게 보면, 이름에서 중요한 것은 그 이름 자체가 아니라 이름이 함축하는 내용이라고 할 수 있죠. 누가 Walter Benjamin이라는 이름을 영어 식으로 '월터 벤자민'이라고 발음했다고 해서 그 벤야민 또는 벤자민이 그 사람이 아니게 되는 것은 아니니까요.

그렇다면 이름이란 어떠어떠한 대상을 지시하는 기호에 불과한 것이 아닐까요? 사실, 이런 이해가 상식적이고 일반적입니다. 이름은 지시 기호인 까닭에, 우리는 편의에 따라 이렇게 저렇게 이름을 붙일 수 있고 또 바꿀 수도 있다는 것이죠. 비근한 예로, 여러분이 각종 웹 사이트에서 사용하는 아이디를 생각해 보시면 될 겁니다. 아이디로서의 이름, 어쩌면 이것이 이름의 현대적인 형태일 것 같습니다. 그런데 여기서 흥미로운 점은, 이렇게 이름의 기호로서의 성격이 부각되다 보니, 정작 지시 기능은 기호 뒤에서 휘발되어 버리는 현상이 나타난다는 겁니다. 아이디와 결부된 이른바 익명성(匿名性)의 문제가 등장하는 거죠. 기호는 원래 어떤 것을 지시하기 위해 서로 구별되는 상징적 자리들을 마련하려 도입되었는데, 이 기호들의 층위가 지시나 지시와 결부된 의미와 상관없이 마치 그 자체로 독립적인 활동 영역을 확보한 것 같은 모습을 보이게 된 겁니다.

익명 현상의 폐해는 새삼스레 언급할 필요가 없겠지요. 이름과 관련한 논의에서 현안(懸案)으로 거론될 만한 사안입니다. 특히 댓글 실명제를 둘러싼 논란이 최근의 관심사라 할 수 있겠죠. 한편에서는 폭력적인 익명의 댓글이 난무하는가 하면, 다른 한편에서는 각종 서명운동이 끊이지 않는 게 작금의 현실입니다. 저는 오늘 이 짧은 강연을 통해서 이런 문제들에 대해서도 약간이나마 시사점을 제시할 수 있기를 바라고 있어요. 하지만 그러기 위해서도 우선은 이름과 관련된 좀 더 심층적인 논의를 살펴봐야 할 것 같습니다. 이름에 대한 벤야민의 견해는 보기에 따라선 익명 현상을 비판하는 강력한 이론적 근거가 될 수 있을 듯합니다. 이름의 기호로서의 성격과 이름의 자의성(恣意性)을 정면에서 부정하기 때문이죠. 자, 그럼 그 부분을 다뤄 보도록 합시다.

2. 벤야민의 이름 이론

벤야민이 청년기에 쓴 「언어 일반과 인간의 언어에 대하여」(1916)라는 글에는 다음과 같은 구절이 있습니다. 잠시 함께 읽어 볼까요.

이름은 언어의 영역에서 유일하게 이런 의미를, 그리고 비교할 수 없이 높은 이런 의의를 갖는다. 즉 이름은 언어 자체의 가장 내적인 본질이다. 이름은 그것을 **통해서는** 더 이상 아무것도 전달되지 않고 그것 **속에서** 언어 자체가 절대적으로 스스로를 전달하는 그런 무엇이다. 이름에서는 정신적 본질이 스스로를 전달하는데, 이것이 그 언어(die Sprache)다. 자신을 전달하는 정신적 본질이 절대적 전체성에서의 언어 자체인 곳, 그곳에만 이름이 존재하고, 또 그곳에는 이름만이 존재한다. 인간 언어의 유산으로서의 이름은 그러므로, **단적인 언어**가 인간의 정신적 본질이라는 점을 보증한다. 또 오직 그렇기 때문에, 모든 정신적 본질 가운데 인간의 정신적 본질만이 남김없이 전달 가능하다. 이 점이 인간의 언어가 사물의 언어로부터 구별되는 근거이다. 인간의 정신적 본질은 그러나 언어 자체이기 때문에, 인간은 언어를 통해서가 아니라 오직 언어 속에서 자신을 전달할 수 있다. 인간의 정신적 본질로서의 언어가 갖는 이 집중적 총체성의 총괄이 이름이다. 인간은 이름하는 자인데, 여기서 우리는 인간으로부터 순수 언어가 말해짐을 안다. 모든 자연은 그것이 전달되는 한에서 언어 속에서 전달되고, 따라서 결국 인간 속에서 전달된다. 그렇기에 인간은 자연의 주인이며 사물에 이름을 붙일 수 있다. 사물의 언어적 본질을 통해서만 인간은 그 스스로 사물들의 인식에 도달한다—이름 속에서 말이다.[2]

어떻습니까, 쉽게 읽히진 않지요? 이걸 쓸 때 벤야민은 20대 중반의 나이였습니다. 그렇다고 설익었다는 뜻은 아닙니다. 나름 대단한 통찰력과 집중력을 드러내는 매우 일관되고 깊이 있는 글입니다. 그래서 오늘날까지도 중요한 텍스트로 읽히고 있는 것이죠. 다만, 표현이 아무래도 좀 예스럽고(뭐, 백여 년 전의 글이니까요) 다소 추상적입니다(벤야민의 원래 전공이 철학이에요). 어떻든 이 글의 의미를 잘 이해하기 위해서는 벤야민이 노리고 있는 초점이 무엇인가를 파악하는 것이 중요합니다.

벤야민은 언어가 단순히 의사 전달이나 정보 전달의 수단이라고 생각하지 않습니다. 사실, 이 점이 핵심입니다. '통해서'가 아니라 '속에서'를 강조하는 이유가 여기에 있습니다. 언어란, 또 이름이란 그것을 '통해서' 다른 무엇을 전달하는 것이 아니라는 겁니다. 그러니까 수단적 기호가 아니라는 것이죠. 우리에게 익숙한 통상적인 이해를 거부하는 셈입니다.

언어나 이름을 수단으로 여길 때 생겨나는 문제점이 무엇인지에 대해서는 앞에서 이미 말씀드렸습니다. 수단은 목적이 아니고 따라서 본질적인 것이 아니니까, 여건과 필요에 따라 변경 가능합니다. 더욱이 엉뚱한 목적과 잘못 연결될 수도 있어요. 또, 독립적인 것인 양 잘못 놓으면 제멋대로 작동될 여지도 있습니다. 어떻게 보면 세간의 혼란 가운데 상당한 부분은 이렇게 언어가 수단적인 것으로 오용되는 데서 비롯하는 것일지도 모르지요.

하지만 그렇다 하더라도, 수단적이지 않은 언어가 가능할까요? 언어는 어차피 무언가를 전달하는 것이지 않습니까? 그리고 무언가를 전달하는 것이라면, 그 전달자는 매개체이고 그런 의미에서 수단일 수밖에 없는 것 아닌가요? 벤야민은 그렇게 생각하지 않습니다. 어떤 것을 전달하지만 수단에 그치지 않을 수 있다는 것이지요. 다른 어떤 것이 아니라 자기 자신을 전달하는 경우에는 그렇다는 겁니다. 그리고 언어가 바로 그런 것이라고 주장하지요. 벤야민에 따르면, 언어는 스스로를 전달합니다. 전달을 담당한다는 점에서 매체(Medium)라고 할 수 있긴 하나 자기 자신의 매체이니,[3] 수단은 아니죠. 그러므로 자의적으로 취급할 수 없습니다. 벤야민이 '통해서'가 아니라 '속에서'라고 말하고 있는 이유가 여기에 있다고 보시면 될 거예요.

그런데 도대체 언어가 자기 자신을 전달한다는 것이 무슨 뜻일까요? 벤야민은 이와 관련하여 '정신적 본질'이라는 표현을 쓰고 있는데, 제가 보기엔 이런 표현 탓에 이해가 어려워지는 면이 있는 것 같습니다. '정신'은 물론 '물질'과 대비됩니다. 그렇다고 정신이 사물이나 자연과 무관한 것은 아니에요. 벤야민은 사물이나 자연에도 정신적 본질이 있다고 생각합니다. 이걸 전달하는 게 언어입니다. 그래서 사물의 언어도 거론할 수 있습니다. 사물들도 나름으로 서로의 정신적 본질을 전달하지요.[4] 다만, 그 언어는 인간의 언어처럼 정신적 본질의 전달에 특화되어 있지 못하다는 한계가 있습니다. 언어로서 불완전한 것이죠. 그런 언어는 말, 그러니까 음성 언어를 사용하지 않고, 게다가 이름을 모릅니다. 이름을 갖는 언어는 인간의 언어, 벤야민이 정관사를 붙여 특정하는 '그 언어'예요. 이름이란 정신적 본질로서의 자신을 전달하는 이 특화된 언어의 요체이고요. 그래도 아리송하고 헷갈리시나요? 그렇다면, '정신적 본질'이라는 표현을 '정보'로 바꿔 생각해 보세요. 한결 이해가 쉬울 겁니다. 벤야민이 말하는 '정신적 본질'의 현대적 표현이 '정보'라고 보아도 큰 무리가 없을 거예요.

    자연에도, 사물들 간에도 정보 교환은 있습니다. 특히, 동식물은 나름으로 정보를 처리하는 장치와 방식을 가지고 있습니다. 그런 점에서 언어를 사용한다고 할 수도 있겠죠. 언어를 정보 전달의 매체로 본다면 말입니다. 그러나 언어는 다른 무엇을 전달하는 것이 아니라 정보를 전달합니다. 그런 점에서 자기 자신을 전달하는 것이죠. 하지만 자연의 정보 전달 방식은 인간의 언어처럼 정보 전달만을 위해 특화되어 있지는 않습니다. 단적인 증거가 자연의 정보 전달 체계에는 '이름'이 없다는 거예요. 이런저런 신호를 전달할 따름이지 거기에 이름을 붙이지 않습니다. 거꾸로 생각하면, 이름이야말로 정보 전달을 획기적 차원으로 발전시켜 준 언어적 요소라고 할 수 있겠죠. 인간은 이렇게 이름을 활용한 음성 언어를 구사하여 정보 전달을 순수화합니다. 정보 전달 이외의 불순물을 점차 제거해 버리게 되는 거죠. 그래서 벤야민은 인간에게서 비로소 '순수 언어'가 성립한다고 말하는 겁니다. 이러한 언어로 말미암아 인간은 사물들의 '정신적 본질', 즉 사물들의 정보를 파악해서 사물들을 '인식'하는 데 이르게 된다는 얘기죠.

혹시 이런 식의 해석이 벤야민 사상의 매력을 훼손한다고 여기시는 분도 있을지 모르겠군요. 글쎄요…. 하지만 저는 오늘날의 관점에서는 오히려 이렇게 '정신적 본질'을 '정보'로 '번역'해서 이해하는 것이 벤야민의 생각에 더 부합한다고 봅니다. 벤야민은 언어가 자의적인 기호 체계라는 통속적인 언어관에 반대했을 뿐 아니라, 신비주의적 언어관도 배격하고자 했으니까 말이죠.[5]

물론 지금 보면 신비주의적이라고 할 만한 요소들이 벤야민에게서도 나타나긴 합니다. 앞서도 말했던 '마법'이라는 표현이 대표적인데요, 이건 대개 어떤 사태들 사이의 연관 메커니즘을 파악하기 어려울 때 쓰게 되는 용어라고 할 수 있어요. 예컨대, 오늘날 우리가 일상적으로 사용하고 있는 무선통신도 옛사람들의 눈엔 마법과 같은 현상으로 비치지 않겠습니까? 언어에서 정보 전달이 어떻게 이루어지는지 상세히 해명되지 못했을 때, '사물의 언어'에서건 '인간의 언어'에서건 그 전달의 과정과 결과는 마법적으로 보일 수 있을 겁니다.[6]

또, 벤야민은 '이름'과 '신의 말씀'을 연결하여 설명하고 이와 관련하여 구약의 창세기를 거론하기도 합니다만, 저는 이런 부분 역시 정확한 설명이 어렵거나 불가능하다는 점 때문에 도입된 우회적 방편이라고 생각합니다. 워낙 종교적 설화의 기능이 그런 사안들을 다루는 데 있는 것일 테니까요. 어떤 사물이나 사태의 정보를 순수하게—그러니까 불순물 없이 정확하게—총괄한 것이 이름이라고 해 봅시다. 그렇다면 그 이름을 안다는 것은 해당 사물이나 사태를 완전히 안다는 얘기가 되겠지요. 물론 이때의 완전함이란 이상적이고 이념적인 것이어서 실제로 우리가 도달할 수 있는 경지는 아니죠. 그러나 우리는 이같은 완전함을 목표와 기준으로 삼을 수 있고, 그럴 수 있는 기반을 '신'에 기대어 찾을 수 있을 겁니다.

그런데 여기서 한 가지 주의 깊게 보아야 할 점은, 이런 이상성에도 불구하고 인정할 수밖에 없는 이름의 한계예요. 벤야민에 따르면, '이름'과 '신의 말씀'은 같지 않습니다. 그 결정적 차이는 창조성에 있다고 해요. 신은 말씀으로 세계를 창조했으나, 이름은 그런 역할을 하지 못한다는 겁니다. 이름으로는 창조된 세계의 인식에 도달할 수 있을 따름입니다. 즉, "이름은 말씀에 이르지 못하며 인식은 창조에 이르지 못한다"[7]라는 거예요. 이르는 이름이 이르지 못하는 곳이 있다는 말이죠. 인간의 언어는 신의 말씀을 이름 속에서 반영하는 데 그칠 뿐, 창조적 신성(神性) 자체에는 도달할 수 없다는 겁니다.

하지만 과연 그럴까요? 인간도 창조를 하지 않느냐, 이렇게 생각해 볼 수도 있겠지요. 예컨대, 제가 멋진 휴대폰을 하나 설계하고 거기에 그럴싸한 이름을, 이를테면 MSW2020 같은 이름을 붙였다고 해 봅시다.[8] 그 구조와 작동 원리를 다 이해하면서 그렇게 했다고 할 때, 저는 휴대폰을 창조한 것이라고 볼 수 있지 않을까요. 제가 적당한 설비를 갖춘 공장에 관련 정보들을 총괄해서 주면서 이 MSW2020을 몇 대 만들어 달라고 주문을 한다면, 그때 그 이름은 마치 신의 창조적 말씀과 같은 역할을 하는 것이 아닐까요?

아쉽게도 그렇지는 않습니다. 인간의 창조는 신의 창조와 달리, 있는 것들을 재배열하고 재조합하는 데 불과하기 때문이죠. 주지하다시피 거기에조차 많은 한계가 있습니다. 우리는 자연에 바탕을 두어야 할 뿐만 아니라, 이미 존재하는 여러 장치와 기술에 의존해야 합니다. 반면에 신의 창조는 무제약적입니다. 궁극적으로는 무로부터의 창조까지 포함하지요. 굳이 창조주로서의 종교적인 신을 떠올리지 않아도 좋습니다. 신이라는 표현을 우주의 생성이나 그 원리와 연결시켜 이해해도 무방해요. 물질 및 생명의 오랜 진화 과정 자체를 신적 창조의 일환이라고 보아도 괜찮고요. 어떻든, '신의 말씀'은 이 세계의 존재와 됨됨이를 속속들이 관장하는 것인 데 반해, '이름'은 그렇게 이루어진 세계의 정보를 총괄하고 재조합하여 흉내 내고 반영하는 것이라는 점이 중요합니다.

이런 점에서 보면, 벤야민이 우리가 이름을 붙이는 것을 신의 창조에 참여하는 행위라고 보는 이유를 더 잘 이해하실 수 있을 겁니다. 이때의 참여는 부분적이고 모방적인 참여지요. 저라면 편승(便乘)이라고 하고 싶군요.[9] 구약의 창세기에서도 인간은 신이 창조한 것들에 신이 부여한 징표에 따라 이름을 붙입니다. 주어진 대상을 정보에 따라 인식하고 총괄하는 것이죠. 그런 점에서 이름은 순전히 창조적일 수 없고, 또 제멋대로일 수 없습니다. 벤야민을 좇아 생각할 때, 이름에서는 이 두 가지가 중요합니다. 즉, 이름의 한계와 근거 말입니다.

3. 이름의 과소, 과잉, 그리고 타락

한계와 관련된 얘기를 조금 더 해 볼까요. 이름의 한계가 있다면, 그 한계 너머는 당연히 이름이 적용될 수 없는 영역, 그러니까 이름 붙일 수 없는 영역일 테지요. 무엇이 거기에 해당하겠습니까? 이제껏 논의해 온 대로, 정보를 총괄하여 표현하는 것이 이름이라고 한다면, 정보가 없는 것이 먼저 떠오르는군요. 아무 정보도 없는 것에 어떻게 이름을 붙일 수 있겠습니까? '미지(未知)의 것'이라고요? 그걸 이름이라고 할 수 있을까요? 하긴, 우리가 무언가를 그렇게 부를 수 있다면, 최소한 그것이 있다는 것은 알고 있는 셈이니, 아예 정보가 없는 것은 아니겠군요. 뿐만 아니라, 지금 정보가 없다는 것이지 영원히 그럴 거라는 뜻은 아니니까, 앞으로 정보가 얻어지면 그에 걸맞은 이름을 붙일 수도 있겠지요. 미지의 것 X, 이건 한시적(限時的)으로 이름의 한계와 맞닿아 있는 이름이라고 할 수 있을 법합니다.

그렇다면 아예 '있다'는 정보조차 없는 것의 경우는 어떨까요? 생각해 보니, 여기에도 '무'(無)라는 이름이 있긴 하네요. 하지만 정보가 없다는 것도 일종의 정보 아닐까요? 물론 이것은 일차적인 정보가 아니라, 그런 정보의 부재(不在)에 대한 이차적이고 반성적인 정보죠. 그래서 여기에서는 어떤 적극적인 인식도 성립하지 않습니다. 따라서 이 '무'도 이름의 한계에 대한 이름이라고 할 수 있겠네요.

다른 한편, 정보가 있어도 전달이 안 되는 것, 또 어떻게든 전달은 된다 해도 도무지 종잡을 수 없는 것에도 우리는 이름을 붙이기 어렵습니다. 엄밀하게 따지면, 정보가 전혀 전달이 안 된다면 정보가 있다는 것도 모를 테니까, 그럴 경우는 정보 없음의 무와 다를 바가 없겠죠. 그러므로 정보가 있는데 전달이 안 된다고 여기는 상황은 전달되는 정보가 극히 적으면서도 간접적이어서 뭔지 파악할 수 없는 경우에 해당하겠네요. 이건 앞서 말한 '미지의 것'과 통합니다. 현재 전달되지 않는 정보가 앞으로 전달될 수 있을 것이라는 가능성을 완전히 봉쇄하지 않는다면 말이죠. 그런가 하면, 정보가 너무 많고 변화가 극심해서 아예 정리나 총괄이 불가능한 상황도 있을 겁니다. 이런 경우에도 우리는 이름을 붙이기 힘듭니다. '무'에 대해서와 다른 방식이긴 하지만, 역시 부정적으로 접근할 수밖에 없지요. 이건 아니다, 저건 아니다 하는 식으로 말이에요.

하지만 여기에 한계를 갖는 이름들도 있습니다. 카오스(chaos), 신(神) 따위가 그런 것에 해당할 겁니다. 두 가지 다 우리로서는 종잡을 수 없죠. 카오스는 너무 무질서해서, 또 신은 아마 질서로 충만하겠지만 그 질서가 너무 고차적이어서 그렇습니다.[10]

그런데 말입니다, 돌이켜 보면 이런 면을 우리 주변에서도 발견할 수 없는 것은 아닙니다. 내가 잘 안다고 여겼던 친구나 식구들, 또는 집에서 키우는 반려동물에게서까지 종잡을 수 없는 구석이 때때로 나타나지 않나요? 어떻게 보면 카오스적 측면이, 또 어떻게 보면 신적인 측면이 문득문득 엿보이지 않습니까? 심지어 나 자신에게서까지도 나 스스로를 당황케 하는 그런 면모가 심심찮게 등장하지 않나요? 도대체 이런 상태에서 어떤 대상에 대한 정보를 총괄한다는 것이 궁극적으로 가능할까요? 그 정확성을 무엇이 보장해 주겠습니까? 그런데 사태가 이렇다면 정보의 총괄로서의 이름이란 운명적으로 근사적(近似的)인 것에 그칠 수밖에 없지 않을까요?

저는 그렇다고 봅니다. 이런 점에서 우리는 모두 베케트의 소설 제목처럼 '이름 붙일 수 없는 자'의 일면을 지니고 있습니다.[11] 물론 그 소설에서처럼 고유명이 해체되는 지경까지 이르는 일은 거의 없겠지요. 하지만 그런 극단의 가능성을 우리가 담지하고 있음도 부정하기 어렵습니다. 여러분은 불현듯 여러분의 이름이 낯설어지는 순간이 없나요? 이 이름은 나와 잘 안 맞아, 하고 이름을 바꾸어 보는 경우도 있을 겁니다. 하지만 그런다고 문제가 해결될까요?

추사(秋史) 김정희는 이름이 많기로 유명합니다. 추사나 비교적 잘 알려진 완당(阮堂)이라는 호(號) 말고도, 예당(禮堂), 시암(詩庵), 과파(果坡), 노과(老果), 노융(老融) 등 스스로 지은 이름이 무려 200개가 넘는다고 하는군요. 이 이름들은 각기 적합한 면이 있을 겁니다만, 또 그런 만큼 불충분하고 부적합한 면도 있음을 시사합니다. 그렇지 않다면 무엇 때문에 그렇게 이름을 지어댔겠습니까. 이름 각각이 수반하는 이미지와 의미는 그 경계를 벗어나 움직이는 김정희라는 인물을 붙잡지 못합니다. 이런 점에서 이름이란 모두 모자란 것, 과소(寡少)한 것인 셈입니다.

하지만 우리는 김정희(金正喜)라는 이름을 통해 이 모든 이미지와 의미를 총괄하고 그런 것들이 비롯하는 대상을 지시하는 것 아니냐, 당신이 정보를 총괄하는 것이 이름이라고 계속 강조하면서 내세웠던 게 그런 얘기 아니냐, 이렇게 항의하실 수 있을 겁니다. 예, 맞는 말씀입니다. 이제 거론한 과소성에도 불구하고 관련 대상의 정보들, 또 그와 연관된 의미들을 총괄하는 역할을 하는 것이 이름이지요. 실은, 그것 이상을 합니다. 아직 주어지지 않은 정보와 이미지를 담는 그릇 역할까지 하니까요. 갓 태어난 아이에게 이름을 붙여 주는 일을 생각해 보세요. 우리는 그 아이가 어떤 사람이 될지 잘 알지 못하는 채로, 기대와 희망을 담아 이름을 지어 줍니다. 이런 맥락에서 벤야민은 "이름을 부여함으로써 부모는 아이를 신에게 바친다"[12]라고 말하죠. 아이를 낳았다고 해도 부모는 그 아이를 창조한 것이 아닐뿐더러, 아이에 대해 잘 알지도 못합니다. 부모는 다만, 신의 창조에 편승하여 이름으로 '신의 말씀'을 흉내 내고, 그럼으로써 아이가 창조된 세계─우리가 관장할 수 없는 영역을 포함하는 세계─의 일원임을 받아들이게 되는 것이죠.

그런데 우리는 이렇게 붙여진 이름을 제대로 부를까요? 제대로 부른다 함은 이름의 근거와 한계에 따라 부른다는 뜻이겠지요. 벤야민처럼 표현하면, 신의 말씀의 모방으로서, 그러니까 한편으로는 정보들의 총괄을 지향하면서, 다른 한편으로는 그 모자람을 자각하면서 말이에요. 하지만 알다시피 우리는 대부분 그렇게 하지 못합니다. 근거를 충실히 따르지 못할 뿐 아니라, 한계를 함부로 넘어가 버리죠. 모자람을 초과하는 바람에 그 모자람을 오히려 증폭시킵니다. 이름을 획득 가능한 정보의 총괄로가 아니라, 자의적인 이미지와 의미로 가득 채우지요. 그래서 이제 과잉(過剩)된 것으로서의 이름이 넘쳐나게 됩니다. 이것이 벤야민에게서는 이른바 '타락'(Sündenfall), 이름의 타락이자 언어정신의 타락으로 나타나지요.[13]

'타락'이라는 말 자체도 구약에 따른 발상이긴 하지만, 여기에는 오늘날의 견지에서도 새겨들을 만한 점들이 있습니다. 사람들이 언어를 수단으로 취급하여 이름을 단순한 기호로 여기게 된다는 것, 또 이렇게 세계와 대상의 됨됨이에서 떨어져 나온, 즉 정보 전달의 맥락에서 이탈한 이름이 신의 권능을 흉내 낸 인간의 자의적 판정과 연결될 수 있게 된다는 것, 그리고 이런 인위적 절차와 기능들이 쌓이고 고도화해서 점점 더 위태위태해지는 바벨탑과 같은 허구적 구조를 만들어 가게 된다는 것—이런 것이 벤야민이 말하는 타락의 과정입니다. 우리가 헤겔이나 맑스를 통해 알고 있는 소외(疏外)의 틀이 언어와 이름의 차원에 적용된 것이라 보아도 무방하겠지요.

그런데 어떻습니까, 이와 같은 논의가 과연 이름과 연관된 오늘날의 여러 부정적 현상들에 원용될 수 있을까요? 그렇다고 여기는 것은 21세기 정보사회의 현황을 너무 복고적인 사고와 기준으로 재단하려는 것이 아닐까요? 아마 그런 면이 있을 겁니다. 하지만 저는 여기서 최소한 오늘의 현상을 분석하기 위한 사유의 디딤돌 정도는 찾을 수 있으리라고 생각해요.

4. 이름과 슬픔

이를테면, 익명의 악성 댓글 문제를 떠올려 봅시다. 벤야민 식으로 보면, 익명이란 그야말로 근거를 차단당한 이름이겠죠. 익명을 스스로 선택한 것이라고 해도 사정은 달라지지 않습니다. 자신을 전달한다는 언어 본연의 자리에서 일탈하여 아무런 기반 없는 기호의 층위에서 허울로 떠도는 이름—이런 이름을 택했다는 것 또는 택할 수밖에 없었다는 것 자체가 타락과 추방의 부정적 상황을 가리키는 것일 거예요. 당당하지 못하고 궁색한 처지가 아니라면 굳이 실명 대신 익명을 택할 이유는 없을 거라는 얘기죠. 이런 점을 감안하면, 한편으로 우리는 익명을 사용하는 사람들을 일방적으로 비난만 할 수 있을까 하는 생각도 하게 됩니다. 마음속의 불만이나 분노를 그런 식으로까지 표출하게끔 한 배경이나 조건도 고려해 줄 필요가 있다는 거죠.

물론 여기서 중요한 점은 익명의 댓글에 의한 피해입니다. 익명은 불특정의 숨겨진 이름 자체의 사안으로 그치지 않아요. 숨겨진 이름을 쓰는 사람들은 드러나 있는 이름을 공격합니다. 그 이름을 함부로 부르고 그 이름에 제멋대로의 이미지를 덧씌우려 하죠. 사실, 익명과 관련된 문제의 직접적 부정성은 익명으로 이름을 부르는 자들에게서보다는 익명의 상대에 의해 이름이 불리는 자들에게서 나타납니다.

이름 부르는 자와 불리는 자, 이 둘의 관계에서는 어느 쪽

이 앞서고 어느 쪽이 우위에 있을까요? 항상 그런 것은 아니지만, 아무래도 부르는 자가 먼저고 우세한 경우가 많을 겁니다. 이름을 붙이는 자가 최초로 부르는 자일 공산도 크겠죠. 부르고 대답하는 호명관계, 이것은 권력관계이기도 할 거예요. 잘 알려져 있다시피, 루이 알튀세르는 주체 형성의 메커니즘을 이 같은 호명(interpellation)에서 찾았죠.[14] 아브라함을 부르는 야훼에서부터, 관등성명을 요구하는 상관, 학생의 출석을 부르는 선생님에 이르기까지, 이름을 붙이고 부르는 일은 이름 불리는 자를 일정한 자리와 관계로 길들이는 역할을 합니다. 물론 우리는 때로 이런 호명의 틀을 거부할 수도 있어요. 응답을 하지 않거나 그건 잘못된 이름이라고 항의하면서 말이죠. 하지만 이런 거부와 항의는 위험을 각오해야 하는 경우가 많을뿐더러, 늘 효과가 있는 것도 아닙니다. 이름을 붙이고 부르는 자(들)의 압도적인 우세가 항의의 목소리를 무력화하고 덮어 버릴 수 있어요. 오늘날 같으면 권력기관이나 거대 언론의 횡포를 비근한 예로 떠올릴 수 있겠군요.

이런 점에서 보면, 익명은 호명당함을 피하는 방편, 나아가 호명당하지 않은 채 호명하려는 방책이라고 할 수도 있겠습니다. 긍정적으로 생각하면, 자신의 불리한 처지 때문에 침묵을 강요당하지 않겠다는 시도로 볼 여지가 있어요. 벤야민의 표현을 빌리면, 말 없음의 "깊은 슬픔"에 갇히지 않기 위해서 말입니다.[15] 불리기만 하고 부르지 못한다는 것은 큰 슬픔이 아닐 수 없어요. 언어를 앗긴 상태에 방불하겠죠.

하지만 익명의 외침도 자신을 전달하지 못한다는 점에서 온전한 부름에, 응답을 부르는 부름에 이르지 못합니다. 기호와 이미지를 일방적으로 흩뿌리는 수준을 넘어서지 못하죠. 이름으로부터 놓여난 뿌리 없는 욕망의 반향들만이 증폭되어 떠다니게 됩니다. 힘 있고 강건한 자들은 이를 무시할 수 있을 겁니다. 또는 그 반향을 되짚어 소외된 욕망의 연원이 무엇인지를 추적해 볼 수도 있겠죠. 이런 점에서 익명의 소리들이 권력자나 정치인을 대상으로 삼는 것은 크게 염려할 사안은 아니라고 생각합니다. 오히려 댓글 실명제 같은 강제적 장치를 통해 익명의 항의마저 봉쇄하려는 시도가 상황을 더 악화시킬 우려도 있는 것 같습니다. 그러나 문제는 익명의 횡포가 약자를 향하는 경우예요. 익명의 자의적인 이미지들이 자신의 이름을 에워싸고 함부로 불러 댈 때, 약자들은 이것을 무시할 수도 이것에 응답할 수도 없습니다. 침묵 속에서 웅크리는 것이 우리가 익히 알고 있는 그들의 반응이죠. 익명에 의한 이러한 결과는 호명하지 못함의 '슬픔'을 다른 이들에게 전가하고 증폭하는 것에 불과합니다. 그리고 이렇게 전가되고 증폭된 슬픔은 때로, 매우 안타까운 비극으로 이어지기도 합니다. 이런 상황을 방치할 수는 없는 노릇이죠. 사적 개인들을 겨냥한 악성 댓글의 횡포에 단호한 사회적 조치가 필요한 이유입니다.

벤야민은 인간의 언어들 사이의 비극적 관계가 과잉 규정과 과잉 명명에 따라 벌어진다고 시사합니다.[16] 벤야민에 따르면, 과잉 명명과 과잉 규정은 '신의 말씀'에서 벗어난 까닭에 생겨나지요. 바꿔 말하면, 전달 가능한 정보의 총괄이라는 본연의 역할에서 이름이 이탈한 탓이라고 할 수 있을 겁니다. 어떤 면에서는 여기에 불가피한 점이 있어요. 앞서 언급했다시피, 인간 언어의 한계 또는 모자람이 오히려 과잉을 초래하는 면이 있으니까요. 그런 과잉의 한 역설적 면모가 이름이 해당 대상보다 더 오래 살아남는다는 겁니다. 사태의 변화를 다 따라가지 못하고 포착하지 못하는 이름의 고정성과 추상성이 낳는 결과라고 할 수 있죠. 좋게 보면 이것은 세상의 무상함을 극복할 수 있는 길로 여겨지기도 할 겁니다. 하지만 데리다 같은 철학자가 지적하는 것처럼,[17] 이름의 과도한 지속성이 우리의 유한함을 절감케 하는 계기가 되기도 해요. 또 그렇게 설정된 유사 불멸성의 자리가 불필요한 다툼의 장소가 되기도 하고요. 이런 점을 좀 과장해서 보면, 무엇에 이름을 준다는 것은 그것이 가진 것을 주지 않고 그것이 갖지 못한 것을 주는 것이라고도 할 수 있을 지경입니다.[18] 이름에서뿐 아니라 모든 관계에서 비극은 이 같은 어긋남에서 비롯하는 것이 아닐까요?

 그렇다고 이름의 현상들이 우리를 온통 슬픔으로 몰아넣는다고 말하려는 건 아닙니다. 제가 보기에 이름의 기초적 기능은 지도상의 이름들에서 찾을 수 있을 듯해요. 지도는 특정한 지역의 정보들을 모아 놓은 것이지만, 지도상의 모든 장소가 이름을 갖는 것은 아닙니다. 등고선으로 표시된 지도에서 산이나 골짜기로 명명된 곳은 보통 그 부근의 지형을 총괄할 수 있는 곳이죠. 물론 지도는 완벽할 수가 없어요. 측량의 문제가 있을 뿐 아니라, 지형 자체가 변하니까요. 지도가 없이도 그 지역에서 자유로울 수 있다면 그게 제일 좋겠죠. 모든 지형이 몸에 밴 사람은 그럴 수 있을 겁니다. 그건 아마 '신의 말씀' 속에 있는 상태와 비슷할 거예요. 하지만 그게 불가능한 경우라면 지형을 총괄하는 이름을 중심으로 지도를 활용하는 것이 큰 도움이 될 테죠. 특히 다른 사람과 소통하는 데에는 이름들이 새겨진 지도가 꼭 필요할 겁니다. 지도가 다르다면 서로 불편할 테고 충돌도 생기겠지요. 각자가 편리함을 추구한다는 구실 아래 '타락'한 언어 환경에서는 그런 일이 벌어집니다. 지명이야 붙이기 나름이고 기호에 불과하다는 생각은, 각자의 삶에서 지형의 구속력이 약해졌다는 징표이고, 보기에 따라 '진보'의 증거로 여겨질 수도 있어요. 그러나 그런 여건에서는 누가 어떤 이름을 어떻게 붙이고 누가 따르느냐 하는 식의 문제가 제기될 겁니다. 각자의 거처가 그 지역에 있고 각자가 그 장소의 위치에 따라 호명된다면, 이름 붙이고 부르는 자와 이름 불리는 자가 나뉘질 수도 있죠. 이런 간격과 어긋남이 이름을 둘러싼 갈등과 거기서 배어 나오는 슬픔의 조건이 될 겁니다. 그렇다고 해서 지도 자체가 쓸모없어지는 것은 아니겠지요.

  자, 이제 마쳐야 할 시간입니다. 제가 말이 느리다 보니 몇 말씀 못 드리고 벤야민의 이름론 주변을 맴돌다가 만 것 같군요. 서두에 얘기한 대로 이름을 '건너지르지는' 못한 것 아닌가 싶습니다. 제가 '건너지른다'라는 표현을 쓸 때 염두에 두었던 것은 무엇보다 레비나스의 관점이었어요. 레비나스는 이름의 의미를 타자와의 관계로부터, 타자에 대한 노출과 타자에 대한 책임으로부터 조망합니다. 비록 레비나스가 자기 철학에서 이름을 중요하게 취급하지는 않지만, 이처럼 타자에 무게를 두고 이름과 이름 불림을 바라보는 견지가 제게는 또한 흥미롭게 여겨졌어요. 이름이 불리는 데 의의가 있는 것이라면, 그것은 결국 타자와 연결되는 통로로서 의미를 갖는 게 아니겠습니까? 이런 생각은 이름을 자기 전달의 요체로 보는 벤야민의 견해와 대비되는 듯합니다. 나중에 이 같은 문제를 더 다루어 볼 기회가 있겠지요. 이렇게 어설픈 제 이야기를 끝까지 들어 주셔서 감사합니다.

의사소통에 대해 생각하기

1. 프롤로그—에피소드 하나

이미 오래전에 돌아가신 한 교수님의 이야깁니다. 이분은 철학 교수셨는데, 신입생들과의 첫 수업 시간에 있었던 일화가 전해지지요.

머리가 희끗희끗한 노교수가 천천히 걸어 들어와 강단에 서십니다. 한동안 학생들을 말없이 둘러보시던 교수님, 이윽고 학생들 앞으로 다가가 맨 앞줄의 한 학생을 뚫어지게 쳐다보시며 대뜸 물으십니다.

"자네는 무엇 때문에 사나?"

순간, 학생은 당황할 수밖에 없지요. 느닷없는 질문 아닙니까. 이제 신출내기로 안 그래도 긴장해 있는 마당에, 쉽게 입이 떨어질 리 없습니다. 앞에 선 교수님의 풍모가 더 입을 열기 어렵게 합니다. 무엇 때문에 산다고 해야 하지? 아니, 왜 이런 질문을 던지시는 걸까? 자칫 잘못 대답했다간 호통을 듣거나 웃음거리가 되지 않을까? 학생은 당황한 표정으로 말문을 열지 못합니다. 그러자 교수님은 그 뒤의 학생에게로 시선을 옮기십니다.

"자네는 무엇 때문에 사나?"

역시 대답이 없습니다. 교수님은 잠시 뜸을 들이다 학생들 속으로 한 발짝 더 들어가십니다.

"그럼, 자네는?"

"…"

"또 자네는?"

"…"

교수님은 학생들의 얼굴을 하나하나 둘러보시곤 침묵이 감도는 교실을 가로질러 다시 교탁 앞에 가 서십니다. 한동안 말이 없으시던 교수님, 다시 학생들의 얼굴을 찬찬히 살피신 다음, 낮은 목소리로, 그러나 또박또박 힘주어 말씀하십니다.

"나는 자네들 때문에 사네."

교실은 말 없는 감동에 휩싸였다고 전해집니다. 그렇겠지요. 충분히 짐작이 가는 상황입니다. 왜 안 그렇겠습니까?

저는 철학을 가르치는 사람으로서, 이 일화를 가끔 이용합니다. 물론 이 노교수님을 그대로 흉내 내는 것은 아닙니다. 그러기에는 아직 제 머리는 희끗희끗하지도 않고 목소리에 무게가 실려 있지도 않습니다. 그리고 아마 요즘 학생들의 분위기는 당시와 달리 그런 무게를 허용하지 않을지도 모르지요. 그래서 저는 서툰 모험은 아예 삼간 채, 이 이야기를 들려주고 거기에서 몇몇 생각의 빌미를 끄집어내는 데 만족합니다.

쉽게 생각해 볼 수 있는 것은 이런 것입니다. 우리 삶의 이유와 의미는 고립된 개개의 삶 안에서 찾기 어렵습니다. 의미의 지평 자체가 고립된 삶 속에서 성립하는 것이 아니지요. 우리의 삶은 다른 사람들과 연결되어 있고, 이런 연결의 바탕 위에서 의미가 생겨나며 주어집니다. 그런데 "자네는 무엇 때문에 사나?"라는 질문에 우리는 갑작스레 자신을 돌아보게 됩니다. 그리고 황급히 자기 속에서 무언가를 찾게 되지요. 그동안 삶의 이유나 의미처럼 '중요한'(?) 문제에 대해 스스로 무관심했다는 사실에 새삼 당혹해하면서 말입니다. 그러나 그 무언가는 쉽게 찾아지지 않고, 그럴수록 우리의 당혹감은 더 커져 갑니다.

교수님의 답변은 이렇게 내부로 쏠렸던 시선을 다시 밖으로, 더 정확히 말하면 안과 밖의 관계로 향하게 합니다. 사람과 사람의 연결, 더구나 '내'가 관련된 연결로 말이지요. 자신 속에서 삶의 이유를 찾기 어려웠던 '나'는 이제 다른 사람의, 교수님의 삶의 의미를 담고 있는 한 항(項)이 됩니다. 이런 상황의 전환이 우리에게 감동을 불러일으킵니다. '나'의 태도와 교수님의 태도가, 또 내 태도 속에서의 나의 위상(位相)과 교수님의 태도 속에서의 나의 위상이 극적으로 대비됩니다.

"나는 자네들 때문에 사네."

여기서 우리는 태도의 전환을 경험하고 또 그리로 이끌리게 됩니다. 교수님이 우리들 때문에 사는 것이라면, 나의 경우

또한 마찬가지가 아니겠습니까. 내 삶의 의미 역시 다른 사람들을, 이를테면 교수님을 그 담지의 항으로 삼게 되겠지요. 이렇게 볼 때, 우리 삶의 의미는 우리 자신 속에 놓이는 것이 아니라, 다른 사람 속에, 다른 사람과의 관계 속에 놓이는 것이 됩니다.

물론 그렇다고 우리 삶의 의미가 확정적이 되는 것은 아닙니다. 우리 삶의 의미가 놓이는 관계는 유동적이며 제한되어 있지 않기 때문이지요. 아마 우리의 노교수님은 다른 신입생들 앞에서도 같은 말씀을 하셨을 것입니다. "나는 자네들 때문에 사네." 그렇다면 이 '자네들'의 범위는 어디까지이겠습니까. 이 범위는 확정적이지도 않고 또 확정적일 필요도 없습니다. 교수님의 삶의 의미 또한 그렇겠지요.

사실 이런 점이 교수님의 말을 그와 유사한 다른 말들과 구별해 줍니다. "나는 너희들 때문에 산다." 부모가 자식에게 할 수 있는 말입니다. 흔히 들을 수 있는 말이기도 하지요. "당신만이 내 삶의 의미야." 애인에게 할 수 있는 말입니다. 마찬가지로 흔한 말이지요. 이 말들에서 '당신'이나 '너희들'은 제한되어 있습니다. 특정한 대상만을 가리키지요. 그렇다고 잘못되었다는 말은 아닙니다. 처해 있는 상황에 따라 적합한 얘기겠지요. 그러나 교수님의 말은 좀 다릅니다. 거기서 '자네들'은 분명 그 수업에 참석해 있는 학생들을 가리키지만, 꼭 그들에게만 제한되어 있지 않습니다. 그래서 교수님의 그 말은 우리에게 연속적이고 보편적인 어떤 지평을 환기시킵니다. 우리가 맺는 삶의 관계가 유동적으로 끝없이 펼쳐지듯이 우리 삶의 의미 또한 그러할 수 있다는 점을 환기시킵니다.

    그래서 저는 이 일화를 의미에 대한 자크 데리다의 견해를 소개할 때 유비적(喩比的)으로 사용하기도 합니다. 즉 의미란 우리에게 확정적으로 주어지는 것이 아니라 다른 말들과의 관계 속에서 끝없이 연기(延期)된다는 이론을 설명할 때 주로 써먹지요. 하지만 이 자리에서는 굳이 거기까지 나갈 필요는 없겠습니다. 제가 여기서 이 일화를 소개하는 까닭은 무엇보다도 의사소통의 문제로 여러분의 관심을 끌어들이는 데 있으니까요. 일반적으로 의미가, 또 거창하게는 삶의 의미가 나 밖의 다른 사람과 관련되어 있다는 것, 어떻게 보면 매우 뻔한 이 같은 사실이 지금의 맥락에서는 중요합니다. 의사소통의 가능성과 필요성은 이러한 연관 위에서 성립하기 때문이지요.

2. 같음과 다름—의사소통의 요소

의사소통은 모순적인 것처럼 보이는 두 측면을 갖습니다. 소통할 수 있으려면 같은 것이 있어야 합니다. 전부 다르다면 소통 자체가 아예 불가능하겠지요. 반면에 전부 같다면 소통은 아무런 역할도 하지 못하게 됩니다. 소통 자체가 필요 없어지는 것이지요. 그러므로 소통하는 양측에는 다른 것이 있어야 합니다. 이렇듯 같은 것과 다른 것의 양립이 소통의 조건이 됩니다. 다른 사람과의 소통, 이것이 우리가 보통 문제 삼는 소통이지요.

나와 같은 사람이지만 나와 다른 상대방과의 소통, 이것을 통해 우리는 같음과 다름이 결합되어 만들어지는 서로 공유하는 부분을 갖게 됩니다.

우리가 소통이나 의사소통이라고 번역하는 'communication'이라는 말에 이미 공동과 공유라는 뜻이 들어 있습니다. 이런 점에 비추어 보면 일반적으로 소통이란 다른 것과의 관계를 통해 공동의 무엇을 확보하는 과정을 가리킨다고 할 수 있습니다. 의사소통이라는 말은 이 소통의 범위를 의사(意思)에, 곧 의미 있는 생각이나 정보 따위에 한정시켜 주지요. 그렇더라도 이 의사소통에서 반드시 확보되어야 하는 것은 공동성이라고 할 수 있습니다. 공동의 의사 또는 의사의 공유, 결국 이것이 갖추어져야 그 의사소통이 의사소통일 수 있게 되는 것이니까요.

그런데 우리가 이렇게 새로운 공동성에 도달하기 위해서는 그 출발점에서부터 공유하는 무엇이 있어야 합니다. 즉, 다름을 전달할 수 있는 같음이 있어야 하지요. 다른 사람과의 소통에서 우리가 '같은' 사람이기 때문에 공유할 수 있는 것, 그리고 다름의 통로 역할을 할 수 있는 것, 여기에 해당하는 것이 바로 언어입니다. 물론 이 언어는 몸짓 언어까지 포함하는 넓은 의미의 것이겠지요. 이런 언어를 공유하지 않는다면, 우리는 아예 의사소통을 할 수가 없을 겁니다. 또 언어가 같으면 같은 만큼 서로 간의 의사소통은 용이해지고, 다르면 다른 만큼 우리의 의사소통은 어려움을 겪습니다. 다른 말을 쓰는 외국인과의 관계에서는 물론이고 같은 말을 쓴다고 해도 그 말의 쓰임새가 많이 다를 경우 원활한 의사소통을 기대하기는 어렵지요.

우리는 여기서 의사소통 교육이 지향해야 할 한 가지 목표를 생각할 수 있게 됩니다. 우리가 사용하는 언어의 같음을 확고히 하고 확장하는 일이 그것이지요. 이 같음에는 어법이나 문법의 동일성에서부터 어휘와 표현의 동일성에 이르기까지, 또 언어를 통해 구사되는 논리적 형식의 동일성에서부터 언어에 담기는 생각이나 의도의 동일성에 이르기까지 여러 가지가 포함되겠지요. 여러분이 이제껏 말하기와 글쓰기 교육을 통해 배워 왔던 것들은, 아니 사실상 모든 교육 과정을 통해 배워 왔던 것들이, 이런 동일성의 확보와 확장에 기여하는 것들이었다고 할 수 있을 겁니다. 적어도 십수 년간 배워 온 이런 과정은 아직 끝나지 않았지요. 아마 앞으로도 끝까지 끝나지 않을지 모릅니다.

하지만, 이제 여러분이 대학에서 접하는 의사소통 교육은 지금까지와는 그 성격이 조금 다릅니다. 지금까지는 이미 주어져 있는 같음, 정형(定形)으로 제시된 동일한 목표를 갖추는 데 중점이 두어졌다면, 이제부터는 다양한 다름을 통해 새로운 같음을 형성해 나가는 것, 나아가 거기에서 새로운 다름을 만들어 내는 것이 관건이 됩니다. 물론 이 다름은 다시 소통을 통해서 새로운 같음을 형성하는 바탕이 되겠지요. 그러나 이전에 비해 이제는 같음보다는 다름이 더 강조된다는 점이 중요합니다. 의사소통 과목 이름에 들어 있는 '열린 생각', '창의적 사고'

등의 표현도 바로 이런 점을 드러내 주고 있습니다.

3. '열린 생각'과 의사소통

'열린 생각'이란 무엇보다도 내 것과는 다른 온갖 견해와 관점을 수용할 수 있어야 가능합니다. 이것은 단지 남의 말을 잘 듣는다는 것 이상의 것이지요. 다른 사람의 말을 잘 받아들이더라도 우리에게 익숙한 기존의 틀 내에만 머무른다면 그것은 실상 '열린 생각'에 이르지 못합니다.

조금 무거운 예가 되겠습니다만, 언뜻 생각나는 것이 유태인 학살범 아돌프 아이히만에 대한 한나 아렌트의 견해군요. 아렌트는 아이히만의 범죄가 사유(思惟)의 부재에서 온 것이라고 진단하지요. 아이히만이 전범 재판 과정에서 보여 준 평범하고 초라한 모습은, 그가 자신이 속한 조직의 틀 내에서 어떻게 움직였나를, 즉 그가 얼마나 수동적이었고 얼마나 무사유적이었나를 보여 준다는 겁니다. 어떤 면에서는 자신의 처지에 충실했는지 모르지만, 또 주어진 명령은 잘 받아들였는지 모르지만, 아이히만은 그런 한정된 맥락을 벗어난 다른 입장을 전혀 고려하지 못했고, 그 때문에 극악한 범죄를 저지르게 되었다는 얘깁니다. '열린 생각'이 이러한 한계와 위험을 넘어설 수 있는 길이라면, '열린 생각'에 대한 강조는 결코 사소한 일이 아니지요.

그런데 실상 열린 생각을 하기란 쉽지 않습니다. 요즘 우리는 '코드'라는 말을 흔히 쓰지요. 어떤 사람과 '코드가 맞지 않는다'라는 말은 그 사람의 생각이나 행동 방식을 받아들이기 어렵다는 것을 뜻합니다. '코드'(code)란 원래 메시지를 전달하는 형식이라는 의미로 쓰이던 언어학적 용어니까, '코드가 맞지 않는다'라고 하면 개별적인 생각들만이 아니라 그 생각들을 담는 틀이 다르다는 뜻이 될 겁니다. 그런데 이것은 뒤집어 말해, 소통하는 사람들이 자신의 틀 안에 갇혀 있다는 것을 의미하겠지요. 즉 자신의 코드 밖에 대해서는 열려 있지 못하다는 것을 뜻합니다. 이런 경우, 그 한계를 넘어서 소통할 수 있기 위해서는 코드를 같게 만드는 노력이 필요합니다. 한쪽이 다른 쪽에 코드를 맞추든지 아니면 양쪽이 다 같이 코드를 변화시키든지 해서 말입니다. 하지만 이런 일은 어떻게 가능하며, 또 얼마만큼이나 가능할까요?

이런 변화 가능성에 대해 비관적인 전망을 시사하는 이론적 견지들도 많이 있습니다. 대표적인 것이 우리 생각의 틀은 마음대로 변할 수 있는 것이 아니라 물질적이고 사회적인 조건에 따를 수밖에 없다는 칼 맑스의 견해지요. 그는 이런 점을 "사회적 존재가 의식을 규정한다"라는 유명한 문구로 표현합니다. 이렇게 규정되는 의식이나 생각, 제도 따위를 맑스는 이데올로기라고 부르지요. 그에 따르면 우리는 우리 멋대로 자유롭게 생각하고 행동하는 것이 아니라 실상 일정한 이데올로기 속에서 생각하고 행동하는 것이라고 합니다. 그 이유는 우리의 이해관계(利害關係)가 그 이데올로기 속에 반영되어 있기 때문이라는 것이지요. 우리는 자기의 이해관계에 유리한 방식 안에서 생각하며, 거기에 어긋나거나 반대되는 생각은 받아들이지 못한다는 얘깁니다.

알다시피 맑스가 주목했던 것은 특히 경제적이고 계급적인 처지에 따른 이해관계지요. 이런 시각에서 보면, 서로 생각이 통하기 위해서는, 즉 서로 코드가 맞기 위해서는 우선 계급적인 처지가 같아야 합니다. 서로 다른 계급, 서로 다른 이데올로기 사이에는 제대로 된 의사소통이 이루어지기 힘들지요. 이 계급들의 이데올로기는 사회관계가 변화하여 계급 자체가 사라지거나 그 성격이 달라지기 전에는 바뀌기 어렵습니다. 따라서 이런 견지에서 볼 때, 사회 전체의 의사소통이 원활해지기 위해서는 무엇보다 계급이 지양(止揚)되어야 합니다.

오늘날 이 같은 맑스의 견해를 그대로 받아들이는 사람들은 드물겠지요. 그러나 맑스에 매우 비판적인 사람들도 이해관계가 우리의 사고틀에 의식적·무의식적으로 영향을 미친다는 점을 부인하기는 어려울 겁니다. 그래서 맑스 이후의 사회학자인 칼 만하임은 이해관계의 영향을 인정하면서도 이해관계가 작용하는 '사회적 존재'를 다양한 것으로 설정하지요. 계급관계만이 아니라 세대, 직업, 성별, 지역 등등이 모두 우리의 생각을 구속한다고 여깁니다. 이 같은 여러 가지 사회적 처지의 다름에 따라 생각의 코드가 달라진다는 얘기지요. 그렇다면 우리는 결국 이런 사회적 존재와 코드들로부터 자유로울 순 없다는 것일까요?

    만하임은 이해관계로부터 상대적으로 자유로운 사람들에게 희망을 겁니다. 지식인이 그들이지요. 만하임의 표현에 따르면 지식인은 어느 한 집단에 소속되지 않고 '자유롭게 떠다니는' 사람들입니다. 그래서 특정한 이해관계나 코드에 구속되지 않은 채 사태를 객관적으로 볼 수 있다는 것이지요. 만일 그렇다면 이들이 여러 집단의 소통을 매개하고 조절할 수 있을 법하기도 합니다. 그러나 과연 그럴까요? 지식인이 과연 이해관계로부터 자유로운 사람들일까요? 여기에 대해서는 의심할 만한 면들이 많습니다. 대부분의 지식인이 직업인으로서 나름의 이해관계를 가지고 있고, 특정한 집단들에 소속되어 있으며, 그들 중의 일부는 해당 집단의 이해관계를 적극적으로 대변하기도 하니까요. 이런 면에서는 차라리 여러분이, 즉 직업인으로서의 활동이 유예되어 있는 대학생들이 더 나을지도 모르지요.

    하지만 여러분들 스스로가 열린 생각을 하고 있다고 자부하기는 어렵겠지요. 이해관계로부터 자유로울 수 있는 여지가 있다 하더라도 그것은 상대적인 가능성일 뿐입니다. 이 가능성이 실현되기 위해서는 이미 여러분 속에 자리 잡고 있는 코드들에 안주하지 않으려는 노력이 필요합니다.

    이때 중요한 역할을 하는 것이 스스로에 대한 비판이지요. 여러분 속에 있는 코드들은 자신을 고집하려는, 즉 주어진 동일성을 고수하려는 성향을 가지고 있습니다. 이런 같음 내지 동일성의 한계를 문제 삼는 작업이 바로 비판이라 할 수 있지요. 그것은 자기 안에서 같음에 다름을 대면시키는 일, 그럼으로써 자기 밖의 다름에 대한 길을 여는 작업이라고 할 수 있겠습니다. 이 과정은 자기 밖의 다름을 받아들여 자기 안의 같음에 틈을 내는, 그래서 자기를 변화시키는 일과 겹치지요. 다시 한나 아렌트에 기대어 말하면 이러한 비판적 사유는 '하나 속의 둘' 또는 '동일성 속의 차이'를 만들고 키워 나가는 일이라고 할 수 있을 겁니다. 나와 또 다른 나 사이의 대화, 이것이 곧 비판적으로 생각하기에 해당하는 것 아니겠습니까. 고정된 나를 언제나 새롭게 문제 삼는 또 다른 나는 나를 바깥과 통할 수 있게 해 주지요. 이런 비판을 통해서 나는 다른 코드들을 형성할 수 있는 여지를 마련합니다.

그러니까 열린 생각이란 내가 불완전함을, 내 안의 같음이 불완전함을 받아들이는 데서부터 출발합니다. 사실 내가 완전하다면 밖을 고려할 필요가, 밖을 향해 열려 있을 필요가 어디 있겠습니까. 나만을 고집하는 것, 내 안에서만 의미 있는 것들을 찾으려는 것은 실패할 수밖에 없는 어리석은 시도입니다. 앞서 얘기한 노교수님이 깨우쳐 주셨듯이, 내 안에서만 삶의 의미를 찾으려 하다간 그 결과가 공허하기 십상이지요.

제가 좋아하는 현대 철학자 에마뉘엘 레비나스는 내 밖이 나보다 크다는 평범한 사실을 우리에게 새삼스레 일깨워 줍니다. 그의 용어를 빌면, 타자(他者)는 나 또는 동일자(同一者)보다 언제나 크고 높습니다. 타자는 나보다 우선하지요. 내가 있기 전에 다른 사람들과 세상이 먼저 있다는 사실, 그래서 나는 내

밖을 받아들이고 내 밖과 소통하지 않을 수 없다는 사실, 이러한 사실에 대한 끊임없는 자각이 우리를 겸손하게 하고 우리를 변화하게 합니다. 레비나스는 근대 이후의 서양 문명이 이러한 사실을 무시한 채 자기중심주의에 빠져 버렸다는 점을 지적하지요. 이 같은 자기중심주의는 독단주의로, 타자에 대한 억압으로 나아가며, 종래에는 자기 자신마저 파괴하기 쉽습니다.

한편, 이러한 열림이나 열린 생각이 소통에 이르기 위해서는 상호성이 필요합니다. 한쪽만 열려 있다고 소통이 되는 것은 아니지요. 그런데 이때의 상호성은 주고받는 교환이나 상거래의 계산 따위와는 다른 종류의 것입니다. 소통하고자 하는 모든 '나'들은 각기 타자의 우선성을 받아들일 필요가 있습니다. 그렇게 만나는 '나'들이어야 서로가 서로에 대해 열린 태도를 가질 수가 있지요. 이런 자세는 당신이 요만큼 열어 놓으니 나도 요만큼 열겠다는 식의 것이 아닙니다. 각자가 스스로에 대해 비판적이고 타인에 대해 개방적이 됨으로써 함께 열려 있는 방식, 이것이 열린 생각과 열린 대화가 요구하는 자세입니다. 이 속에서 우리는 비로소 소통의 공동성을 마련할 수 있게 되지요. 그것은 어떤 제한된 우리만의 같음이 아니라 열린 공동성, 즉 다름이 용인되고 새로운 변화가 지속적으로 생겨날 수 있는 터전으로서의 공동성이 될 것입니다.

의사소통의 이론가로 이름난 위르겐 하버마스는 이 같은 공동성을 바탕으로 한 의사소통 과정에서 우리가 지켜야 할 요구들을 몇 가지로 정리하여 제시한 적이 있습니다. 우선 우리는 다른 사람이 이해하게끔 말해야 하고(이해 가능성), 참인 내용을 말해야 하며(진리성), 논의의 맥락에 맞게 말해야 하고(적합성), 스스로 참이라고 믿는 것을 말해야 합니다(진실성). 이러한 규칙들도 상호적인 것입니다만, 이때의 상호성 역시 상대방이 지키는 것만큼 나도 지킨다는 식의 양적 척도로 보아선 곤란하지요. 우리가 이러한 규칙들을 지키지 않는다면 의사소통은 실패로 돌아가고 각자는 열린 태도를 유지하기 힘들어질 겁니다. 따라서 이 같은 요구들은 이상적인 의사소통을 위해 우리 모두에게 주어진 무조건적인 요구라고 할 만하지요.

하지만 익히 알고 있다시피 대부분의 의사소통은 이상적인 형태로 이루어지지 못합니다. 우리는 때로 거짓을 말하기도 하며, 논의 맥락에서 쉽게 어긋나기도 하고, 스스로나 상대방을 기만하기도 합니다. 물론 그 이유는 우리가 충분히 열린 방식으로 소통하지 못하는 데 있겠지요. 또 그 원인은 우리가 스스로 충분히 비판적 태도를 취하지 못하는 데에, 그리고 우리로 하여금 그렇게 하지 못하도록 만드는 상황들에 있겠지요. 하버마스에 따르면, 이상적인 의사소통이 이루어지기 위해서는 어떠한 억압도 없어야 하며, 특권이나 선입견 따위가 작용해서도 안 됩니다. 하지만 우리의 현실은 그렇지 못하지요. 그래서인지 우리는 무수한 의사소통의 실패와 오해들을 목격합니다.

그런데 역설적으로 이러한 현실이 우리에게 열린 생각의 중요성을 한층 더 부각시켜 줍니다. 객관적 상황을 개선해 나가려는 노력도 긴요하지만, 주어진 상황에서 최선을 지향하려는 자세가 무엇보다 소중하기 때문이지요. 더욱이 우리의 열린 생각은 이러한 현실적 상황과 함께 현재의 의사소통이 안고 있는 한계를 고려하는 데로도 열려 있어야 합니다. 즉 오늘날의 의사소통의 틀 바깥으로도 열려 있어야 한다는 것이지요. 다시 말해, 지금의 의사소통 안에 수용되지 못하고 무시되거나 배제된 수많은 의견들이 있다는 사실, 또 그런 상황을 만들어 내는 사회적 조건들이 있다는 사실을 항상 염두에 두어야 한다는 얘깁니다.

그렇지 못할 경우, 우리는 자칫 의사소통만이 전부인 것처럼 여기는 잘못된 태도를 취할 수 있습니다. 단지 말이 안 통한다는 이유로 상대방을 매몰차게 밀쳐 버리는 행동을 우리는 주변에서 흔히 보지 않습니까. 하지만 저는 아주 가까운 부부 사이라 해도 서로 소통하고 해결해 나가는 문제가 그렇지 못한 문제들의 사분의 일을 넘지 못한다는 조사 결과를 본 적이 있습니다. 현실의 의사소통 영역은 그 바깥의 광대한 문제 영역들에 둘러싸여 있는 셈입니다. 이 영역들도 물론 의사소통 영역 속으로 들어올 수 있는 잠재성을 지니고 있겠지요. 그렇지만 우리가 이 문제들을 하나하나 의사소통으로 끌어들일 수 있는 것도 현재의 의사소통이 한계를 가지고 있다는 점을 인정할 때만, 그래서 겸손하고 열린 자세를 취할 때에만 가능할 것입니다.

4. '창의적 사고'와 의사소통

'창의적 사고' 역시 다름과 관련되어 있습니다. 기존의 같음 속에 머문다면 창의적인 것이 생겨날 수 없지요. 무언가 다른 것이 만들어져야 합니다. 그런데 이 다름은 어떻게 마련될 수 있을까요? 옛 그리스인의 말대로 아무것도 없는 데서는 아무것도 생겨날 수 없는 것이라면, 다른 것 역시 어딘가에서 오는 것 아닐까요? 하지만 다른 것이 나 아닌 다른 어떤 곳에서 오는 것이고 나는 이것을 다만 받아들이기만 한다면, 그 결과를 과연 창의적(創意的)이라고 할 수 있을까요?

이런 문제에 대한 손쉬운 대답은 창의적인 것은 주어진 재료를 새로운 방식으로 결합하는 데서 생겨난다는 것입니다. 이런 경우에 우리는 무(無)에서 창조하지 않고서도 새로운 것을 산출할 수 있고, 수동적이 아닌 능동적 역할을 이 산출 과정에 보탤 수 있지요. 사고(思考)에서 상상력이 하는 역할이 대체로 이런 것입니다. 우리는 상상력을 통해 우리가 알고 있는 여러 요소들을 재배치하거나 재결합하지요.

여러분이 잘 알고 있는 대표적인 서양의 근대철학자 임마누엘 칸트에 따르면, 상상력은 우선 눈앞에 주어져 있지 않은 대상을 다시 떠올리는 능력입니다. 여기서 한 걸음 더 나아가 떠올린 여러 대상들을 결합하는 데 이르면, 우리는 새로운 대상을 만들어 낼 수 있게 됩니다. 여기에 해당하는 쉬운 예가 신화에 나오는 상상의 동물들, 이를테면 용이나 봉황 따위지요.

그런 동물을 구성하는 요소는 이미 다른 동물들에 있는 것들입니다. 이 같은 방식은 더 추상적이고 복잡한 대상들의 경우도 마찬가지라고 할 수 있겠지요. 창의적인 말이나 글에서도 그 구성 요소들은 이미 있던 것들이지 않습니까. 그러니까 새로운 것은 결합 방식이고 새로운 의미도 거기에서부터 생겨나는 것이라 할 수 있을 겁니다.

하지만 기존의 요소들을 이렇게 저렇게 다시 결합한다고 모두 창의적이 되는 것은 아닙니다. 엉뚱한 것, 기괴한 것, 공상적인 것을 다 창의적이라고 하지는 않으니까요. 단어들을 아무렇게나 결합한다고 시가 되는 것이 아니듯이 말입니다. 창의적인 것이라 하더라도 그 결합 방식에는 그것을 인도하고 뒷받침하는 무언가가 있어야 하지요. 제아무리 창의적인 생각도 나름의 논리가 있어야 하고, 나름의 지향점이 있어야 하지 않겠습니까.

물론 이 논리와 지향점이 어떤 판에 박힌 것이어서는 곤란합니다. 하지만 그것들이 모두 제각각이라고 보기도 어렵지요. 훌륭한 창의적 사고의 산물은 당장은 아니더라도 조만간 다른 사람들의 공감과 이해를 끌어낼 수 있어야 하기 때문입니다. 그래서 칸트는 창의성을 지닌 천재의 재능이란 새로운 규칙을 부여할 수 있는 능력이라고 보았던 것이지요. 새로운 규칙, 이것은 곧 다른 사람들이 따를 수 있는 모범이 됩니다. 우리는 이와 같은 모범을 마주함으로써 스스로 새로운 경험을 할 수 있고 창의적 사고에 대한 감수성을 키울 수 있지요. 창의적인 글과 논의들을 가능한 한 많이 접해야 하는 까닭이 여기에 있습니다.

이와 연관하여 창의적 사고에서 우리가 반드시 주목해야 할 점 가운데 하나는 문제와 문제의식의 측면입니다. 새롭고 창의적인 사고방식이나 작품이 그저 나오는 것은 아니지요. 거기에는 그 창의성을 요구하고 추동하는 원인이나 동기가 있기 마련입니다. 그 원인 내지 동기는 우리가 아직 해결하지 못한 중요한 문제와 그 문제 해결에 대한 끈질긴 관심인 경우가 많지요. 그러한 문제가 없다면 굳이 새롭고 창의적인 사고가 왜 필요하겠습니까. 더욱이 그 같은 문제는 대체로 한 개인의 관심사를 넘어서는 보편성을 지닙니다. 그런 경우에야 그 문제를 해결하는 창의성이 인정받고 소통될 수 있으니까요. 그러므로 창의적 사고는 대부분의 경우 많은 사람들이 어떤 중요한 문제를 공유하는 가운데 생겨나는 것이라 하겠습니다. 물론 그 문제를 느끼고 받아들이는 감수성과 그 해결에 대해 고민하는 강도는 사람마다 큰 차이를 보이지요. 사실 진지하고 심도 있는 문제의식이 없이는 창의적 사고를 기대하기 어렵습니다.

그런데 한 가지 특기할 만한 것은 창의적 사고가 문제를 바라보는 시각 자체에도 영향을 미친다는 점입니다. 이를테면 문제틀의 변화를 가져온다는 것이지요. 이 같은 문제틀의 변화와 문제 해결은 밀접한 관련이 있습니다. 예를 하나 들어 볼까요. 근대 화학의 역사에 등장하는 잘 알려진 사례를 생각해 봅시다. 연소(燃燒)를 설명한다는 문제를 두고 이전 사람들은 물체가 불타게 하는 화기체(火氣体; 플로지스톤)라는 것을 찾으려 했지요. 그러나 많은 사람들이 골머리를 썩였던 그 문제는 화기체의 발견을 포기하고 연소를 산소와의 결합으로 보는 새로운 관점이 등장함으로써 해결되었습니다. 이와 함께 화학을 이해하는 전체 문제틀에도 변화가 왔지요. 이처럼 문제 해결은 문제틀 자체의 변화를—유명한 과학사가 토머스 쿤의 용어를 빌면 '패러다임'의 변화를—수반하는 때가 많습니다. 이렇게 굵직한 과학사의 문제가 아니더라도 같은 문제를 다르게 보는 시도가 문제 해결에 기여할 때가 드물지 않지요.

예술의 경우에는 창의성과 다름이 더 밀접한 관련이 있어 보입니다. 새로운 사조를 여는 획기적 변화에서뿐만 아니라 같은 사조 내에서조차 예술적 작업은 다른 어느 것과도 같지 않은 독창성(獨創性)을 언제나 요구하지요. 따라서 이런 작업에 수반되는 사고 역시 독창성을 그 생명으로 삼게 됩니다. 하지만 여기에서도 그 독창성이 제멋대로의 다름이 되지 못하게 하는 것은 역시 문제와 문제의식이라고 할 수 있습니다. 각각의 독창적 예술과 거기에 수반되는 창의적 사고는 나름의 문제, 그러나 다른 사람과 소통될 수 있는 문제에 대한 표현이고 해결이기 때문이지요. 그러한 한에서 독특한 예술과 거기에 구현된 사고에도 문제의 같음이 자리 잡고 있다고 할 수 있습니다. 비록 이 문제가 각 예술작품마다 무수한 양상으로 표현되고 또 사조의 변화에 따라 관점과 문제틀의 변화를 동반하더라도 말이지요.

요컨대, 여러 영역에서 발현되는 창의성과 창의적 사고는 기존의 진부함을 벗어나는 다름을 지니고 있으며, 동시에 그 밑바탕에 나름의 규칙과 문제의식을 가지고 있다고 할 수 있습니다. 이 후자의 측면에 놓여 있는 같음, 즉 규칙과 문제의식의 공동성을 매개로 해서 우리는 창의적인 다름을 다른 사람들과 나눌 수 있게 되지요. 이렇게 볼 때, 창의적 사고는 공유하는 같음에서 출발하여 다름을 산출해 내고, 다시 새로운 같음을 마련해 가는 소통 과정 속에 자리하고 있는 셈입니다.

　그런데 창의적 사고의 실질적인 어려움은 그것을 이룩해 내기가 정말 힘들다는 데 있지 않을까 합니다. 창의적 사고의 중요성에 대해서는 이미 귀가 아프도록 많은 말들이 있지요. 요즘은 심지어 '달라야 살 수 있다'는 식의 협박 투의 구호들도 드물지 않습니다. '변화', '다양성', '발전' 따위의 말들이 생산과 소비의 다변화(多邊化) 추세에 맞추어 자본주의적 방식으로 마구 선전되고 있습니다. 하지만 이런 코드들로부터도 자유로운 정말 창의적이라고 할 만한 변화는 매우 찾기 어렵지요. 여러분의 경우도 앞으로 '창의적인 사고'를 끊임없이 요구받게 되겠지만, 이 의사소통 과목의 글쓰기나 말하기 과정에서조차 창의적 사고를 구현해 보여 주기는 쉽지 않을 것입니다. 알다시피 창의적 사고는 요령이나 연습만으로 얻을 수 있는 것 이상이기 때문이지요. 아마 창의적 사고를 계발하는 데 더 중요한 것은 앞서도 강조했던 끈질긴 문제의식일 겁니다.

　저는 프랑스 사람들이 20세기 최고의 지성이라고 일컫는 인류학자 클로드 레비-스트로스가 만년의 한 대담에서 글쓰기의 어려움에 대해 술회했던 바를 기억하고 있습니다. 그 역시 새로운 작업을 시작할 때는 며칠 동안이나 백지 앞에서 한 문장도 쓰지 못하고 지내는 경우가 많았다고 하더군요. 구조주의 인류학을 창시하고 '신화학 대계'라는 획기적이고 엄청난 분량의 저작을 남긴 그 레비-스트로스가 말입니다. 창의적 사고의 구현에는 누구에게나 이런 종류의 어려움이 따른다는 사실이 우리에게 조금이나마 위안이 될 수 있을까요?

5. 말하기와 글쓰기—의사소통의 방식

지금껏 저는 여러분에게 경어체로 말해 왔습니다. 아니, 써 왔습니다. 실은, 되도록 말하듯 쓰려고 해 왔습니다. 그러나 여러분은 제 말을 듣는 것이 아니라 읽겠지요. 그것도 제가 쓴 뒤 한참이나 지나서 말이지요. 어쨌건 저는 이 말 또는 글을 통해서 여러분과 소통하고자 하고 있습니다. 이렇듯 제가 말하는 것처럼 쓰고 있는 데에는 이유가 없지 않습니다. 될 수 있는 대로 덜 딱딱한 느낌을 주기 위해서라는 것이 그 첫 번째 이유지요. 그 밖에도 제가 내심 염두에 두었던 한 가지 이유가 더 있습니다. 이렇게 말과 글이 뒤섞인 듯한 형태를 통해서 여러분께 말하기와 글쓰기에 대해, 또 그 둘의 관계에 대해 말을 건네 보고자 한 것이지요.

말하기와 글쓰기가 나뉘어 있다는 것, 구어(口語)와 문어(文語)가 나뉘어 있다는 것을 우리는 한편으로 자연스럽게 받아들입니다. 그런데 그 가운데 어떤 것이 우선이겠습니까? 우리는 보통 말이라고 생각하지요. 역사상으로도 말이 먼저였으니까요. 글은 말의 불편함을 보완하기 위해, 즉 시간적으로나 공간적으로 전달에 제약을 받는 말의 한계를 극복하기 위해 만들어진 것이겠지요. 이런 면에서 글은 말을 오래 보존하고 멀리 전달하는 수단이라고 할 수 있을 겁니다. 하지만 글도 직접적이지 못하다는 나름의 한계를 갖지요. 직접 대면하여 전달하는 말에 비해 그 뜻이 잘못 전해질 위험이 있습니다. 그래서 자크 데리다는 장 자크 루소의 논의를 빌려 글을 말의 '위험한 보충'이라고 표현합니다. 글은 말의 생생함을 고정시키고 죽여 버리기도 하기 때문이지요. 서로 얼굴을 마주 보고 대화를 할 때는 상대방의 뜻을 잘 모를 경우 바로 물어 가면서 생각을 조정해 나갈 수 있습니다. 하지만 글을 통해서는 그러한 과정을 밟기가 쉽지 않지요. 이렇게 뜻이 왜곡되고 고정될 수 있다는 점 때문에 소크라테스는 글을 쓰지 않았다고도 합니다.

하지만 말과 글의 관계에는 다른 면도 있습니다. 말은 직접적이고 즉흥적인 면이 강한 반면, 그래서 실수도 잦고 주워 담기도 어려운 반면, 글은 신중하게 정리하고 다듬을 수 있는 여지가 크지요. 그렇다 보니 글이 말을 이끄는 경우도 많습니다. 중요한 연설을 할 때 사용하는 원고가 대표적인 경우지요. 연설은 청중들에게 직접 전달하는 말하기이지만, 그 연설을 규제하는 것은 미리 준비된 원고입니다. 그 밖에 방송이나 영화 따위의 대본도 그런 역할을 하지요. 이런 점은 더 확대 적용될 수 있습니다. 당장 우리가 사용할 말하기와 관련된 의사소통 교재도 글로 되어 있지 않습니까. 뿐만 아닙니다. 우리는 모두 어렸을 때부터 글을 통해 지도되는 방식으로 말하기를 배워 왔다고 할 수 있을 겁니다. 비단 교과서만이 아니라 여러분이 읽어 온 무수한 책들, 신문 잡지들, 심지어 광고 문안들까지 그런 역할을 해 왔지요. 이런 면에서 보면 글은 더 이상 말의 보충이 아닙니다. 오히려 말을 규제하고 틀 지우는 것이 글 아닐까요?

이런 글의 역할에는 분명 긍정적인 면이 크게 자리 잡고 있습니다. 우리가 서로 소통할 수 있는 공통성을 지금 정도로 확보할 수 있는 것도 글에 의한 규제 덕분이겠지요. 앞서도 말씀드렸다시피 우리는 앞으로도 이런 종류의 같음을 더 확장하고 더 튼실하게 하기 위해 노력해야 합니다. 하지만 글의 역할에는 부정적인 면도 없지 않지요. 글을 통한 말의 규제가 획일성을 강화하고 다양성을 압살할 위험이 있다는 지적에는 아마 지나친 점이 있을 겁니다. 글 역시 다양할 수 있는 것이고, 그래서 글 자체가 말의 다양함을 받아들일 여지를 가지고 있으니까요. 이를테면 사라져 가는 지방 사투리의 생생함이 글에 의한 채록을 통해, 또 소설과 같은 문학작품을 통해 살아남을 여지가 있지 않습니까.

그렇지만 문제는 글이 배타적인 같음을 무기로 다름을 밀쳐 내는 작용을 할 수 있다는 데 있습니다. 구어와 문어의 지나친 분리, 소수 집단에 의한 문어의 전문적 독점 따위가 문젯거리지요. 알다시피 인류 역사에서 문자의 사용은 오랫동안 특권적인 소수 집단에 국한된 것이었습니다. 고딕식 교회의 높다란 교단에서 두툼한 라틴어 성경을 봉독하는 서양 사제의 모습이 민중에 대한 위압적인 권위를 나타내는 것이었다면, 한문으로 된 사서오경에 근거해 그들만의 언어로 민중과의 차별성을 확보하고자 했던 조선의 선비들도 배타적인 소통을 추구했다고 할 수 있겠지요. 이런 경우 문자는 소통의 역할뿐만 아니라 소통을 가로막는 역할도 하게 됩니다. 오늘날에도 그러한 위험이 전혀 없다고는 할 수 없겠지요. 많이 나아졌다고 합니다만, 법조문이나 법원의 판결문, 의사들의 진료 카드나 처방전, 학자들의 논문 따위에 꼭 필요한 전문적 술어 이상의 난해함이나 특수한 표현들이 들어 있지는 않은가요? 그 속에는 소통의 지평을 넓히는 다름이 아니라 소통의 범위를 닫아거는 다름이 존재하고 있지는 않은가요?

이 같은 부정적인 면을 최소화하기 위해서도 문어와 구어는 가능한 한 서로 합치될 필요가 있겠지요. 여러분은 의사소통 과목을 통해 글쓰기와 말하기를 구분하여 다루게 될 것입니다만, 이것은 단지 소통 방식의 특성상 나누어 놓은 것일 뿐, 말과 글 사이의 거리두기와는 아무 관련이 없습니다. 과목 이름에서 '글쓰기'와 '창의적 사고', '말하기'와 '열린 생각'을 엮어 놓은 이유도 마찬가지지요. 글은 아무래도 오랜 시간 궁리해서 얻어진 생각을 신중하게 다듬어 내는 데 적합하고, 말은 서로 다른 견해들이 직접 부딪혀 새로운 같음을 만들어 가는 데 적합하다는 점이 고려된 것일 따름입니다. '열린 생각'과 '창의적 사고'가 배타적인 것이 아니라 서로가 서로를 필요로 하는 것이듯이, 말하기와 글쓰기도 원칙상 분리될 수 없으며 서로가 서로를 전제하는 것이지요. 아마도 '열린 생각과 말하기'에서는 토론이 주요 수업 방식이 되겠고, '창의적 사고와 글쓰기'에서는 글의 발표와 비판이 주요한 방식이 되겠지요. 그러나 부분적으로는 이렇게 달리 진행되는 수업의 소통 방식이 서로 잘 연결되고 소통될 때에만 의사소통 과목은 제 목적을 이룰 수 있을 겁니다.

6. 에필로그―대화 한 토막

아직 남아 있는 이야기가 많이 있습니다. 특히 의사소통의 매체와 형태 변화에 관한 논의가 중요해 보입니다. 인터넷과 이동전화의 등장, 쌍방향 또는 네트워크적 소통 방식의 강화, 이미지와 아이콘 같은 비문자적 기호의 범람 등등에 관한 이야기들 말이지요. 이미 우리에게 익숙한 것이지만 '의사소통에 대해 생각하기' 위해서라면 마땅히 다루어야 할 내용이 아닌가 싶습니다. 그러나 여기에선 생략하기로 하겠습니다. 지금까지의 이야기 맥락과는 좀 어긋난 가지로 뻗어 갈 것 같으니까요. 그 논의는 다른 기회를 향해 열어 놓기로 하지요. 대신, 저는 의사소통과 관련해 생각해 볼 만한 대화 한 대목을 인용함으로써 이 자리를 마무리하고자 합니다.

다음의 인용은 프랑크푸르트학파의 대표적인 철학자 테오도어 아도르노와 막스 호르크하이머가 같이 쓴 『계몽의 변증법』이라는 책에 나오는 한 부분이지요. 반세기 이상 전에 쓰인 것이고 제가 처음에 소개한 노교수님의 일화보다는 한층 까다로워 보이지만, 오늘날의 시점에서도 곰곰이 새겨 볼 중요한 발상들을 담고 있다고 생각합니다.

두 젊은이가 대화를 한다.
A 너는 의사가 되고 싶지 않니?
B 의사라는 직업은 매일매일 죽어 가는 사람을 다루는데 그 때문에 의사들은 유연성을 잃어버리는 것 같아. 제도화가 진행되면서 의사들은 환자보다는 병원 경영과 병원의 위계질서를 대변한다고 여겨져. 종종 의사는 자신이 삶과 죽음의 주재자인 것 같은 착각을 하게 되지. 소비자의 편이 되기보다는 대기업의 경영인처럼 되는 거야. 자동차를 파는 문제라면 다르겠지만 다루는 상품이 생명이고, 소비자는 고통받는 인간들이라 할 때, 나는 이런 상황 속에 몸을 담기가 싫어. 가정의라는 직업은 훨씬 무해하겠지만 오늘날 가정의 제도는 점점 쇠퇴해 가고 있어.
A 네 생각은 의사가 없어야 한다는 거야? 아니면 옛날의 돌팔이 의사들이 되돌아와야 한다는 거야?

B 내 말은 그게 아냐. 내 말은 자신이 의사가 된다는 생각이 끔찍하다는 것인데, 특히 큰 병원의 명령권을 가진 수석 의사를 염두에 두고 하는 말이야. 병자들을 아무 손도 써 보지 못하고 죽게 내버려두는 것보다는 의사와 병원이 있다는 것이 물론 훨씬 바람직하다고 생각해. 나도 공공연한 비난자가 되고 싶지는 않아. 강도나 살인자의 존재는 그들을 교도소로 보내는 제도의 존재보다 훨씬 큰 악이지. 재판소는 이성적인 것이야. 나는 이성에 반대하는 것이 아니고 다만 이성이 택한 형태를 올바로 인식하고 싶은 것뿐이야.

A 네 말에는 모순이 있어. 너 자신도 의사나 재판관이 만드는 이점을 이용하고 있어. 너에게도 그들처럼 잘못이 있어. 너는 다른 사람들이 너를 위해 해 주고 있는 일에 너 자신은 발을 들여놓고 싶어 하지 않는 거야. 너 자신의 존재 자체가 네가 빠져 달아나고 싶어 하는 원칙들의 전제를 이루고 있는 거야.

B 나도 그걸 부인하는 건 아냐. 그렇지만 모순은 필연적이지. 모순은 그 자체가 사회라는 객관적인 모순에 대한 답이야. 오늘날처럼 분화된 노동 분업 사회에서는 어느 한 지점을 잡더라도 모든 사람의 죄가 딸려 올라오는 공포스러운 사태가 나타나. 이러한 공포가 퍼져 나가고, 최소한 일부 사람들이라도 그러한 공포를 자각한다면 정신병원이나 교도소는 인간화될 수 있고 법정은 언젠가는 결국 불필요해질 수도 있을 텐데. 그렇지만 이것이 내가 작가가 되려는 이유

는 절대 아냐. 나는 다만 모든 사람이 처해 있는 끔찍한 상황을 좀 더 분명히 하려는 것뿐이야.

A 그러나 모든 사람들이 너처럼 생각하고 아무도 손을 더럽히지 않으려 한다면, 의사도 판사도 없게 되고 그러면 세계는 더 끔찍할 거야.

B 바로 그게 내게도 의문이야. 모든 사람이 나처럼 생각한다면 악(惡)에 대한 해독제가 생겨날 뿐 아니라 악 자체가 없어지지 않을까 하는 게 내 희망이기 때문이지. 인류는 아직 달라질 수 있는 가능성을 가지고 있어. 내가 인류 전체는 아니고 나의 사유 속에서 전체 인류를 나 자신으로 대체시킬 수는 없는 것이지. 나의 개개 행동들이 보편적인 모범이 될 수 있으리라는 도덕의 원리는 의심스러운 거야. 그러한 원리는 역사성이라는 계기를 무시하는 것이지. 의사가 되고 싶지 않다는 나의 태도가 왜 아예 의사가 없어야 된다는 견해와 같은 것으로 취급되어야 하지? 현실에는 좋은 의사가 될 수 있고 실제로 될 수 있는 기회를 가진 사람들이 많이 있어. 오늘날 직업에 부여된 한계 속에서 사람들이 도덕적으로 행동한다면, 나는 그런 사람에게는 경의를 표하겠어. 아마 그들은 내가 너에게 설명한 비판점들을 완화시키는 데 기여할 거야. 반대로 그 사람들은 그들이 가진 온갖 지적인 전문성과 도덕성에도 불구하고 부정적인 측면을 가중시킬 수도 있는 거야. 비록 내가 직접적으로는 아무도 도울 수 없을지 모르지만, 내가 생각하고 있는 나의 존재 방식, 나의

공포와 인식 욕구는 의사의 직업만큼이나 정당성을 가지고 있다고 생각해.

A 그렇지만 네가 의학 공부를 해서 사랑하는 사람의 목숨을 구할 수 있고, 또한 그 사람은 네가 없다면 목숨을 잃을 수밖에 없다는 것을 알고 있다면, 그래도 너는 의학 공부를 할 생각이 없겠니?

B 너는 궁극적인 결론을 얻어 내야 한다는 강박관념 때문에 엉뚱한 예를 끌어들이고 있다고 생각하지는 않니? 나는 비록 비실용적인 고집과 모순을 가지고 있기는 하지만, 그래도 건강한 인간 지성을 떠나지는 않고 있다고 생각해.

이 책의 저자들은 이어서 다음과 같은 설명을 덧붙입니다.

이러한 대화는 실천에 맞서 사유를 포기하지 않으려 할 경우 어디서나 되풀이된다. 논리와 결론은 항상 실천의 입장을 지지하는 편이 갖고 있는 것처럼 보인다. 생체 해부에 반대하는 사람은 박테리아를 죽일지도 모르니까 숨도 쉬어서는 안 된다는 것이다. 논리는 진보에도 봉사하고 반동에도 봉사한다. 어떤 경우든 현실에 봉사하는 것이다. 그렇지만 오로지 현실에만 눈을 돌리는 교육의 시대에 이러한 대화 자체가 희귀한 일이 되어 버렸다. 앞의 대화에서 B는 노이로제 증상을 보이는 것처럼 여겨지지만, 사실 그러한 병적 상태를 유지하기 위해서는 초인적인 힘이 필요하다.

저는 이 인용을 통해 여러분이 다름과 같음의 관계에 대해 다시 한번 생각해 볼 수 있었으면 합니다. 우리는 의사소통을 통해 새로운 같음을 공유하고자 하지만, 그 같음은 획일적인 것도 완결된 것도 아닐 겁니다. 위에서 병적 상태라고 표현하고 있는 다름은 실상 사회의 건강을 위해서는 필수적인 것이 아닐까요?

용서와 선물

1. 복수는 나의 것

잊어버린다는 것에는 꽤 긍정적인 면이 있다. 철학자 니체는 "망각이 없다면 행복도, 명랑함도, 희망도, 자부심도, 현재도 있을 수 없다"라고 했다. 과거에 얽매여 있기만 해서는 새로움이 들어설 자리를 마련하기 어렵다. 실연(失戀)의 아픈 기억을 떨쳐 내야 새 연인을 만날 수 있을 것 아닌가. 다가오는 한 해를 새롭게 맞이하기 위해서도 묵은해의 낡고 사소한 회한(悔恨)들을 씻어 낼 수 있어야 한다. 이런 점에서는 망각도 능력이다.

물론 모든 걸 잊고 덮을 수는 없다. 기억이란 원래 미래를 위한 기능이라는 점을 잊지 말자. 지나간 일들을 잘 따져서 새겨 두어야 비슷한 상황에 더 나은 방식으로 대처할 수 있는 법이다. 괴롭고 어려웠던 일일수록 더욱 강하게 기억되는 것은 그 때문이다. 하지만 그런 기억 탓에 미래를 향한 발걸음이 비틀거려서는 곤란하다. 어렵지만, 무엇을 잊고 무엇을 기억할 것인지 분간하는 일이 중요한 이유다.

정말 강한 자는 사소한 일을 기억할 필요가 없고, 따라서 굳이 망각할 까닭도 없다. 예를 들어, 아주 위력적인 강속구를 지닌 투수를 생각해 보라. 그 공이 너무 뛰어나서 어지간한 타자들은 제대로 맞추기조차 어렵다면, 이 투수로서는 굳이 숱한 타자들의 특성을 마음에 새겨 둘 필요가 없을 것이다. 반면에, 그다지 위력적이지 못한 구위를 가진 투수라면, 최선의 성적을 내기 위해서는 자신이 상대하는 타자들의 세세한 특성을 기억해서 그 약점을 적절히 공략할 수 있어야 한다. 매번 대결한 결과를 분석하고 그것을 다시 정리하여 머리에 담아 두어야 한다. 그래야 다음번엔 더 나은 성과를 기대할 수 있다. 아쉽게도 우리 대부분은 위력적인 구위를 가진 투수의 처지가 못 된다. 그래서 우리의 머릿속은 우리가 상대했던 상황과 결과들에 대한 기억들로 가득 차 있다. 더욱이 인간은 애당초 자연 속에서 그리 강력한 존재가 아니었다. 우리의 기억과 정보 분석 능력은 이런 취약함을 조건으로 발달한 것이다.

인간은 비교적 큰 기억 능력을 가지고 있지만, 세상은 넓고 마주치는 상황은 많다. 이 모두를 담아 두기에는 그 용량이 턱없이 부족하다. 불가불 중요한 것과 중요하지 않은 것을 구분해야 하는데, 이 일은 이성적 판단만으로 이루어지지 않는다. 우리의 사유 능력이 효과적으로 포섭할 수 있는 범위가 그다지 넓지 않기 때문이다. 이성은 주로 언어를 통해 매개되거나 개넘적으로 정리된 자료를 처리하는 데 그친다.

대개의 경우, 기억해야 할 중요한 일을 구분하는 데 큰 역할을 하는 것은 감정이다. 돌이켜 보라. 우리가 기억하는 사건들은 대부분 감정의 뚜렷한 굴곡과 함께한 것들이다. 두려움, 놀람, 분노, 기쁨, 슬픔 … 그럴 수밖에 없는 것은, 우리의 감정을 크게 자극하는 사태들이야말로 우리 삶에 큰 영향을 미치는 것들이기 때문이다. 감정은 우리가 맞닥뜨린 상황에 즉각적이고도 총체적으로 반응하게 해 준다. 그런 점에서 감정은 사유에 우선하는 판단 장치다.

감정은 기억할 때뿐 아니라 기억을 떠올릴 때도 관여한다. 어떤 상황과 더불어 그 상황과 결부된 감정도 같이 떠오른다. 슬펐던 일을 기억할 때면 다시 슬퍼지고, 화났던 일을 기억할 때면 다시 화가 치밀어 오른다. 상황에 대한 감정적 처방이 반복되는 것이다. 이렇게 하여 감정과 결부된 기억은 비슷한 상황에 처한 장래의 행동 방식에 큰 영향을 미친다. 그런 행동 방식 가운데 상당히 적극적이고 파괴적인 것이 복수(復讐)다.

복수는 감정을 통해 부정적 과거와 엮인다. 감정과 관계없는, 즉 증오심과 무관한 복수를 생각하기는 힘들다. 복수 자체를 이성적으로 정당화하기 어렵다는 점은 잘 알려져 있다. 일찍이 플라톤은 복수가 선(善)을 낳지 못한다고 갈파했다. 복수를 통해서는 어떤 좋은 것도 생겨나지 않는다는 말이다. 살인자에게 복수를 한다고 해서 이미 죽은 자가 살아오는 것은 아니다. 복수를 통해 또 다른 생명을 해치게 될 따름이다.

그렇다고 해서 복수에 아예 효험이 없다는 말은 아니다. 복수는 사법적인 제도가 마련되지 않은 곳에서는 자신을 보호하기 위한 유력한 방책이었다. 나를 해친다면 너도 피해를 입는다는 것을 보여 줌으로써 유사한 피해가 다시 일어나지 않게 하는 것이 복수의 효과다. 주지하듯, 함무라비 법전을 비롯한 초창기의 법체계는 이런 복수의 원리를 담고 있었다. 눈에는 눈, 이에는 이. 폭력에는 폭력을, 죽음에는 죽음을.

그러나 폭력과 죽음이 그 자체로 목표일 수는 없다. 복수라는 행동 방식이 통용될 수 있었던 것은 그것보다 나은 방책을 찾기 어려운 상황에서였다. 오늘날의 사회는 일반적으로 복수를 용인하지 않는다. 최소한 이념적으로는 피해자에 대한 보상과 범죄자에 대한 교도(敎導)가 복수를 대신한다. 제도적 징벌의 이유도 잘못을 저지른 사람에게 그에 상당하는 피해를 준다는 데 있는 것이 아니라, 징벌을 함으로써 유사한 범죄를 막거나 억제하자는 데 있다.

하지만 복수의 행동이 이제 사회적 제재를 받는다고 해도 복수심은 쉽게 사라지지 않는다. 그도 그럴 것이, 복수를 대체하는 사회적 제도가 생겨나기 시작한 것은 기껏해야 수천 년에 불과하지만, 복수를 뒷받침하는 감정이 인간에게 정착된 것은 그보다 훨씬 오랜 세월에 걸쳐서였을 것이기 때문이다. 비단 복수의 감정만 그런 것이 아니다. 무릇 감정은 우리의 삶을 지탱해 주는 훌륭한 장치지만, 변화된 사회 환경에 맞춰 조절될 필요가 있다.

박찬욱 감독의 영화 〈복수는 나의 것〉에는 다음과 같은 흥미로운 대사가 나온다. 송강호가 연기한 동진은 자기 딸을 유괴하여 죽게 한 류(신하균 분)에게 복수하기 전에 말한다. "너 착한 놈인 거 안다. 그러니까 내가 너 죽이는 거 이해하지?" 동진은 류와 함께 딸을 유괴한 영미(배두나 분)도 죽인다. 영미는 동진의 딸이 죽은 것은 사고였다고, 죽일 생각은 없었고, 일이 그렇게 되어서 미안하다고 애원하지만, 소용없는 일이다. 사태를 이해하는 것과 감정에 따른 행동은 다르다. 또 상대방의 그런 감정 상태를 이해한다고 해서 복수로 죽임을 당하는 자가 죽는다는 사실이 달라지는 것도 아니다.

〈복수는 나의 것〉에 나오는 주요 인물들 중 누구도 자신에게 일어나는 일들을 제어하지 못한다. 류도, 동진도 뜻하지 않게 피해를 입고 그 피해에 대해 복수를 할 뿐이다. 피를 흘리고 또 피를 흘리게 하지만, 그들은 자신을 그러한 처지에 몰아넣는 상황에 대해 사실 무력하다. 나는 나의 감정에, 나의 복수심에 충실하지만, 그 복수를 통해 나는 피 흘리는 처지를 벗어나지 못한다.

"복수는 나의 것"—이것은 구약에 나오는 말이다(신명기 32장 35절). 모세가 전하는 여호와의 말씀이다. 자신을 섬기지 않는 이스라엘 백성을 심판하겠다는 뜻이다(It is mine to avenge; I will repay. In due time their foot will slip; their day of disaster is near and their doom ruses upon them). 이것을 복수는 신에게만 속하는 것이라고 해석할 수 있을까? 복수는 나의 것이니, 너희는 복수할 자격이 없다, 이렇게? 인간의 복수는 대개 비극으로 끝나므로, 그렇게 새기는 것이 이 말을 이해하는 일반적인 방식인 것 같다. 박찬욱 감독의 영화도 예외가 아니다. 인간적 복수의 이 처참하고 우스꽝스러운 결말을 보라. 그러므로 복수는 인간의 것이 아니라, 신의 것이다.

근래의 영화 〈레버넌트〉(2015)에도 복수의 궁극적 주체를 신으로 놓는 듯한 장면이 있다. 주인공 휴 글래스(리어나도 디캐프리오 분)는 자신을 죽게 내버려두고 도망친 비열한 동료 존 피츠제럴드(톰 하디 분)를 추적하여 마침내 그의 목숨을 손에 빼앗을 수 있는 기회를 맞이한다. 그 순간 그는 인디언 말로 중얼거린다. "복수는 신의 것이니 … 나의 것이 아니다." 글래스는 피츠제럴드를 직접 처리하지 않고 물속에 빠뜨려 인디언들 손에 죽게 한다. 우리는 여기서 복수에는, 운명이 되었든 신의 뜻이 되었든, 인간 개인의 의지 이상의 것이 필요하다는 통찰을 읽을 수 있을까?

이와 연관하여 복수와 정의(正義)의 관계에 관해 생각해 보자. 정의로운 복수라는 말은 우리에게 낯설지 않지만, 막상 복수를 정의로운 것으로 정당화하기는 쉽지 않다. 위에도 잠깐 나왔듯, 복수가 새로운 피해를 낳고 그래서 사태를 악화시킨다면, 긍정적인 가치를 가질 수 없다. 아리스토텔레스 식의 시정적(是正的) 정의의 관점에서 보더라도, 거기서 요구되는 것은 피해에 대한 보상이지 또 다른 피해가 아니다.

그런데 이것은 가치를 부여하는 주체를 인간으로 놓고, 피해를 입고 입히는 당사자 역시 인간으로 놓을 때의 이야기가 아닐까? 일부 인간의 행위로 다른 이(들)에게 피해가 발생하고 그에 따라 당사자 사이에 충돌이 일어나면, 이미 저질러진 사태가 복구되거나 개선되기보다는 더 엉클어질 가능성이 크다. 이럴 때 우리는 당사자들 차원이 아니라 그보다 상위의 차원에서 문제 해결을 꾀하게 되는데, 사회적 제도의 차원에 앞서 신과 같은 초인적 차원의 상정도 거기에 해당된다.

잠시 신을 참칭하여 생각해 보자. 잘못이 벌어졌을 때 그에 대한 최선의 방책은 무엇일까? 아마 그것은 잘못을 없애고 나아가 잘못이 다시 일어나지 않을 세계를 만드는 일일 것이다. 물론 애당초 잘못이 일어나지 않는 세계를 만들었다면 더 좋았을지 모른다. 그러나 그런 세계는 신이 무료하고 불필요해지는 세계, 신을 희구하는 어떤 존재도 찾아볼 수 없는 세계다. 신이 실재하는지의 여부를 떠나 신을 필요로 하는 세상은 드물지 않게 끔찍한 잘못이 벌어지는 곳이다. 신은 그런 세상을 수선해야 한다.

신의 뜻에 어긋나는 잘못이 벌어질 때, 신은 그 잘못을 바로잡는다. 그런 잘못조차 궁극적으로는 원대한 신의 뜻이 실현되는 계기로서 작용하는 것이라 하더라도, 어떻든 신은 그 잘못을 바로잡아야 한다. 유비적으로, 우리가 타는 자동차에 이상이 생긴 경우를 상정해 보자. 고장이 아예 안 나는 자동차라면 좋겠지만 세상에 그런 자동차가 어디 있는가. 고장 난 부품을 찾아내어 고치거나 새 부품으로 교환한다. 잘못을 저지른 것이 인간이라면, 타이르거나 벌을 주어 그 인간을 개선하거나 다른 인간으로 바꾼다.

자동차의 유비가 적절치 않다고 생각한다면, 유목민 전통의 오랜 유비거리인 양과 양치기 이야기로 돌려 보자. 양들 가운데 말썽쟁이 양이 있어 걸핏하면 다른 양들을 뿔로 받아 상처를 입힌다면 어떻게 하겠는가? 피해를 받은 양들 중에는 혹 대항하여 싸우는 놈들이 있을지 모른다. 그런 싸움으로 말썽쟁이 양의 행동이 바로잡힌다면 다행이겠지만, 계속 피해만 늘어간다면 마냥 방치할 수만은 없는 노릇이다. 드디어 양치기는 말썽쟁이 양을 격리하고 다시 길들이려 하지만 여의치 않자 할 수 없이 도축해 버린다. 다른 양들의 입장에서 보면 궁극의 복수가 이루어지는 셈이다. "복수는 양치기님의 것이니…."

복수를 신에게 돌리는 것은 복수의 부작용과 위험을 제거해 보려는 방편이다. 신은 복수의 악순환을 끊고 사태를 정화할 능력이 있다. 신의 이름을 빌고 신에게 미룸으로써 사람들은 자신들의 복수 행위를 정당화하거나 직접 이루지 못하는 복수의 염원을 달래어 왔다. 이것은 복수가 인간에게 적합한 행위 방식이 못 된다는 깨달음의 이면이라고 할 수 있다.

물론 우리에게 복수의 감정은 남아 있고, 우리는 때로 이것을 영화와 같은 이미지 재현물을 통해 해소한다. 그러나 영화에서조차 순수한 복수극은 찾기 어렵다. 복수가 찜찜함을 남기지 않는 호소력을 갖기 위해선 상대를 인간 이하의 악한으로 만들어야 하는데, 그렇게 하면 금방 현실성이 휘발해 버린다.

많은 복수극이 오락거리 액션이나 코미디와 버무려지는 이유다. 쿠엔틴 타란티노 감독의 〈장고〉나 박찬욱 감독의 〈친절한 금자씨〉 등을 보라. 이런 게 마땅찮으면 복수의 귀결이 해피엔딩이 될 수 없음을 받아들여야 한다.

2. 용서와 처벌, 희생, 정의

복수가 신의 것이라면, 용서는 인간의 것이다. 좀 더 정확히 표현하면, 복수가 신에게나 어울리는 것인 반면, 용서는 인간에게도 허용되는 것이라 할 수 있다. 복수는 인간이 궁극적으로 감내하기 어려운 결과를 가져다주지만, 용서는 저질러진 잘못을 치유할 수 있게 해 준다. 한나 아렌트는 용서야말로 인간이 자신의 무능력으로부터, 특히 행한 것을 되돌릴 수 없다는 곤경으로부터 벗어날 수 있게 해 주는 능력이라고 말한다. "용서를 받음으로써 우리가 행한 일의 결과로부터 해방되지 못한다면, 우리의 행위 능력은 으레 그렇듯 단 하나의 행위에 한정되고, 우리는 거기에서 결코 회복될 수 없을 것이다. 우리는 영원히 그 결과의 희생자로 머물 것이다."[1]

    용서란 무엇인가? 나는 이전에 이렇게 쓴 적이 있다. "용서는 이미 이루어진 것, 저질러진 잘못을 없었던 일처럼 무화하는 행위다. 그러나 일어난 일이 실제로 없었던 것이 될 수는 없는 노릇이므로, 레비나스의 생각대로 용서란 존재의 세계에 관계되는 것이 아니라고 할 법하다. 만일 사태를 이전과 유사하게 돌리는 조처라면 그것은 용서가 아니라 복구나 보상 따위가 아니겠는가. 그러니까 용서는 인과적 사태의 진행에도 불구하고 그것을 넘어서서 새로움을 가져오는 행위라고 이해할 수 있다. 레비나스에 따르면, 타자와 관계하는 윤리의 세계가 이 존재 너머의 세계이니까 용서란 윤리의 사안이 된다."[2]

용서를 과거의 잘못에 대한 대응 방식으로 보는 점에서는 같지만, 그것이 근본적으로 어디에서 비롯된다고 여기느냐는 점에서는 레비나스와 아렌트가 크게 다르다. 레비나스는 타자에 그 기반을 두지만, 아렌트의 경우는 용서의 원천을 인간의 행위 자체에 두기 때문이다. 비록 아렌트가 위의 인용문에서 '용서를 받음'의 효과와 의미에 대해 말하고 있지만, 그 용서 받음은 '용서를 하는' 인간의 능력 및 행위와 대칭적이다. 레비나스에게서는 그렇지 않다. 물론 우리도 용서를 하며 또 용서를 해야 하지만, 우리가 하는 용서와 우리가 받는 용서는 비대칭적이다.

아렌트를 먼저 살펴보자. 그녀는 용서를 인간 행위의 중요한 한 면모로 해석하기 위해 예수를 끌어들인다. 그러나 이것은 예수가 용서를 우리에게 권하고 있음을 보여 줌으로써 용서가 인간의 행위로 기능함을 뒷받침하기 위해서이지, 기독교적 신앙의 견지에서 용서를 해석하기 위해서가 아니다. 아렌트는 용서를 신에게 귀속시키는 데 관심을 보이지 않는다. 오히려 인간에게 용서가 갖는 의미와 대비해 신에게서 부각시키는 것은 심판이다. 신이 내리는 "마지막 심판의 특징은 용서가 아니라 공정한 응보다"[3].

희생의 문제도 만일 아렌트에게 적용하려면, 인간 활동의 테두리 내에서 다뤄져야 할 것이다. 아렌트에 의하면, 어떤 사람의 잘못으로 다른 사람에게 피해가 생겼을 때, 보복이라는 악순환을 벗어나 대응하는 방식에는 처벌과 용서라는 두 가지가 있다. 이 두 가지가 적용될 수 있는 사태의 외연은 같다. 그래서 아렌트는 우리가 처벌할 수 없는 것은 용서할 수도 없다고 단언한다.[4] 그렇다면 처벌과 용서의 차이는 무엇일까? 처벌에는 응보가, 용서에는 희생이 특징적인 것일까?

그렇다고 하기는 어렵다. 적어도 아렌트는 용서를 희생의 측면에서(또 처벌을 응보의 측면에서) 조망하지 않는 것 같다. 그녀가 초점으로 삼는 것은 사태의 악화를 막는 것이고, 처벌이나 용서 모두 이 점에서 제 역할을 할 뿐이다. 아렌트는 특히 사랑과 용서를 연결하는 사고방식에 거리를 둠으로써, 용서를 희생과 결부시키는 데 선을 긋는다. 희생을 감내하는 것은 사랑이 있어야 가능한 일이다. 그런데 아렌트에 따르면, 사랑은 우리에게 드물고 예외적인 삶의 순간이자 사건이다. 게다가 사랑은 무세계적이다. 그래서 "사랑은 정치와 무관할 뿐만 아니라 반정치적"[5]이다. 아렌트는 이 비정치적 영역에서 용서를 문제 삼고 싶어 하지 않는다.[6]

그렇다면 어떤 경우에 처벌해야 하고 어떤 경우에 용서해야 하는가? 짐작컨대 아렌트는 사태의 악화를 막고 사태를 개선하는 데 어떤 길이 효과적인가에 따라 판단해야 한다고 보지 않을까? 그녀는 용서가 잘못 행한 자를 위해 잘못 행함을 당한 자가 행하는 것임을, 따라서 사랑까지는 아니더라도 존중과 우애를 전제하는 것임을 분명히 한다. 이것은 대칭적이고 상호적인 관계를 염두에 둔 것이리라. 거듭 말하지만, 아렌트에게서 용서의 문제는 어디까지나 그녀가 중점적으로 다루는 인간 활동의 영역, 즉 정치의 영역이자 공론의 영역을 떠나지 않는다.

용서와 희생을 연결시키는 것은 용서를 일종의 탕감으로 여기게 함으로써 부채의식을 남겨 두는 것이 아닐까 의심스럽다. 용서하는 자가 피해를 입었으나 그 피해를 보상받지 않은 채 감내한다는 점을 내세울 때 희생을 운위할 수 있는 것이 아닌가. 그렇다면 그 용서에는 여전히 갚아야 할 그 어떤 것이 남겨져 있는 것이고, 따라서 처벌이나 보상과 똑같은 무게로는 아니더라도 그에 버금가는 부담이 남겨져 있는 것은 아닐까. 또 그렇다면 그것은 과거의 잘못이 지닌 족쇄를 깨끗이 벗어 버릴 수 없게 만드는 불완전한 용서에 지나지 않는 것이 아닐까.

물론 용서가 새로운 출발을 가능케 하지만 과거의 잘못에 대한 기억을 완전히 지우는 것은 아니라는 점을 인정한다면, 도대체 잘못에 대한 죄책에서마저 해방되고자 하는 바람이 오히려 지나친 것일 수 있다. 그러나 우리는 희생이라는 관념을 동반한 용서가 지불이 유예된 거래로 작용할 수 있다는 점을 염두에 두지 않을 수 없다. 예수를 희생물로 삼는 신의 용서는 그 대속(代贖)에 따른 부채의식으로 사람들을 옭아맨다.

안셀무스(1033~1109)의 견지에 따르면,[7] 인간은 애당초 신의 말씀을 어겼으므로 도저히 배상할 수 없는 피해를 신에게 끼친 것이고 따라서 거기에 합당한 대가를 치르지 않으면 구원을 받을 수 없다. 마땅한 대가를 치러야만 정의가 이뤄지며, 그런 정의의 실현은 구원의 전제가 된다. 잘못의 흠결을 남긴 채 구원이 이루어진다면, 그 구원은 부정의한 것이고 불완전한 것일 수밖에 없지 않겠는가. 그런데 인간이 저지른 잘못은 신에 대한 위해이므로, 인간 스스로가 감당할 수 없는 무한한 무게를 지닌다. 그 잘못은 신적인 존재를 통해 갚을 수밖에 없다. 예수는 죄가 없는 신적 존재로, 인간들을 대신해 인간의 죗값을 치른다. 그리하여 구원의 전제인 정의의 요구가 충족된다. 이렇듯, 인간의 죄를 사함은, 즉 용서는, 신이 입은 피해를 예수의 희생을 통해 신이 대신 갚아 준다는 이중의 부담을 거쳐 이뤄진다. 그렇다면 신이 이렇게 부담을 감내하는 이유는 무엇인가? 신의 세계를 완전하게 만들어야 하기 때문인가, 또는 인간에 대한 무한한 사랑 때문인가?[8] 어떤 경우건 이 신의 가중된 부담에 의해 인간은 더욱 신에게 속박되지 않는가.

논의를 신학적 차원으로 끌고 가고 싶지는 않다. 내가 드러내고자 하는 것은 다만, 희생의 관념이 용서를 논하는 데 과연 적절한 것인가 하는 의구심이다. 희생(犧牲)이란 원래 신에게 바치는 제물을 뜻하는 글자이고,[9] 그런 점에서 은밀한 거래의 흔적을 담고 있지 않은가? 우리는 용서 또한 거래의 일종으로 취급할 수밖에 없는 것인가?

고대 그리스에서는 용서가 철학적 주제로서 중요하게 다루어지지 않았다고 한다. 당시의 그리스도 인간 세상이니 만큼 잘못 저질러진 일들이야 많았겠지만, 이를 처리하는 방책으로 용서보다는 정의가 앞세워졌던 모양이다. 용서가 잘못을 무화하고 다시 출발하는 쪽에 무게를 둔다면, 정의는 잘못을 바로 잡고 책임을 묻는 데 중점을 둔다고 할 수 있다. 하긴, 고대 희랍뿐 아니라 대부분의 사회에서는 용서보다 정의가 중요하게 취급되지 않았을까? 기왕 이 두 가지가 대비되는 김에 이렇게 미리 한번 물어 놓고 가자. 용서 없는 정의와 정의 없는 용서, 이 둘 가운데 어느 쪽이 더 견딜 만할까?

고대 그리스철학에서 용서에 대한 논의가 아예 없었던 것은 아니다. 아리스토텔레스는 『니코마코스 윤리학』 3권 1장 첫머리(1109b30-31)에서 용서를 거론한다. 즉 그는 자발적인 것(to hekousion)과 반(反)자발적인 것(akousion)을 구별하여, 자발적인 행위들만을 칭찬과 비난의 대상으로 여기고, 상대방에게 피해를 가져온 반자발적 행위들은 용서(syggnōme)와 연민(eleos)의 대상으로 취급하고 있다.[10] 여기서 반자발적 행위들이란 강제나 무지에 의해서 일어난 행위를 말한다. 강제에 의한 행위는 그 행위의 시원 또는 원인이 해당 행위자 밖에 있어서 행위자 자신은 문제가 되는 행위에 '어떤 것도 보태지 않은' 행위다. 이런 경우에 우리는 행위의 책임을 행위자에게 전혀 물을 수 없다. 또 이때 거론되는 무지에 의한 행위는 모르고서 행한 모든 행위를 가리키지 않는다. 개별적 특수 상황에 관련된 불가피한 무지만이 해당되는 것이다. 더욱이 이 무지에 따른 행위로 야기된 상대방의 피해에 대하여 해당 행위자가 고통스러워하고 후회할 경우에만 그 행위나 행위자는 용서의 대상이 될 수 있다.[11]

그러니까 아리스토텔레스는 행위자에게 책임을 전적으로 물을 수 없는 잘못이 저질러졌을 경우에만 용서와 연민을 허용할 수 있다고 보는 셈인데, 이런 생각은 오늘날에도 무리 없이 통용되는 것이 아닐까 싶다. 물론 이때의 용서와 연민이란 책임을 묻는 것과 관련된 처벌 또는 응징에 대해 부수적인 것이다. 처벌이나 응징으로써 사태를 바로잡는 방식(이것이 정의에 대한 통념이기도 하다)이 전면적으로 적용되기 어려운 상황에 도입되는 대응 방식이라 할 수 있다.

권창은 교수에 따르면, 아리스토텔레스는 비례적 응징인 정의를 내세운다. 이런 응징에는 때로 분노가 수반될 수 있으나, 그 분노는 자의적(恣意的)인 것이 아니라 불의에 대한 의분(義憤)이어야 한다. 용서의 경우도 마찬가지다. 그 용서는 용서해야 할 만큼 용서하고 응징해야 할 만큼 응징하는 비례적인 것이어야 하고, 그런 의미에서 정의에 적합한 것이어야 한다.[12] 아리스토텔레스는 분노와 관련된 중용적 덕으로서, 관대하고 엄정한 자세를 가리키는 parotēs를 거론하는데(1125b26), 권창은 교수가 '관엄'(寬嚴)이라 옮기는 이 parotēs도 용서를 허용하되 마땅한 용서만을 허용한다.

사고를 의도하지 않았다는 것, 그러니까 고의로 일으킨 것은 아니라는 점만으로는 아리스토텔레스적 견지에서 볼 때 면책의 사유가 되지 못한다. 잘못된 행위가 저질러진 피해에 비례해서 응징되어야 한다는 정의관에 입각한다면, 이들에 대한 처벌 수위는 매우 높아야 옳다. 예상되는 가능한 위험이 크다면 그와 관련된 행위는 그만큼 더 신중해야 하며, 또 그에 따른 책임도 클 수밖에 없다. 우리가 삼풍백화점이나 성수대교의 붕괴, 세월호 참사 등의 사고에 대한 책임자 처벌 문제와 관련해서 갖게 되는 의분(義憤)은 이런 점에서 기인하는 것이리라.

만일 고의에 의한 것이 아니라거나 무지나 부주의에 따른 것이라는 이유로 처벌 수위가 낮아진 것이라면, 아리스텔레스적인 비례적 응징 또는 비례적 정의의 발상은 오늘날 감정적으로는 몰라도 최소한 법질서와 관련해서는 통용되지 않는 것이라 보아야 할까? 그러나 징벌에 대한 상대적으로 세련된 현대적 관점, 이를테면 유사한 사고를 예방하기 위한 조처라는 데서 처벌의 이유를 찾는 견지에서 보더라도 이 징벌의 수위는 적절해 보이지 않는다. 그런데 여기에 과연 용서의 문제를 개입시킬 수 있을까? 만일 이런 일련의 사건들에 대한 처벌 수위가 용서에 의한 것이라면, 그것은 정의 없는 용서, 무책임한 용서라는 비난을 면하기 어렵지 않겠는가.

3. 치유로서의 용서

"약자는 결코 용서를 할 수 없다. 용서는 강자의 특질(attribute)이다."[13] 강자만이 용서를 할 수 있다. 그러니까 용서를 하는 자는 강자가 되는 것이다. 피해를 당하고 억울해하며 원한을 품으면 약자에 머물지만, 상처를 이겨 내고 가해자를 용서하는 순간, 우리는 강자가 된다. 그런데 정말 그런가?

> 보복하지 않는 무력감은 '선'으로 바뀝니다. 불안한 천박함은 '겸허'로 바뀝니다. 증오하는 사람에게 복종하는 것은 '순종'(말하자면 그들이 말하는 자, 즉 이러한 복종을 명령하는 자—그들은 이를 신이라 부릅니다)으로 바뀝니다. 약자의 비공격성, 약자가 풍부하게 지니고 있는 비겁함 자체, 그가 문 앞에 서서 어쩔 수 없이 기다려야만 하는 것은 여기에서 '인내'라는 미명이 되고, 또한 **저** 미덕으로 불립니다. 복수할 수 없는 것이 복수하고자 하지 않는 것으로 불리고, 심지어는 용서라고 불리기까지 할 것입니다("왜냐하면 그들은 자신이 무엇을 하고 있는지 모르기 때문입니다—오로지 우리만이 그들이 무엇을 하고 있는지 알고 있습니다!).[14]

이것은 니체가 『도덕의 계보』에서 세상사에 관한 증언으로 기술하고 있는 내용이다. 기독교의 용서 개념뿐 아니라 간디의 말에 대한 나름의 신랄한 반박이라고 생각할 수 있지 않겠는가.

　용서와 강함 사이의 관계는 생각해 봄 직한 주제다. 일단 쉽게 구분해 보면, 우선 용서에는 강자가 하는 용서, 즉 처벌할 수 있는 권한과 능력이 있음에도 관용을 베풀어 새로운 시작을 도모하도록 하는 용서가 있다. 이러한 용서가 잘못된 사태를 개선하는 데 처벌보다 더 기여할 수 있다면 강자로서는 취할 만한 방도다. 맹획을 일곱 번이나 사로잡았다 풀어 주었다는 제갈공명의 고사를 떠올려 보라.[15] 다른 한편, 약자가 어쩔 수 없이 행하는 자기 기만적인 용서가 있다. 그러나 이것도 상처와 원한에 괴로워하지만 복수를 행할 수도, 응징의 정의를 기대할 수도 없는 약자로서 취할 만한 방책이다. 조금 덜 심각한 사적(私的)인 사태로 눈을 돌려 보면 얼핏 조용필의 노래 가사가 생각나지 않는가.

　　너를 용서 않으니 내가 괴로워 안 되겠다
　　나의 용서는 너를 잊는 것
　　너는 나의 인생을 쥐고 있다 놓아 버렸다
　　그대를 이제는 내가 보낸다[16]

　후자의 용서는 소극적이지만 다소나마 치유의 효과는 있다. 적극적으로 사태를 바로잡을 수 있다면 마땅히 그렇게 해야 하겠지만, 도저히 그럴 수 없는 처지라면 어떻게 하겠는가. 억울함과 원한의 괴로움으로 시들어 가야만 하겠는가. 문제는 이런 소극적 치유의 용서가 사태의 제대로 된 해결 노력을 가로막기도 한다는 점이다. 더구나 사회 분위기가 이 같은 용서의 활용 경향을 부추기기도 한다. 심리 치료의 일환으로서의 용서에 대한 담론이 일반화하는 데 대해 우려의 목소리가 나오는 이유다.

이브 개러드와 데이비드 맥노튼의 『용서란 무엇인가』[17]는 이런 치유로서의 용서 개념에 매우 비판적이다. 이들에 따르면, "현대 용서 옹호론의 가장 큰 특징은 용서받는 사람이 얻는 이익보다 용서하는 사람이 얻는 이익에 초점을 맞추고 있다는 점이다."[18] 이런 각도에서 볼 때 니체가 말하는 용서는—비록 그는 이 용서를 부정적인 것으로 보고 있기는 하지만—치유적 용서 개념에 속한다. 즉 그것은 "타인의 약탈에 무감각해지려고 애쓰는 방식"이며, 그렇게 용서하는 자는 "자아도취적 환상에서 위안을 얻는다". "그들이 강자의 능력을 갖추고 있다는 말, 용서라는 선물을 베풂으로써 자기 평판을 유지하기 위한 일상적 싸움을 어떻게든 면할 수 있다는 말은 약자의 허세에 불과하다."[19]

이런 식으로는 사태를 바로잡을 수도, 피해자의 아픔을 진정으로 치유하고 자존감을 높일 수도 없다. 그때의 용서함은 자기 안에 갇혀 있는 사실상 허구적인 것인 까닭이다. 용서와 관련해 자주 거론되는 영화 〈밀양〉에서 신애(전도연 분)가 처하게 되는 곤경을 생각해 보라. 스스로 가해자를 용서했다고 생각한 신애가 종교의 힘을 빌려 자기 안에서 애써 길어 낸 위안은, 이미 하나님께 용서받았다는 납치범 도섭(조영진 분)의 평화로운 얼굴을 대하는 순간 산산이 깨져 버린다. 외부의 사태는 신애와 무관하게 흘러간 것이고, 이에 따라 신애는 비관계적이고 자기 내적이었던 자신의 '용서'가 얼마나 공허한 것이었는가를 절감할 수밖에 없다.

치유적 용서 개념의 문제점을 지적함과 아울러 개러드와 맥노튼은 니체가 내세운 초인(Übermensch)의 견지도 거부한다. 초인은 나약한 용서로 도피하지 않지만, 원망과 복수로 자신을 낭비하지도 않는다. 니체의 관점에서 보면 복수와 용서는 사실 같은 평면에서 노는 한 켤레의 행동 방식이다. 용서가 그렇듯, 원망이나 복수심은 초인에게 어울리지 않는다. 그렇다면 저질러진 잘못에 대해서는, 자신을 해친 자나 해치려는 자에 대해서는 어떻게 반응해야 옳은가? 개러드와 맥노튼은 니체의 초인이 그런 이들의 의견과 행동에 개의치 않는다고 말한다.[20] 그렇다고 그런 자들을 그냥 내버려두는 것은 아니다. 응징하고 제압하되, 그 때문에 평정을 잃지 않을 뿐이다. 개러드와 맥노튼은 주목하지 않지만, 사실 니체에게는 잔인함이나 무자비함도 문젯거리가 아니다. 이 점은 니체가 내세운 초인에게는 고대 희랍에서부터 내려오는 전사(戰士)의 전통에 대한 향수가 짙게 드리워져 있음을 생각하면, 쉽게 이해할 수 있다.[21]

개러드와 맥노튼이 니체의 견지를 거부하는 것은 용서를 옹호할 만한 또 다른 근거가 있다고 생각하기 때문이다. 그들은 인간애, 관용, 동정심 등을 거론한다.[22] 나는 이들의 논지가 꽤 균형 잡혀 있고 설득력이 있다고 생각한다. 이 자리에서 손쉽게 몇 마디로 요약하기보다는 따로 다뤄 볼 가치가 있을 것 같다. 이들이 처벌이나 응징 또는 정의가 용서와 양립 가능하다고 생각하는 점, 또 화해가 용서와 반드시 합치할 필요가 없다고 주장하는 점도 흥미롭다. 이들은 결국 용서를 일종의 선물로 보아야 한다고 주장하는데, 그런 견지를 선물에 관한 다른 개념들과 비교해 보는 일도 재미있을 것 같다.

그러나 지금으로선 이들이 무조건적 용서를 거부한다는 점만 언급하고 넘어가기로 하자. 그 거부의 이유는 역시 치유적 용서 개념에 있다.[23] 이들이 보기에, 무조건적 용서를 운위하는 배경에는 이 치유적 용서의 발상이 자리 잡고 있다. 용서하는 자가 피해의 괴로움에서 놓여나기 위해서는 조건 없는 용서가 필요하다고 여긴다는 얘기다. 이들이 보기에 이런 입장은 부정의하며 비도덕적이다.

그런데 데리다가 말하는 무조건적 용서는 이런 비판의 과녁에서 벗어나 있다. 그 차이는 어디에 있을까? 아리스토텔레스나 개러드·맥노튼은 모두 행위자들 사이의 관계에서 용서 문제를 바라본다. 아렌트도 마찬가지였다. 데리다도 그렇다고 말할 수 있을까? 또 니체나 헤겔은 어떤가? 앞으로 우리가 주목해서 살펴야 할 것 중의 하나는 용서가 거론되는 지형이 어떤 모습인가 하는 점이 아닐까 싶다.

4. 화해와 용서―헤겔의 용서관

데리다는 헤겔을 '용서'와 '화해'의 대사상가(grand penseur)라고 칭하면서도 헤겔이 용서 가능한 것에서 정신(Geist)에 반하는 범죄를 제외시켰다고 지적한다.[24] 하지만 데리다 자신이 헤겔에게서 용서의 화해적 역량을 지닌 것을 정신이라고 놓고 있으니까, 얼핏 보면 이런 지적은 무의미한 것일 듯싶다. 용서의 역량에 반하는 것을 어떻게 용서한다는 말인가? 헤겔에 대한 이 언급은 블라디미르 장켈레비치에 대한 논의와 이어져 있다. 인간성에 반하는 범죄, 인간을 인간으로 만들어 주는 것에 반하는, 용서의 역량 자체에 반하는 범죄들은 용서의 사안이 아니라는 장켈레비치의 입장이 문제가 된다. 우리는 이런 데리다의 문제 제기가 결국, 용서할 수 없는 것을 용서한다는 데로, 미친 짓으로서의, 광기로서의 용서를 운위하는 데로 나아간다는 점을 알고 있다.[25]

데리다에게 용서는 대칭적인 방식을 넘어서는 문제다. 이 점은 그가 용서를 일종의 교환으로, 계산 가능한 것으로 보려는 견지를 끈질기게 비판하고 있는 것을 통해서도 알 수 있다. 만일 계산이 통용되는 영역이 경제 및 이해관계와 결부된 정치를 포괄하는 것이라면, 용서는 그것을 넘어선다. 또 정의가 대칭과 비례, 균형 등을 중심으로 성립하는 것이라면 데리다가 말하는 용서는 그런 정의도 넘어선다고 해야 할 것이다.

그러나 헤겔의 정신은 계산이나 대칭에 머무는 것일까?

계산과 대칭은 지성(Verstand)에 속하는 것이고, 이미 칸트에게서부터 도덕의 차원은 이 영역을 넘어선다. 그런데 헤겔이 말하는 용서와 그 용서의 역량으로서 존립하는 정신은 칸트의 도덕 차원을 지양한 단계에서 등장하지 않는가(『정신현상학』, VI-3). 이 부분을 다시 한번 상기해 보자.

　알다시피 칸트에게서 도덕적 행위는 결과의 계산을 염두에 두지 않고 보편적 도덕법칙을 따르는 데서 성립한다. 도덕법칙이야 어느 사회 어느 시대에나 있었던 것이지만, 여기서 주목해야 할 것은 각자가 이 법칙을 스스로의 이성을 통해 발견하고 준수해야 한다는 점이다. 개개인을 행위 주체로 세움과 동시에 보편적 규칙을 통용시켜야 하는 근대적 사회 질서에 어울리는 사고방식이다. (칸트는 이를 통해 세계시민사회와 영구평화까지 꿈꾸었다.) 그러나 문제는 이러한 행위의 결과가 뭇 개인에게 신통치 않은 경우가 많다는 점이다. 매일매일 규칙대로 열심히 살아 봐도 살림살이가 나아지지 않는다. 주변을 돌아보면 요령 피우고 사기 치던 놈들이 거들먹거리고 떵떵거린다. 세상은 잘못 돌아가고 있다. 도덕법칙을 지키겠다는 것만으로는 썩어 가는 세상을 바로 세울 수 없다. 그래서 각자는 양심을 좇아 나름의 기획과 행동지침을 마련한다. 알기 쉽게 시간을 조금 뒤로 당겨 예를 들면, 사회주의 운동도 등장하고 조합주의 운동이나 무정부주의도 등장하는 격이다. 그런데 이 각각의 양심세력은 자신들 입장에서만 선을 행할 뿐이다. 각 당파들이 보기에 자신들은 옳고 선하지만, 다른 부류들은 그르고 악하다.

이런 사태에 이르러 행동을 거두고 내부로 반성해 들어가는 의식이 '아름다운 영혼'이다. 이 명칭은 실러와 괴테의 작품들에서 따온 것인데,[26] 이 영혼이 '아름다운' 이유는 자신의 적극적 행동은 내세우지 않은 채 보편적 의무의 지평을 받아들이고 희생을 감내하려는 마음가짐을 갖기 때문이다. 하지만 헤겔에 따르면, 아름다운 영혼에게는 "자신을 외화(外化)할 만한 힘이 결여되어"[27] 있기에 행동하는 양심과 마찬가지로 일면적이다. 그러나 여기에 바탕을 둔 보편성의 계기는 스스로의 공허함에 부딪힌 끝에 자신을 고집하는 일을 단념하고(verzichten) 행동하는 양심이 자신과 마찬가지임을 받아들인다. 그럼으로써 이제 정신의 무대에서는 상대방을 용서하는(verzeihen) 화해(Versöhnung)가 이루어진다. 상호 인정(gegenseitiges Anerkennen)을 통한 정신의 고양이 이루어지는 것이다.[28]

이렇듯 헤겔의 용서는 화해 및 인정과 결부되어 있다. 더 정확히 말해, 용서는 화해와 인정의 한 계기다. 용서는 행동하는 쪽보다는 평가하는 쪽에서 행해지는 것으로 나타나지만, 결국 상호적이고 공통적인 지평을 마련하는 데 기여한다. 여기서 우리는 이 지평을, 개별자들을 포함하는 정신의 차원으로 이해할 수 있다. 그러나 다른 한편으로, 상호적인 관계를 중시하면서 개별자의 견지에서 파악해 볼 수도 있다. 예컨대, 근래에 『철학은 뿔이다』(2016)라는 흥미로운 책을 펴낸 자칭 헤겔주의자 전대호는 헤겔에서의 용서를 "각자가 서로를 '개인'으로 인정한다는 것과 같다"라고 해석한다. "누구나 개인으로서 이기심을 부리기 마련임을 인정한다는 것이다."[29] 이렇게 보면, 용서는 대칭적인 행위에 머무는 것이 아닐까?

나는 전대호의 해석[30]이 흥미롭긴 하지만 개인주의 쪽으로 치우친 것이라고 생각한다. 헤겔이 말하는 정신은 자기의식들로 성립되는 것이긴 하나 그 공동성(Ich=Wir)에서 보편의 측면(Wir)을 실체화하고 있음이 분명하기 때문이다. 이런 점은 헤겔 법철학에서의 죄와 형벌의 관계를 통해서도 확인할 수 있다. 이에 따르면, 범죄는 타인의 권리를 침해함으로써 우리의 권리를 침해하는 것이고, 결국 범죄자 자신을 침해하는 것이다. 따라서 형벌은 이런 자기부정을 바로잡는 방책이 된다. 즉, 헤겔에 의하면, 범죄 자체의 본성이 형벌을 정당화하는 셈이다. 양명수는 이런 사고방식이 악을 결여로 보는 기독교적 사고방식과 닮아 있다고 해석한다. 헤겔은 범죄를 우리라는 정신적 실체에 결여(缺如)를 만드는 부정적인 것으로 보고 있다는 얘기다.[31] 따라서 이 부정적인 것을 다시 부정하는 것은 범죄자에게도 전혀 해(害)가 아니다.[32] 꽤 억지스러워 보이는 이런 논변은 특수한 개인들에 대한 보편적 정신의 우위를 통해서나 가능한 것이다.

그렇다면 헤겔에게 있어 형벌과 용서의 관계는 어떠한가? 양명수는 형벌과 용서가 동시에 일어날 수 있다고 생각한다. 형벌은 자유를 향한 정신이 자기모순을 극복하는 것이고 피해자나 범죄자 스스로도 그런 운동에 포함되는 것이니까, 피해자는 국가 형벌권을 통해 범죄자를 용서하는 셈이라고 한다. "결과적으로 범죄자의 잘못된 행위는 수정되지만, 그 사람 자신을 처벌하는 것은 아니다."[33] 잘못된 특수한 행위는 바로잡히지만, 보편적 정신의 일원인 행위자는 용서받는다. 범죄와 형벌은 외적 행위와 관련되는 것이니까 법의 소관이고, 용서나 화해는 내적 도덕의 문제이니, 범죄 행위는 처벌받고 행위자는 용서를 통해 다시 정신과 화해를 이룬다는 설정이다.

이렇게 보면, 헤겔에게 있어 용서는 계산이나 대칭만으로 설명되기는 어려워 보인다. 보편적 정신으로 화해를 이룰 필요가 용서를 추동하는 것으로 여겨지기 때문이다. 사실, 헤겔이 『정신현상학』에서 전개하는 '양심, 아름다운 영혼, 악과 악의 용서'에서 용서와 화해의 필연성을 발견하기는 어렵다. 스스로가 옳다고 생각하는 바에 따라 행동하는 '양심적' 개인(당파)들이 계속 충돌하는가 하면, 그런 아수라장이 버겁고 지겨워 내면의 허울 좋은 신성(神性)으로 후퇴하여 메말라 가는 '아름다운 영혼'이 공존하는 사태가 지속되거나 되풀이될 수도 있지 않은가. 용서는 화해의 요구, 어떻게든 정신적 공동체를 확보해 내어야 한다는 요구에서 비롯하는 것이다.

이런 점에서 헤겔의 용서를 기독교의 용서 개념과 연결해 보는 것은 당연하다. 실제로 『정신현상학』에서 용서가 논의된 직후에 등장하는 것은 절대 정신의 국면인 종교다. 헤겔이 기독교적 용서 개념을 차용하여 썼다고 볼 만하다. 『정신현상학』의 역주(232쪽)에서 거론하고 있는 에베소서 4장 32절 "서로 친절하게 하며 불쌍히 여기며 서로 용서하기를 하나님이 그리스도 안에서 너희를 용서하심과 같이 하라"에는 상호적인 계기와 초월적인 계기가 다 들어 있다. 기독교에서는 '그리스도 안에서'라는 말이 무엇보다 중요할 것이다. 전대호는 예수가 온전히 인간이기 때문에 인간의 악에 대한 용서가 가능하다고 해석하고 이를 헤겔에 대한 개별자 위주의 해석과 연결시킨다.[34] 하지만 그리스도를 통한 용서란 예수의 대속 또는 희생을 부각시켜 이해하는 것이 오히려 더 일반적일 것이다. 그 어느 쪽이건 대칭성이나 대가성의 거래와 무관하기 어렵다. 그렇다면 결국 헤겔의 용서 논의는 데리다가 추구하는 용서의 지형과 잘 맞지 않는 것 아닐까?

5. 무조건적 용서와 새로움으로서의 용서

데리다는 「세기와 용서」라는 대담에서 우선 용서의 오용에 대해 지적하는데, 그런 오용의 공통된 특징은 용서에 어떤 목적을 결부시키는 데 있다고 보인다. 용서 현상에 대한 비판을 총괄하는 듯한 데리다의 말을 다시 들어 보자.

> 따라서 저는 위험을 무릅쓰고 다음과 같은 제안을 하고자 합니다. 매번 용서가 어떤 목적성에, 그것이 고귀하고 정신적인 것(대속이나 속죄, 화해, 구원)이라 해도, 봉사하려고 할 때마다, 매번 용서가 애도의 작업이나 어떤 기억의 치

료법 혹은 생태학을 통해 (사회적·민족적·정치적·심리학적인) 정상 상태를 재확립하려고 할 때마다, '용서'는 순수하지 않으며, 그것의 개념도 그러하다고 말입니다. 용서는 정상적이지도, 규범적이지도 않고 정상화하지도 않으며(ni normal, ni normatif, ni normalisant) **그래서는 안 됩니다**. 그것은 불가능한 것의 시련에 직면하여, 마치 역사적 시간성의 정상적인 경로를 중단하는 것처럼, 예외적이며 비정상적인 것으로 남아 **있어야만 합니다**.[35]

이런 관점과 입장이라면, 헤겔의 용서와, 또 기독교적 용서와 화해할 수 없는 것이 당연하다. 그런데 데리다는 왜 이렇게 용서를 규범(norm)에 제약되지 않는 것으로 이해하고자 하는 것일까? 기존의 규범이나 기존의 의미에 대한 비판을 노리는 것일까? 아니면 그와 같은 해체적 비판이라는 목적마저 넘어서려는 것일까?

데리다는 용서가 아예 의미조차 없는 것인 양 말한다. "제가 보기에는 이것이 가장 문제적인데, 전통적으로 공통의 혹은 지배적인 명제는 바로 용서는 의미를 가져야만 한다는 것입니다. 그리고 이 의미는 구원과 화해와 속죄와, 심지어 희생의 바탕 위에서만 결정됩니다."[36] 하지만 데리다는 다른 한편에서 "용서라는 이름에 합당한 용서"를 운위한다. 그것은 "용서할 수 없는 것을 조건 없이 용서하는 것"이고 "극단적인 순수함"이고 "미친 짓", "불가능한 것의 광기로 남아야" 하는 것이다. 그렇다고 해서 이런 용서가 정녕 무의미한 것은 아니다. "그것은 혁명과 같이 도래하여, 역사와 정치와 법의 일상적 흐름을 불시에 습격하는 유일한 것"일 수 있기 때문이다. 이 말은 "용서가 사람들이 일상적으로 이해하는 정치적인 것과 법적인 것의 질서와는 이질적인 것이라는 뜻"이기도 하다.[37] 요컨대, 데리다가 내세우는 용서에는 나름의 의미와 역할—일견 해체적이라고 할 수 있을 만한—이 있다.

해체적이라고 할 때 떠올릴 수 있는 잘못된 이미지 중의 하나는 완성되어 있는 구조물을 밖에서부터 뜯어내는 것처럼 생각하는 것이다. 하지만 그것보다는, 기성의 질서에 애당초 불완전성이 배어 있고, 그 질서의 외부가 내부로 삼투되어 있다고 생각하는 편이 나을 것이다. 데리다는 이것을 조건적인 것과 무조건적인 것의 관계로 논의한다. 환대의 문제에서 조건적 환대와 무조건적 환대가 거론되듯이, 용서에서도 조건적 용서와 무조건적 용서가 다루어진다. 조건적 용서는 화해, 구원 따위의 목적성을 비롯해서 참회나 처벌 따위와 상관적으로 다루어지는 용서다. 법적·정치적 질서 가운데서 제 역할을 부여받는 용서, 한마디로 순수하지 못한 용서다. 그런데 데리다에 따르면, 이 조건적인 용서는 순수하고 무조건적인 용서를 지시하고 그것에 의거해야 하며, 또 근본적으로 그렇게 하지 않을 수 없다. 양자는 이질적이지만 분리 불가능하다. 데리다는 이 점과 관련해 이렇게 말한다. "사람들이 바라는 대로, 또 그래야만 하는 대로, 용서가 효과적이고 구체적이고 역사적이 되어야 한다면, 용서가 **발생하고**(arriver) 사태를 변화시키기를 바란다면, 용서의 순수성이 모든 종류(심리-사회학적, 정치적 등)의 조건 안으로 들어가야만(s'engager) 합니다."[38]

내가 보기에, 데리다는 우리에게 익숙한 모든 제도나 질서, 사유 따위가 유한하고 불완전해서 이미 해체의 소지를 안고 있다고 생각하는 것 같다. 뿐만 아니라, 적어도 후기의 데리다는 그러한 모든 인위적이고 문화적인 것들이 그것들 밖의 타자적인 것으로부터 영향을 받으며 우리의 활동 또한 그 같은 영역에 관여할 수밖에 없다고 여기는 것 같다. 「세기와 용서」에서 이와 관련된 언급을 몇 군데만 인용해 보자.

> '해결할 수 없는 것'이 있고, 있을 수밖에 없다는 사실을 인정해야 합니다. 정치에서도 그렇고, 정치를 넘어선 곳에서도 그렇습니다. […] 지식과 책임을 지는 결정 사이에는 깊은 심연이 존재하며, 존재해야만 합니다. […] 마음으로나 이성으로나 특별히 '용서'가 문제가 될 때면, 모든 제도를, 모든 권력을, 모든 법적·정치적인 심급을 초과하는 무엇인가가 일어난다는 사실을 받아들여야만 하지 않습니까? […] 경험의 불가사의(secret)는 여전히 존재합니다. 그것은 법이나 정치, 도덕이 손대지 않은 것으로, 접근 불가능한 것으로, 그러니까 한마디로 절대적인 것으로 남아야 합니다. 하지만 저는 이러한 초정치적(trans-politique)인 원칙을 정치적 원칙, 하나의 규칙 혹은 정치적 입장의 표명으로 만들고자 합

니다. 말하자면 정치에서도 불가사의를, 즉 정치적인 것을 넘어서는 것 혹은 법적인 것에 더 이상 속하지 않는 것을 존중해야만 합니다. 그것이 제가 '도래할 민주주의'라고 부르고자 하는 것입니다.[39]

용서를 행위로 생각할 때, 그 행위의 주체는 누구일까? 또 그 행위의 대상은 무엇일까? 데리다의 물음대로,[40] 누가 누구를 용서하는가? 또는 누가 무엇을 용서하는가? 지금까지 우리 논의에서는 대체로 행위자와 그 행위로 피해를 입은 자가 용서의 대상과 주체로 다루어져 왔다. 이 점은 아리스토텔레스나 헤겔, 아렌트의 경우가 마찬가지였다고 할 수 있다.

물론 차이는 있다. 아리스토텔레스에게 있어서는 정의의 확보가 관건이므로, 책임을 물을 수 없는 비자발적인 방식으로 잘못을 저지른 사람이 용서의 대상이다. 이때 용서의 형태는 보상이나 처벌의 면제다. 해당 행위에 대해 행위자가 용서를 받는 것이니까, 행위와 행위자의 구별은 크게 중요할 것 같지 않다. 반면에 헤겔처럼 처벌이 범죄의 개념으로부터 도출된다고 여기고 처벌과 용서가 양립 가능하다고 본다면, 처벌은 행위 및 행위와 직결된 행위자의 면모에, 용서는 '정신'에 포섭되는 행위자의 인격에 적용된다고 보아야 할 것이다. 행위자는 스스로 처벌받음으로써 용서받는 셈이다.

이와는 달리, 아렌트는 처벌과 용서를 선택 가능한 것으로 봄으로써 용서에서 주체의 역할을 더 부각시킨다. 즉 여기서는 헤겔에서처럼 처벌과 용서가 양립하지 않는다. 또 처벌해야 마땅한 잘못을 저질렀음에도 행위자를 용서할 것인가 말 것인가가 여전히 문제가 된다는 점이 아리스토텔레스의 경우와 다르다. 나는 앞에서 용서 여부의 판단에서 중요한 기준은 사태 개선의 효과일 것이라고 말했는데, 이런 각도에서 본다면 행위와 행위자의 구별은 사소한 것은 아닐 듯하다. 또 아렌트는 용서를 선택의 문제로 봄으로써 헤겔이나 아리스토텔레스에 비해 용서를 개별적 자유의 영역 쪽에 위치시키는 것으로 보이기도 한다. 그러나 아렌트의 이론에서 거론되는 주체는 어디까지나 정치 활동의 주체이고, 그런 점에서 사회적인 주체라는 점을 염두에 두어야 할 것이다.

데리다의 경우는 어떠한가? 우리가 살펴본 「세기와 용서」를 통해 판단하면, 그는 용서를 정치적이고 사회적인 차원에서 해방시키려는 것처럼 여겨지기도 한다. 하지만 그가 용서의 문제를 개인적 또는 실존적 차원의 문제로 돌려 버린다고 이해해서는 곤란하지 싶다. 데리다가 내놓는 논의의 초점은 용서가 정치적 조작의 일환이 되거나 고정된 틀에 갇히는 일을 비판하는 것이지, 용서의 집단적·사회적 면모를 부정하는 것은 아니라고 생각된다. 용서가 용서할 수 없는 것을 용서하는 순수한 광기라고 해서, 제도적·법적 차원을 넘어서는 것이라고 해서, 사회적 문제로 자리 잡을 수 없는 것은 아니지 않은가.

데리다가 용서의 주체와 대상이 무엇인지를 묻는 주된 까닭도 용서 문제의 정형화된 틀을 깨는 데 있는 것 같다. 데리다

스스로는 여기에 대해 분명한 답을 내놓지 않는다. 물론 용서하는 자는 일차적으로, 잘못된 행위로 피해를 입은 자다. 사회적 제도나 정치 지도자가 용서의 진정한 주체일 수는 없다. 그러나 용서가 미친 짓이라면 이 미친 짓의 주체를 어떻게 획정(劃定)할 수 있겠는가? 또 진정한 용서란 용서할 수 없는 것을 용서하는 것이어야 한다고 할 때, 그 용서의 대상을 어떻게 한정 지을 수 있겠는가?

용서를 불가사의한 것 또는 접근 불가능한 것과 관련지으면서 데리다는 용서 문제에 대한 사유의 경계를 열어젖힌다. 그러나 이제까지 우리가 다뤄 온 대부분의 용서 논의와 공통적인 면은 데리다 역시 용서 문제의 초점을 용서함에 두고 있다는 데 있다. 하지만 앞에서도 잠깐 거론했듯, 용서를 꼭 이런 각도에서만 다룰 수 있는 것은 아니다. 레비나스에서처럼 용서받음에 초점을 둘 수도 있다. 또 우리는 폴 리쾨르를 통해서도 용서함의 문제 설정과 용서받음의 문제 설정을 잇는, 아렌트를 지나 데리다에서 레비나스를 잇는 매개 지점들을 찾아낼 수 있지 않을까 싶다. 리쾨르는 용서야말로 높은 이가 주는 선물이라고 해석하면서, 레비나스가 내세우는 타자의 무한성과 높이를, 또 삼자성에 대한 논의를 참조하니까 말이다.

삼자성은 여기서 높이의 삼자성인데, 이곳으로부터 용서가 통보되는 것이다. 그렇지만 이 높이는 절대적 주체에 해당할 어떤 이에게 황급히 할당되는 그런 것이 아니다. 그 기원은 틀림없이 한 인격, 인격화의 원천이라는 의미에서의 인격이다. 하지만 스타니슬라스 브르통(Stanislas Breton)이 환기하는 그 원리는 그 원리에서 비롯하는 어떤 것이 전혀 아니다. 용서를 전하는 음성의 '그저 있음'(il y a)은 용서를 자신의 방식으로 말한다. 이것이 내가 이 목소리를 높은 곳으로부터의 목소리라고 말하려는 이유다. 그것은 높은 곳으로부터 온다. 잘못의 고백이 자기성(ipséité)의 측량할 수 없는 깊이에서 비롯했던 것처럼. 그것은 침묵의 목소리다. 그렇지만 무언의 목소리는 아니다. 침묵이라는 까닭은 그것이 분노한 사람의 아우성과 같은 것이 아니기 때문이고, 무언이 아니라는 까닭은 말을 앗긴 것이 아니기 때문이다. 그것에 적합한 담론은 결국 바쳐진 것, 찬송의 담론이다. 찬사의 담론이고 축하의 담론이다. 그것은 말한다. 용서가 그저 있다(il y a)고, **주어진다**(es gibt)고, **있다**(there is)고—여기서 용서에는 정관사('le')가 붙는데, 그것은 삼자성을 가리킨다. 왜냐하면 찬송은 누가 용서하며 누구를 용서하는가를 말할 필요가 없기 때문이다. 용서가 그저 있다. 기쁨이 그저 있는 것처럼. 지혜가, 광기가, 사랑이 그저 있는 것처럼. 사랑, 바로 그렇다. 용서는 같은 부류다.[41]

'그저 있음'이라고 번역한 'il y a'는 영어의 'there is'에 가까운 표현이라고 할 수 있지만, '있다'에 해당하는 être(영어의 be) 동사가 아니라 avoir(영어의 have와 유사) 동사를 쓰고 있다는 점에 주목할 필요가 있다. 글자 그대로 보면, 비인칭 대명사 il(영어의 it에 해당)이 어떤 것을 가진다는 뜻이다. 그래서 이 표현은 '있음'을 넘어서는 쪽으로 확장될 수 있는 여지를 지닌다. 레비나스는 초기에 이 말을 존재자 없는 익명적 존재라는 의미로 쓰다가 나중에는 존재를 넘어서는 윤리의 가능성과 연결시킨다.[42] illéité는 3인칭을 가리키는 라틴어 ille로부터 만들어진 말로, 레비나스는 이를 보편적 대면관계를 보장해 줄 수 있는 지평을 나타내기 위해 사용한다.[43] 이런 점들을 염두에 두면 리쾨르가 레비나스를 끌어들이고 있는 지점을 더 잘 이해할 수 있을 법하다.

여기서 레비나스가 용서를 논하는 대표적인 대목을 인용해 보자.

그 직접적 의미에서 용서는 잘못을 범했다는 도덕적 현상과 관련된다. 용서의 역설은 소급과 관계가 있다. 그리고 일상적 시간의 관점에서 보면 그것은 사물들의 자연적 질서가 전도됨을, 시간의 가역성을 나타낸다. 이것은 여러 측면을 지닌다. 용서는 흘러간 순간을 지시한다. 용서는 흘러간 순간에 잘못을 범한 주체에게, 마치 그 순간이 흘러가지 않은 듯이, 마치 그 주체가 잘못을 범하지 않은 듯이 존재하도록 허락해 준다. 용서는 망각보다 훨씬 더 강한 의미에서 능동적으로—망각은 망각된 사건의 실재성에 관계하지 않는다—과거에 작용하며, 과거의 시간을 모종의 방식으로 되풀이하여 그 사건을 순화시킨다. 용서는 용서된 과거를 순화된 현재에 보존하는 데 반해, 망각은 과거와의 관계를 없애 버린다. 용서된 존재는 무고한 존재가 아니다. 그 차이는 무고함을 용서 위에 놓도록 해 주지 않는다. 그 차이는 용서에서 행복의 한 잉여를, 화해의 낯선 행복을, **행복한 죄**(felix cupla)[44]를 식별하게 해 준다. 이것은 일상적 경험에서 주어지는 것이며, 그래서 우리는 더 이상 여기에 대해 놀라지 않는다.

잘못을 용서하는 것의 역설은 용서를 시간 그 자체를 구성하는 것으로 보게 한다. 순간들은 서로 무관하게 연결되지 않고, 타인으로부터 나에게로 펼쳐진다. 미래는, 내 현재로 흘러 들어오는 또 내가 붙잡게 될 것으로 여겨지는 식별 불가능한 가능함들의 우글거림으로부터 내게로 오지 않는다. 미래는 절대적 간격을 넘어서 내게 온다. 절대적으로 다른 타인—비록 그가 내 자식일지라도—만이 그 간격의 다른 기슭을 표시할 수 있고, 거기서 그 과거와의 관계를 다시 시작할 수 있다. 하지만 바로 그렇게 함으로써 타인은 이 과거로부터 자신을 생동케 한 옛 욕망을 다시 끄집어낼 수 있다. 각 얼굴의 타자성은 이 욕망을 성장시키고 그 깊이를 더욱 깊게 한다. 시간이 수학적 시간의 서로 무관한 순간들로 이어지는 것이 아니라면, 다른 한편으로 그것은 베르그송의 **연속된 지속**을 성취하는 것도 아니다. 베르그송의 시간관은 '설탕이 녹는' 것을 왜 기다려야 하는지를 설명해 준다. 시간은 제일 원인에 전적으로 포함되어 있는 단일한 존재의 이해할 수 없는 분산을, 분명해 보이지만 유령과 같은 원인과 결과의 계열로 더 이상 번역하지 않는다. 시간은 새로운 것을, 절대적으로 새로운 것을 존재에 보탠다. 그러나 상식적 논리로 볼 때 이전과 유사한 순간의 품 안에서 피어나는 봄(春)의 새로움은, 체험된 모든 봄의 무게를 이미 담고 있다. 시간의 심오한 작업은 이 과거와 관련하여 그의 아버지와 단절하는 주체에게 주어진다. 시간은 규정적인 것의 비-규정적인 것이고, 성취된 것을 언제나 다시 시작하는 타자성, 이 재시작의 '언제나'이다. 시간의 작업은 지속의 연속성이 가능하게 하는 규정적인 것의 정지 너머로 나아간다. 연속성의 단절과 단절을 건너는 연속성이 있어야 한다. 시간의 본질적인 것은 드라마가 되는 데에, 뒤이은 막이 처음의 막을 풀어 가는 막의 다중성/다수성(multiplicité)이 되는 데에 있다. 존재는 더 이상 단번에, 돌이킬 수 없는 현재로 생산되지 않는다. 현실은 현실인 어떤 것이다. 그러나 그것은 다시 한번 현실이 될 것이다. 다시 자유스럽게 취해지고 용서받은 다른 한 번이 될 것이다. 무한한 존재는 시간으로서 생산된다. 다시 말해, 아버지를 자식으로부터 분리시키는 죽음의 시간을 가로질러 여러 시간들 속에서 생산된다. 시간의 본질을 이루는 것은 하이데거가 생각하듯 존재의 유한함이 아니라 존재의 무한이다. 죽음의 선고는 존재의 종말로서가 아니라 알려지지 않은 것으로서 다가온다. 이 알려지지 않은 것은 능력을 중지시킨다. 존재를 운명의 제한으로부터 해방시키는 간격의 구성은 죽음을 부른다. 간격의 무—죽은 시간—는 무한의 생산이다. 부활은 시간의 주요한 사건을 구성한다. 그러므로 존재에는 연속성이 없다. 시간은 연속되지 않는다. 한 순간은 중단됨이 없이 다른 순간으로부터 탈자적 도취를 통해 나오지 않는다. 순간은 그 연속에서 죽음을 발견하며 부활한다. 죽음과 부활이 시간을 구성한다. 그러나 그러한 형식적 구조는 타인에 대한 나의 관계를 전제하며, 그 바탕에 번식성을 전제한다. 이 번식성은 시간을 구성하는 비연속적인 것을 가로지른다.

행복한 죄의 심리적 사태—화해가 가져다주는 잉여는, 그 화해가 통합하는 단절 때문에, 시간의 모든 신비를 지시한다. 시간의 사실과 시간의 정당화는, 현재에 희생된 함께 가능한 것들(compossibles) 모두를 번식성을 거쳐 부활시키는 가운데 시간이 가능하게 만드는 재시작 속에 담겨 있다.[45]

존재성은 **존재성 안에서 지속**하려는 그 진지함 속에서, 자신을 중단시키게 될 무의 모든 간극을 메운다. 존재성은 엄밀한 회계다. 진부한 말이지만 거기서는 그 어떤 것도 사라지지 않고 창조되지도 않는다. 자유는 하나의 질서 속에 있는 계산들의 이런 평형 속에서 타협된다. 여기서 책임은 획득된 자유에 정확히 상응한다. 책임은 자유를 상쇄한다. 시간은 이완되었다가, 벌어진 간격 속에서 어떤 결정을 내린

후 다시 당겨진다. 반면, 진정한 의미의 자유가 가능하려면 대가 없음을 통해 이런 회계에 이의를 제기해야 한다. 이 대가 없음은 결과를 알 수 없는, 흔적이나 기억조차 남기지 않는 유희의 절대적 **방심**(distraction), 순수한 용서의 방심일 수 있을 것이다. 또는 반대로, 타인을 위한 책임이자 속죄일 수도 있을 것이다.[46]

6. 맺음—선물과 용서

이 글에서 용서와 선물을 연결 지은 것은 양자가 공유한다고 여겨질 법한 특성인 비대칭성에 주목한 탓이다. 용서는 저질러진 잘못과 대칭적 관계에 있지 않다. 그것과 대칭적인 것 또는 적어도 대칭이기를 지향하는 것은 복수나 보상, 처벌 따위다. 그러한 한, 그와 같은 것들은 계산과 결부된다. 얼마만큼 되갚아 주어야 제대로 복수할 수 있을지, 적절한 보상은 어느 정도의 것인지, 처벌의 수위가 얼마나 되어야 정당한 것인지 따져보게 된다. 용서도 그렇지 않느냐고? 글쎄, 그렇지 않다는 게 내가 주목하고자 한 바였다. 용서의 중요한 특징은 계산적 고려를 벗어난다는 점에 있다. 용서할 수 없는 것을 용서하는 것이 진정한 용서라는 데리다의 주장은 그 극단을 표현해 준다.

물론, 증여나 선물을 은폐된 교환으로 이해할 수 있듯이, 계산을 넘어설 성싶은 용서의 모습도 사실은 은폐된 계산의 변형일 뿐이라는 관점도 가능하다. 가령, 제갈공명이 남만의 맹획을 칠종칠금을 하면서 거듭 용서한 것은 그것이 결국 그를 복속시키는 최선의 길이라는 심원한 판단과 계산 탓이 아니겠는가. 하지만 만일 그렇다면, 그것을 전략적인 방책으로서의 용서라고 할 수는 있을지언정, 과연 진정한 용서라고 부를 수 있을까?

진정한 용서라고 해서 삶이나 이해관계와 무관하다는 말은 아니다. 오히려 그것을 바탕으로 해서 계산과 따짐의 삶이 가능하다고 해야 옳을 것이다. 계산의 저변에는 계산 불가능한 것이, 계산을 넘어서는 것이 자리하고 있다는 얘기다. 칠종칠금의 예에서도 이 지반은 작용한다고 볼 수 있다. 맹획을 놓아주는 제갈량의 용서가 전략적인 효과를 가질 수 있는 이유는 그 용서가 계산되지 않은 면과 관계할 수 있다는 데 있는 것이 아닐까. 우리가 잘못을 저지른 누군가를 용서하고, 그 용서에 그 사람이 감동하여 새로워진다고 하는 경우에, 그 용서의 행위가 그런 효과를 염두에 두고 계산된 것임이 드러난다면, 과연 어느 누가 그런 용서에 감복하겠는가?

그러니까 효과를 거두기 위해서는 그렇게 숨겨진 의도가 드러나지 않게 해야 하는 것 아니냐고 마키아벨리 식의 어조로 반박할 사람이 있을지 모르겠다. 하지만 문제는 의도가 노출되느냐 감춰지느냐에 있지 않다. 계산된 용서가 계산을 넘어선 용서의 외양을 취해야 효력을 발휘한다면, 그 효력은 계산을 초월한 용서에 힘입은 것이라고 해야 하지 않겠는가. 하긴, 이런 '진정한' 용서조차 사실은 은폐된 계산을 담고 있는 것이며,

계산과 무관하게 용서를 행하는 사람은 무지를 통해 자기 자신마저 속이고 있는 것이라는 주장이 불가능하지는 않다.[47] 자신에게 해를 끼친 자를 조건 없이 용서하고, 용서받는 자가 그 용서를 통해 어떤 변화를 일으킬지에 대해 전혀 생각하지 않으며, 스스로도 마음에서 우러나는 무조건적 용서를 했다고 믿는 사람이라도 해도, 따지고 보면 그 용서를 통해 얻을 수 있는 효과를 무의식적으로 노리고 있을 수 있다는 것이다. 이를테면, 채우기 어려운 복수심이나 원망 등으로 겪을 괴로움에서 벗어나고자 하는 숨은 계산이 작용할 수 있다는 얘기다.[48]

의식적이건 무의식적이건 이런 고려는, 레비나스 식으로 말하자면, 모두 동일자적 질서에 속하는 것이다. 우리가 동일자적 한계에서 벗어나는 것이 불가능하다고 여기는 견지에서는 결국 이런 식의 설명에 의존하지 않을 수 없겠다. 어떻게 해서 생존 및 번식과 관련된 이익을 얻고 손해를 피하느냐를 두고 생물체의 모든 행태가 진화되고 정착되어 왔다고 이해하는 셈이다. 그런데, 부수적으로 덧붙이자면, 이런 견지에서도 최선의 방책만이 살아남았다고 생각하는 것은 아니라는 점에 주의해야 한다. 가장 효과적인 방책이 번성하겠지만, 그렇지 않더라도 생존과 번식의 분기선만 넘을 수 있다면 다양한 방책이 존속할 수 있으며, 그렇기에 다양한 생물체의 양태가 가능하다. 인간의 행태라고 예외가 아니다. 복잡하고 다층적이라 해도 그 존속과 확산의 가능성은 원칙적으로 해당 행태의 진화적 적합도를 통해 계산하고 예측해 볼 수 있을 것이다. 그러나 우리의 삶 자체도 이러한 사고방식에 포섭될 수 있는 것인가?

　마이클 샌델은 우리가 유전자 조작을 경계해야 할 이유로, 우리의 삶이 계산되어 마련된 것이 아니라 선물처럼 주어진 것이라는 근거를 든다. 삶은 선물로 생각해야 할 면모를 지니기에 그 터전 자체를 마음대로 조작할 수 있는 것으로 여겨져서는 안 된다는 것이다.[49] 이런 생각은 레비나스처럼 존재 너머의 윤리 차원을 내세우는 데로 나가는 것은 아니지만, 상식에 호소하는 설득력을 가진다. 우리의 삶이 우리가 관장할 수 없는 영역에서부터 비롯한 것이고, 그 점은 선물이 내 뜻대로 내게 올 수 없는 것과 마찬가지다. 만일 내가 바라는 바대로 선물이 주어지도록 요구하고 그 요구를 관철시킬 수 있다면, 그것은 일종의 강요나 거래이지 선물이라고 하기 어렵다. 그런데 적어도 우리의 삶은 워낙 그러한 방식으로 성립한 것이 아니지 않은가. 만일 우리가 유전자를 조작해서 아이를 낳는다면, 그 아이에게 우리는 특정한 형질을 주고 그 형질을 지닌 아이로부터 어떤 기능이나 결과가 이루어지기를 기대하는 것일 텐데, 이와 같은 행위는 삶의 상당 국면을 조작 가능한 것으로, 계산 가능한 것으로 여기게 만든다. 하지만 정작 우리 삶의 핵심이나 중심은 그럴 수 없는 것으로 남으며, 태어나는 이들에게도 그런 채로 주어진다. 만일 우리가 가축을 기르듯 후세대를 대하는 것이 아니라면, 태어나는 이들에게 삶은 여전히 선물일 수밖에 없다. 그렇다면 자신과 그들을 조작적 관계 속에 가두기를 원치 않는 이들에게도 그렇지 않을까. 자신들의 삶뿐 아니라 태어나는 후손들의 삶도 선물일 수밖에 없지 않을까.

레비나스가 말하는 용서는 이런 선물의 면모를 지닌다. 더구나 그것은 새로움을 주는 선물이다. 잘못과 결함으로 낡고 늙은 삶을 갱신(更新)하게 하는 선물이다. 이것은 대칭성과 계산을 모두 넘어선다. 그렇게 새로움을 준다는 점에서 이것은 시간의 구성이기도 하다. "잘못을 용서하는 것의 역설은 용서를 시간 그 자체를 구성하는 것으로 보게 한다." 이런 용서의 원형을 이루는 것은 늙음과 죽음을 넘어서는 삶의 연속성이다. 번식성—자식을 통해 끊임없이, 그러니까 단절을 넘어 계속되는 삶의 갱신이 용서의 원형이다. 그러므로 용서는 우리가 하는 것이라기보다는 우리가 받는 것이다. 우리가 용서하는 주체고, 우리가 후세대에게 삶을 주는 것이 아니냐고? 천만에. 우리는 후세대가 삶을 얻는 과정에서 작은 역할을 하는 것뿐이다. 그들의 삶은 그들에게나 우리에게나 선물이며, 특히 우리에게는 용서다. 잘못과 후회와 위반과 참회를 세월의 주름 속에 새기며 늙어 죽기 마련인 우리가 받는 용서다.

이런 생각은 기독교적-유대교적-이슬람교적 발상에 따른 것이 아니냐고 묻는다면 상당 부분 그렇다고 해야겠다. 레비나스에게 용서는 '행복한 죄'에 주어지는 것이다. 우리의 나날이 새롭게 다시 시작되고 우리의 삶이 세대를 거치면서 이어지는 것을 용서로 보는 일은 구원을 세속화하는 것이라 할 만하다. 데리다의 경우는 종교적 색채를 더욱 탈각한 듯하지만, 그 바닥에는 역시 같은 종교적 전통이 깔려 있는 것으로 보인다.

내가 레비나스나 데리다에 기대어, 우리가 용서를 받기만 하는 것이 아니라 행하기도 한다는 점을, 또 우리가 문제 삼는 용서가 대부분 우리 인간들 사이의 문제라는 점을 부정하고자 하는 것은 물론 아니다. 나는 다만, 우리의 어떤 행위와 사고는 여전히 우리가 미처 관장하거나 감당하지 못하는 영역과의 관계를 바탕에 두고 있으며, 그 영역과의 관계를 모델로 삼거나 유비적으로 본떠 이루어지고, 그럼으로써 벤야민이나 아도르노가 말하는 미메시스를 지향하기도 한다는 점을 자못 진지하게 생각해 보고 싶을 따름이다. 용서와 증여는 그런 행위의 좋은 예로서, 오늘의 세계와 세계 이해를 지배하는 '거래'의 관계를 넘어서는 틈을 보여 줄 수 있지 않을까 한다.

이 강의를 통해 용서와 관련된 문제들을 해결하거나 해소하려는 것은 아니다. 오히려 우리는 용서가 우리 삶의 근본 아포리아며, 그래서 우리는 용서를 둘러싼 고민을 결코 떨칠 수 없을 것이라는 시사를 강하게 받는다. 용서가 잘못을 전제하는 것이고 그 잘못을 무화하는 시도라고 할 때, 끊임없이 잘못을 범하며 삶을 지속해 나가는 우리에게 용서는 불가피한 사안이다. 우리는 약속과 맹세로 미래의 불확실함을 극복해 보려 하지만, 그 맹세함(jurer)에 의함(par)은 위반(parjure)으로 나타난다. 아니, 차라리 맹세가 이뤄지는 지반 자체가 이미 위반을 전제한다고 보아야 옳을지 모른다. 이런 생각은 증여/선물(don)에 의한(par) 우리의 삶 자체가 용서(pardon)를 불가피하게 요구하고 전제한다는 발상과 이어진다.

동일자적 시간과 타자적 시간

1. 안드로이드와 기억

리들리 스콧 감독의 1982년 영화 〈블레이드 러너〉는 영화적인 면뿐 아니라 철학적 시사점 면에서도 오늘날까지 자주 거론되는 SF의 걸작이다. 해리슨 포드가 분한 그 영화의 주인공 릭 데커드는 제한된 거주 영역을 이탈한 안드로이드(android; 인조인간)를 찾아내어 퇴역 처리하는(죽여 버리는) 일을 맡고 있다. 안드로이드는 진짜 기억이 아닌 이식된 기억을 가지고 있다는 점에서 인간과 다르다. 그런데 인조인간에게 굳이 기억을 심어주는 이유는 무엇일까? 영화 속에서 안드로이드 제작회사인 타이렐의 회장은 이렇게 말한다.

> 커머스(commerce)는 타이렐의 목표입니다. 인간보다 더 인간적인 것이 우리의 모토죠. […] 아무튼 그들은 불과 몇 년

으로는 당신과 내가 당연하게 여기는 경험들을 쌓아 놓을 감정적 경험을 갖추지 못합니다. 우리가 그들에게 과거를 선물한다면 우리는 그들의 감정을 위한 쿠션이나 베개 같은 걸 만들어 결과적으로 그들을 더 잘 통제할 수 있습니다.

기억이 조작 가능하다는 생각은 오늘날 전혀 낯설지 않다. 여기에는 아마 컴퓨터 저장 장치의 발달이 큰 역할을 했을 것이다. 저장 장치에 담긴 자료를 불러오고 다시 저장하거나 변형시켜 재저장하는 일은 이제 일상적이다. 이와 유사하게 우리의 기억(메모리)도 재기억할 때마다 조금씩 달라질 수 있다는 점을 지적하는 일은 이제 진부해졌다. 이렇게 컴퓨터 저장 장치를 모델로 삼아 이해할 때, 기억은 필요에 따라 소환될 수 있는 정보나 이미지들의 집합으로 여겨지고, 거기에 담긴 시간성은 공시적(共時的)이고 조작 가능한 것이 된다. 기억에 반영된 과거는 저장 장치 속에 배열되어, 선물(주입)할 수 있게 되는 것이다.

그런데 이런 기억은 실제의 기억을 대체할 수 있을까? 영화 〈블레이드 러너〉에서는 일단 이 같은 조작이 불완전한 것으로 설정되어 있다. 데커드는 주입된 기억임을 알아내는 검사 절차를 통해 안드로이드를 인간과 구별해 낸다. 하지만 주입된 기억과 실제 기억의 차이는 극복할 수 없는 것일까? 이 영화의 원작 소설인 필립 K. 딕의 『안드로이드는 전기양의 꿈을 꾸는가?』(1968)에는 다음과 같은 대목이 나온다.

"당신이 저한테 하고 싶다는 검사 말이에요." 그녀의 목소리가 조금 전의 상태를 회복하기 시작했다. "당신도 받아 본 적이 있나요?"

"네." 그가 고개를 끄덕였다. "아주, 아주 오래전에요. 제가 경찰서에서 처음 일하기 시작했을 때요."

"어쩌면 그것도 가짜 기억일 수 있어요."[1]

만일 주입된 기억의 불완전함이 단지 정도의 문제일 뿐이라면 개선을 통해 완벽함에 다가설 수 있을 것이고, 그럴 경우 원칙적으로 안드로이드의 가짜 기억과 인간의 진짜 기억, 주입된 기억과 실제의 기억은 구분 불가능해질 수도 있을 것이다. 아닌 게 아니라, 오늘날에는 정보처리 장치의 일환으로 기억을 이해하는 이러한 사고방식이 점차 지배적이 되어 가고 있다. 여기서의 정보처리 과정은 다층적 구조의 신경망 연산 방식을 따르는 것으로 간주되며, 우리의 두뇌도 기본적으로 같은 방식으로 작동한다고 여겨진다. 이럴 때 인간의 마음과 인공지능 사이에 넘을 수 없는 간극이 존재한다고 생각할 여지는 사라진다.[2]

오늘날 이와 같은 견지의 위력을 무시하기는 어렵다. 지식과 산업에서 주도적인 역할을 하는 분야가 인간 이해에 큰 영향을 미치는 것은 당연한 사태다. 17세기 이래 역학(力學)이 했던 역할에 비견할 만큼의 영향력을 20세기 중반 이후의 정보과학이 행사하고 있는 것은 전혀 이상한 일이 아니다. 근대의 산업 문명이 우리의 근력(筋力)을 외화(外化)했다면, 현대의 정보 산업은 우리의 신경계를 외화하고 있다고 할 만하다. 이렇게 인간화하는 세계 속에서 기억은 외장(外藏)되어 집단적으로 소통되고 처리된다. 그 와중에 정보로서의 기억에 대한 조작 가능성은 항상적인 위험으로 등장하는데, 〈블레이드 러너〉의 안드로이드는 그런 위험을 인간 개체의 형태 안에 투사한 모습을 나타낸다고 할 수 있다. 어쩌면 우리 모두가 안드로이드 취급을 받을 가능성을 보여 준다는 얘기다.

현대철학의 주요한 과제 중 하나는 이런 조작의 위협에 대처하는 것이라고 해도 과언이 아닐 줄 안다. 산업화나 정보화의 흐름을 추수(追隨)하고 뒷받침해 주는 시종 역할이 아니라, 그 흐름이 간과하는 위험을 비판적으로 조망하고 주류의 사고방식이 형성해 놓은 세계의 경계 밖을 탐색하는 첨병과 같은 역할이 요구된다. 이 글에서는 시간성의 문제와 관련하여 그와 같은 역할의 한 면모를 주로 레비나스의 철학에 기대어 모색해 보려 한다.[3] 조작 가능한 기억의 시간성이 저장 장치에 담긴 공간화한 시간성이고 그런 의미에서 폐쇄성을 갖는 것이라면, 그것에 대비되는 시간성은 기억 불가능하게 열려 있는 통시적(通時的)이고 전근원적(前根源的)인 시간성이다. 기억이 예측과 쌍을 이루어 미래를 한정적으로 기획하는 대칭적 구도를 이룬다면, 전근원적 통시는 그러한 예측 너머로 뻗친 미래와 이어져 있다. 그러나 이 한정되지 않은 미래를 대하는 자세는 결코 방관적인 것일 수 없다. 이 글의 말미에서 레비나스를 좇아 조망해 볼 것처럼, 우리의 미래는 책임과 함께 열린다.

2. 기억과 과거

생물체에서 기억의 기초적 역할은 무엇보다, 이전에 경험했던 것과 유사한 사태를 만났을 때 그 상황에 잘 대처할 수 있도록 하는 데 있다. 그러니까 기억은 단지 과거와 관계하는 데 그치지 않고 오히려 미래를 자신의 존재 이유로 전제한다. 미래의 낯섦과 종잡을 수 없음을 이전의 경험에 비추어 극복하거나 줄이려는 방편이 기억이라는 말이다. 생물체는 이를 통해 자신의 항상성—자기 복제로서의 번식이라는 방식까지 활용하는—을 유지하고자 한다. 이렇게 넓은 의미에서 보면, 기억은 의식을 지닌 존재나 중추 신경계를 지닌 동물뿐 아니라 식물을 포함해 학습 능력을 지닌 대부분의 생물이 구유하고 있는 기능이라고 할 수 있다.[4] 물론 인간에게서, 우리의 실존에서 기억이 갖는 의미는 이런 기초적 기능 이상이지만, 그런 의미조차 이 기능을 바탕으로 하며 이 기능과 연계되어 있다. 이를테면 다음과 같은 레비나스의 언급은 이처럼 넓은 의미의 기억이 함축하는 바를 환기시켜 준다.

> 기억은 탄생(naissance)이—자연(nature)이—이미 완성한 것을 다시 잡고, 뒤집으며, 정지시킨다. 번식성은 죽음의 점적 순간을 벗어난다. 기억에 의해 나는 사후적(事後的)으로, 소급하여 나를 기초 짓는다. 기원의 절대적 과거 속에서는 그것을 수용할 주체가 없었던 것, 그래서 숙명과 같은 무게

를 지녔던 것을 나는 오늘 떠맡는다(assumer). 기억에 의해 나는 떠맡고 다시 문제 삼는다. 기억은 불가능성을 실현한다. 즉 기억은 사후에 과거의 수동성을 떠맡고 과거를 지배한다(maîtriser). 역사적 시간의 전도(顚倒; inversion)로서의 기억은 내면성의 본질이다.[5]

레비나스의 글이 으레 그렇듯 이 대목도 읽기 까다로운 편이지만, 그 요지가 기억에 의한 내면성의 성립에 있음을 파악하기는 그리 어렵지 않다. 기억은 이미 일어난 일을 시간의 자연적이고 역사적인(연대기적) 흐름에서 떼어 내어 품을 수 있게 하며, 그럼으로써 '숙명과 같은' 원래의 흐름에 맞서는 주체, 내면성을 지닌 주체가 등장할 수 있게 한다. 그런 의미에서 기억은 외부 세계의 필연적 흐름을 '전도'하고, '불가능성을 실현'하는 셈이다. 이렇게 마련된 내면성의 주체를 우리는 바깥의 질서로부터 분리된 자기, 항상성을 유지하려는 자기로 이해할 수 있다. 여기서 혹자는 생명체란 엔트로피를 거스르는 존재라는 슈뢰딩거의 견해[6]를 떠올릴지도 모르겠다. 또는 개체의 죽음을 넘어서서 자신을 유지하는 유전자를 기억의 주체로 상정해 볼 수도 있겠다.[7] 어떻든, 흘러가 버리는 과거를 붙잡아 '지배'하는 방식 내지 장치가 기억이라는 생각은 시간에 대한 이해와 조작 가능성의 관계를 다루는 데 시사하는 바가 크다.

물론 기억에 의한 '과거의 지배'가 대뜸 부정적인 의미를 갖는 것은 아니다. 부정적이든 긍정적이든 모든 가치 평가와 의미 부여는 내면성을 지닌 주체에서 출발하는 것일 텐데, 그런 내면성의 출현 자체가 '과거의 지배'에 의해 가능해진다면, 그것을 일러 부정적이라 할 수는 없지 않겠는가. 더구나 여기서 말하는 '지배'란 우선, 어떤 것을 멋대로 변경하고 유린함을 뜻하는 것이 아니라 그 대상을 제어하고 활용함을 뜻하는 것으로 보아야 할 것이다. 기억은 일어난 사태를 제대로 반영하여 간직하는 데서부터 시작하지 않을 수 없다. 그렇지 않고서는 예측을 통해 미래의 불확실성에 대응한다는 기억의 효용 자체를 기대하기 어려울 테니 말이다. 기억의 적확성은 기억이 기억으로서 역할하기 위한 기초 요건이라 할 수 있다.

 그런데 이런 요건을 충족시키기란 쉬운 일이 아니다. 당연한 얘기지만 외부의 세계는 주체의 내면에 비해 우선적이며 넓고 크다. 애당초 외부와 접촉하는 범위와 방식이 주체의 인지 능력에 따라 제한되는 데다가, 그 같은 경험의 내용조차 변형이나 훼손 없이 기억으로 저장되기 힘들다. 보존의 어려움도 있으며 용량의 한계도 작용한다. 엄밀히 말해, 기억은 과거의 어떤 한 순간도 완전히 담을 수는 없으며, 또 그렇게 저장된 과거와 정확히 합치하는 사태가 현실에서 다시 반복되리라고 기대할 수도 없다. 요컨대, 기억은 근본적으로 불완전하다. 기억은 과거의 사태를 반영해야 하며 그런 의미에서 과거와 관계하지만, 다른 한편에서는 내면성의 그릇에 의해 재단된 채 과거와 분리되어 있다. 한편에서 과거는 기억에 담기지만, 다른 한편으로는 기억이 담지 못하는 잉여로 남는다. 이러한 양면성이 기억에 의한 '과거의 지배'를 조건 짓는다.

〈블레이드 러너〉의 안드로이드로 돌아가 보자. 타이렐사에서 만드는 안드로이드는 처음부터 다 자란 어른의 형태로 생산되며, 수명은 4년으로 한정되어 있다. 타이렐사는 이들에게 기억을 넣어 줌으로써 이들이 마치 어린 시절의 과거를 경험했던 것처럼 느끼게 하려 한다. "과거를 선물한다"라는 타이렐사 회장 말대로, 여기서는 기억이 과거와 동일시되는 것이다. 기억에 담기지 못한 잉여의 과거는 무시된다. 하지만 그래도 되는 것일까? 어차피 기억이 과거 사태의 일부만 담을 수 있는 것이라면, 그렇게 하지 못할 이유도 없을 듯하다. 실제의 기억이라 해도 마찬가지가 아니겠는가.

그런데 타이렐 회장의 얘기가 흥미롭다. 그는 안드로이드가 짧은 시간 안에 풍부한 감정적 경험을 쌓지 못하므로 그런 점을 보완하기 위해 가짜 기억을 주입하겠다고 말한다. 그 기억이 직접 체험하지 못한 감정을 이해할 여지를 주어 안드로이드를 실제 인간과 가깝게 해 줄 것이라는 기대에서다. 이런 언급은 그가 주입 가능한 기억을 감정과 분리하여 취급하고 있음을 알려 준다. 하지만 실제의 우리 기억 가운데 상당 부분은 감정과 연결되어 저장되며 또 감정과 연결되어 환기된다. 그렇기에 안드로이드를 색출하기 위한 검사는 몇몇 질문에 대한 감정적 반응 속도를 측정하는 방식으로 이루어진다. 특정한 언어적 자극이 그것과 연관된 기억(감정과 분리된 정보)을 불러내고 다시 (거기에 적합하다고 판단되는) 감정적 반응과 연결되는 데는 시간적 지체가 있기 때문이다.[8] 그러나 이것이 곧바로, 기억과 과거를 동일시하는 것이 잘못이라는 점을 나타내는 것일까? 그렇다기보다는 기억을 다루는 조작 기술의 한계, 곧 주입 가능한 기억의 종류가 제한되어 있음을 지시해 주는 것이 아닐까?

만일 감정의 모사와 재현이 가능하다면 감정적 체험 자체를 기억으로 주입하는 것이 가능할지 모른다. 아닌 게 아니라 오늘날은 감정을 인공지능을 통해 구현할 수 있으리라는 주장을 찾아보는 것이 어렵지 않다.[9] 물론 감정은 심장박동이나 호흡, 호르몬 등의 변화, 즉 비의지적 신체적 반응과 관계하는 것[10]이기에 인지적 내용처럼 정보화하기가 힘들 것이다. 하지만 인지적 경험이 추상화, 유형화를 거치듯, 신체상의 변화도 유형화하여 신경계의 신호로 해석할 수 있다면, 이를 감정적 체험의 요소로 기억에 담는 것이 원칙적으로 불가능하다고 할 수는 없을 것 같다. 명시적이지 않은 다른 암묵적 기억들, 이를테면 습관적 기억이나 절차적 기억 같은 경우도 마찬가지다. 요컨대, 기억의 범위에 들어오는 것은 결국 '지배'되는 과거에 속할 수 있다는 얘기다. 그러나 이것은 유한한 과거, 유한자의 내면성에 갇힌 과거에 불과하다.

3. 동일자적 시간과 타자적 시간

기억된 과거는 기억으로서 현재하는 과거, 그러므로 과거 아닌 과거다. 과거(過去; past)란 말 그대로 지나가 버린 것이어서 그 자체로는 현존하지 않으니까 말이다. 하지만 이런 점은 기억되지 못한 과거, 기억의 잉여 격인 과거의 경우에도 마찬가지로 해당된다. 모름지기 과거란 있었던 것이지 지금 있는 것이 아니다. 그렇다면 오히려, 기억이 과거를 현재하는 형태로 옮겨 놓음으로써 소멸로부터 과거를 구제하는 것이라고 해야 하지 않을까? 반면에 누구도 기억하지 못하는 과거, 레비나스의 말대로 "수용할 주체가 없었던" 과거는 우리에게 아무런 의미도 갖지 못하는 것이 아닐까?

그러나 우리는 직접적 기억을 통해서만 과거를 되살리지 않는다. 과거의 흔적들에서 과거의 사태를 추론하며, 그런 활동에 힘입어 우리의 지식과 기억을 늘리고 개선해 나간다. 과거에 대한 정보를 줄 수 있다는 점에서 이 흔적들도 기억과 유사하다고 할 수 있을지 모른다. 하지만 흔적들이 스스로 과거를 들춰내는 것은 아니다. 주체의 입장에서 보면 이 흔적들은 묻혀 있는 과거, 내면화되어 살아나기 전의 과거다. 이것들은 해석되어 의미를 부여받을 때에만 과거로서의 역할을 하기 시작한다. 그런데 잊지 말아야 할 것은, 이렇게 주체에 의해 내면화한 과거에 비해, 묻혀 있는 과거의 비중이 압도적으로 크다는 점이다. 게다가 흔적은 단일하고 단선적인 것으로 한정될 수 없다. 현실의 대상에는 숱한 사태의 흔적들이 담겨 있으며, 그 각각의 흔적은 또 다른 사태의 흔적을 담고 있다. 데리다의 표현처럼 흔적은 "흔적의 흔적"[11]인 셈이다. 일반적으로 말해, 과거는 흔적으로서 있으며, 기억은 흔적의 특수한 형태, 즉 주체에 의해 저장되고 활용되는 흔적의 형태라고 할 수 있다.

이렇게 보면 과거는 두 가지로 나뉜다. 주체가 내면화시킨 과거와 그렇지 못한 과거. 기억되고 그럼으로써 '지배'되는 과거와 그렇지 못한 과거. 인류의 역사는—그리고 어쩌면 생물체 진화의 역사도—전자가 후자에 대해 확장되어 온 과정을 보여준다. 기억의 폭과 정확성이 커졌으며, 과거의 사태를 재현하고 대상화하여 분석하고 의미를 부여하는 능력이 향상되었다. 이러한 작업은 무엇보다 의식을 통해[12] 행해지는데, 이 같은 작업이 노리는 바는 결국 미래의 사태를 예측하고 그것에 효과적으로 대비하는 것이라 할 수 있다. 그러므로 기억의 확장은 예측의 확장과 함께하며, 과거의 지배 능력 신장은 미래의 지배 능력 신장과 겹친다. 사실 내면성의 시간에서는 과거와 미래가 대칭적인 관계에 있다고 해도 과언이 아니다.

그런데 이러한 확장은 내면성을 자립적인 것처럼 여기는 태도와 관점을 부추긴다. 레비나스는 이것이 전체론 또는 전체주의의 위험을 안고 있다고 지적한다. 내면성 위주의 견지는, 비록 외부를 완전히 무시하는 것은 아니라 해도, 동일자적 방식을 통해 외부를 내면화하는 데 원칙적으로 한계를 두지 않는다. 동일자적 방식이란 내적 질서의 정체성에 맞추어 요소들을 규정하고 배치하는 것이라 할 수 있는데, 이 속에서는 시간성 또한 여기에 적합한 됨됨이를 갖추고 등장한다. 레비나스는 의식과 더불어 성립하는 내면성의 시간에 대해 이렇게 말한다.

의식을 갖는다는 것은 **존재하는 것과** 관계를 맺는 것이지만, 그러나 마치 **존재하는 것과**의 현재가 아직 완전히 완료되지 않았다는 듯이, 또 그 현재가 거둬들여진(recueilli) 존재의 **미래**만을 구성한다는 듯이 관계하는 것이다. 의식을 갖는다는 것, 그것은 다름 아니라, 시간을 갖는다는 것이다. 그것은 미래를 선취하는 기투(企投)를 통해 현재의 시간을 넘쳐흐르는 것이 아니라, 현재 그 자체에 대해 거리를 갖는 것이고, 우리가 놓여 있는 요소에 대해, 아직 거기에 존재하지 않는 것과 관계를 맺듯 관계를 맺는 것이다.[13]

그러니까 레비나스에 따르면, 현재에 대한 거리, 의식의 활동 공간, 존재하는 것과 아직 존재하지 않는 것 사이의 간격이 곧 내면의 시간이다. 그런데 여기서 주의해야 할 사안은 이 '아직 존재하지 않는 것'이 '존재하는 것'에 속한다는 점이다. 그리고 이때의 '존재하는 것'은 막연한 존재가 아니라 '거둬들여진' 존재, 다시 말해 거주의 경계 안에 자리 잡은 존재를 가리킨다. 그러므로 '아직 존재하지 않는 것'은 한정된 존재와 관계를 맺는 한정된 것일 수밖에 없다. 그러한 한, 이 의식과 더불어 성립하는 시간에서의 미래는 하이데거가 내세우는 '기투'에서처럼 현재로부터 벗어나고 탈출하는 듯한 인상을 주지 않는다. 오히려 그 미래는 현재의 두께로서의 미래, 의식을 통해 현재가 낳는 미래다.

이와 같은 의식의 시간성은 나름의 테두리를 갖춘 삶의 공간을 기반으로 삼는다. 환경에 완전히 노출된 야생의 삶에서는 외적 요소들에 대한 의존이 거의 절대적이어서 주어지는 현재가 압도적 현실이 된다. 반면에 거주의 울타리 안에서는 '완료되지 않은' 사태의 확보가 가능해진다. 채취되고 쟁여지는 사물과 노동으로 가공되는 대상들이 즉각적 현재에 매였던 삶에 확장된 부피를 준다. 신체가 내적 조직을 통해 외부의 영향을 떠맡고 중화시켜 항상성의 질서를 구현하듯이, 거주의 공간은 외적 요소들을 장악 가능한 형태로 거둬들이고 배치하여 내일의 삶을 담는다. 그렇게 하여 거주의 장소는 시간의 층위들을 지닌 동일성 추구의 터전이 된다.

내면성의 시간은 그러므로 능동의 시간이다. 그것은 단지 심리에 갇힌 비물질적인 구조에 그치는 것이 아니라, 포획과 노동과 소비의 물질적 활동에 결부된다. 또 그것은 과거에서 미래로 흐르는 직선적인 진행에 그치는 것이 아니라, 안에서 밖으로 향하고 바깥을 안으로 포섭하는 확장적이고 구성적인 방향성을 갖는다. 이런 면에서 내면성의 시간은 동일자적 시간, 동일자에서 출발하는 시간이라고 할 수 있다. 반면에 타자에서 출발하는 시간을 우리는 타자적 시간이라 부를 수 있을 것이다. 이것은 밖에서 안으로의 방향을 가지며, 그 방향에서 규정력을 발휘한다. 따라서 동일자에게 이 시간은 수동의 시간이다.

타자적 시간은 내면성의 계속적인 확장에도 불구하고 근본적인 것으로 남아 동일자적 시간을 에워싼다. 기억을 통한 과거의 지배에도 불구하고 어쩔 수 없이 받아들여야 하는 시간성,

그러한 지배의 내면성에 앞설 뿐 아니라 오히려 그것을 조건 짓는 시간성이 타자적인 것이다. 물론 이 타자적 시간을 파악하는 것은, 모든 현상에 대한 인식이 그렇듯, 내면성을 통할 수밖에 없다. 이로부터 타자적 시간의 흥미로운 특징이 비롯된다.

먼저 언급할 것은 주체에게 다가오는 타자적 시간의 우선적 면모가 늙음과 죽음이라는 점이다. 얼핏 생각하면 늙음과 죽음은 주체가 겪는 내면의 사태이고 그래서 내면성의 시간에 속할 듯싶다. 하지만 늙고 죽는 일은 항상성과 동일성을 추구하는 내면이 궁극적으로 피할 수 없는 변화이며, 그런 의미에서 동일자의 좌절이고 실패이다. 하긴 오늘날에는 노화를 불가피한 과정이 아닌 치유 가능한 질병으로 보자는 견해[14]도 있고, 발전된 기술과 접목하여 생물학적 죽음마저 극복하고자 하는 시도들[15]도 있다. 그러나 이처럼 동일자 내부에서의 개선이나 갱신을 꾀한다고 해도, 외부와의 관계를 완전히 차단하는 일이 불가능한 이상, 그러한 노력이 전제하는 낡음, 곧 동일성을 흐트러뜨리는 변화를 원천적으로 제거할 수는 없다.

엄밀히 말해 죽음은 주체 스스로 체험할 수는 없다는 점에서 늙음과 다르다. 이렇게 보면 늙음이야말로 동일자의 내면에 파고든 타자의 시간이라고 할 만하다. 자라남도 제어할 수 없는 시간의 흐름을 타는 것이긴 하나, 동일자의 성취와 맞물리는 변화인 만큼, 타자적인 것이라 느끼기 어렵다. 반면에 늙음은 동일자의 지향을 거스르는 변화다. 늙음에 저항하는 온갖 노력에도 불구하고, 늙음은 동일자가 타자적 시간을 삶 가운데서 받아들일 수밖에 없게 한다. 이것은 타자적 시간이 동일자적 시간에 대해 지니는 우선성을 입증해 준다. 동일자는 자신을 거스르는 늙음이라는 이 변화를 감수하고 인내하지 않을 도리가 없다. 인내는 타자적 시간을 살아내는 동일자의 불가피한 자세인 셈이다.[16]

죽음도 결국 받아들일 수밖에 없는 것으로 여겨진다는 점에서 타자적 시간에 속한다고 볼 수 있다. 하지만 죽음 자체는 동일자의 종식을 뜻하므로, 동일자에서 타자로 향하는 동일자적 시간뿐 아니라 타자에서 동일자로 향하는 타자적 시간도 동일자의 죽음과 함께 끝난다.[17] 실제로 죽음이 문제 되는 것은 죽음을 대하는 동일자의 태도에서다. 어느 방향성에 비중을 두느냐에 따라 그 함의는 크게 달라진다. 하이데거의 이른바 '죽음을 향한 존재'는 동일자에서 출발하는 방향성을 보여 준다. 그런 까닭에 거기서는 죽음의 경계로 한정된 내재성의 의미가 시간성의 이름 아래 다뤄질 뿐, 타자의 문제는 본격적으로 대두되지 않는다. 반면에 레비나스가 타자로부터의 방향에서 제기하는 죽음의 문제는 동일자에 대한 죽음의 위협으로서 또는 죽이지 말라는 타자의 호소로 다가온다. 그 위협이 피할 수 없는 것인 한, 동일자는 죽음이 다가오는 시간을 대개는 고통으로 또 때로는 의연함으로 인내할 수 있을 따름이다. 다른 한편, 죽이지 말라는 타자의 호소에 대한 응답, 곧 죽음으로 위협받는 타자에 대한 동일자의 책임은 절대적인 긴급성을 지닌다. 이처럼 사안이 동일자의 죽음이냐 타자의 죽음이냐에 따라 인내와

긴급함이 비대칭적으로 대조되는데, 이는 레비나스가 내세우는 동일자와 타자의 비대칭적 관계에 상응하는 것이다. 그러나 어느 경우건 이 모든 시간성은 죽음에 대한 것이지, 죽음이라는 사건 자체에 해당하는 것은 아니다. 막상 죽음 자체 속에서는 시간성이 말살된다.

하지만 타자적 시간성은 죽음 이상이다. 즉 타자적 시간은 죽음을, 적어도 개체들의 죽음을 넘어 작용한다. 태어나고 죽는 개체들의 형성을 조건 짓는 시간이 타자에게서 비롯하는 방향의 시간이기 때문이다. 그러므로 타자적 시간의 면모는 늙음이나 죽음을 통해 동일자에게 다가오는 것에 그치지 않는다. 오히려 개체의 삶의 과정 속에서는 제대로 드러나지 않는 시간, 어떻게든 포착되어 의미를 부여받는 그런 시간이 아닌 시간, 다시 말해 의식과 기억의 범위를 벗어나는 시간이 타자적 시간이다. 온전히 파악될 수 없는 진화론적 시간의 깊이가 아마 여기에 해당할 것이다.

4. 통시성과 수동성

오늘날의 자연과학에서 시간 자체가 어떻게 다뤄지고 있는가를 이 자리에서 논하는 것은 섣부른 일일 것이다. 다만, 우주에 보편적으로 적용될 수 있는 단일한 척도로서의 시간은 존재하지 않으며, 상대적 시공간의 일환인 시간이란 국지적인 사태 또는 사건들의 상호작용에 대한 파악 방식으로서 이해 가능하다는 것 정도는 일반적으로 말할 수 있을 듯하다.[18] 어찌 보면 이전에 비해 우주론적 시간의 지평과 현상론적 시간의 지평 사이의 거리가 많이 좁혀졌다고 할 수도 있겠다. 이제 시간을 감지하거나 측정하는 상황과 무관하게 시간을 규정하는 일은 용인받기 어려워졌으니 말이다. 그런 점에서도 다음과 같은 레비나스의 시간 이해는 다시 읽어 볼 만하다.

> 무한과의 관계, 포함할 수 없는 것과의 관계, 다른 것(le Différent)과의 관계로서의 시간의 지속. 이 다른 것과의 관계는 그렇지만 무관하지-않음(non-indifférent)이다. 여기서 통시(通時; diachronie)는 '동일자-**안의**-타자'(l'autre-*dans*-le-même)라고 할 때의 '**안**'(*dans*)과 같다. 그렇다고 해서 타자가 동일자 안으로 들어갈 수 있다는 것은 아니다. 기억할 수 없는 것에서 예견할 수 없는 것에 이르는 공경. 시간은 이 동일자-안의-타자(Autre-dans-le-Même)며 또한 동일자와 함께 있을 수 없는 타자, 공시적(共時的; synchrone)일 수 없는 타자이다. 그러므로 시간은 타자에 의한 동일자의 불안정일 것이다. 동일자는 결코 타자를 포괄할 수도, 에워쌀 수도 없다.[19]

여기서 보듯 레비나스에게 있어 시간은 관계적인 것이다. 파르메니데스의 일자처럼 구별이나 차이를 허용하지 않는 것에서는 아예 관계가 있을 수 없고, 따라서 시간도 성립하지 않는다. 같은 것(동일자) 속에 구별이 자리 잡는 경우에는, 그렇게 구별되는 부분 또는 항들 사이에 작용과 변화가 있기 마련이고 (그렇지 않다면 그 구별은 없는 것과 마찬가지일 것이다), 따라서 그런 변화와 더불어 성립하는 시간을 논할 수 있을 것이다. 하지만 그 같은 변화의 항들이 어떤 테두리 안에서 한꺼번에 조망될 수 있는 한, 그 시간은 규정된 것들 사이의 한정된 연관으로 파악되는데, 이것이 '공시'의 지평이라 할 수 있다. 앞에서 말했던 내면성의 시간, 동일자적 시간이 여기에 해당한다. 물론 어떤 경계 내에서 생기는 차이와 변화가 처음부터 그 안에서 비롯해야 하는 것은 아니다. 밖으로부터 온 것이라 해도 일단 주어진 사태들을 포착하여 함께 배치할 수 있다면, 그것들은 내면화되고 공시화된다. 기억과 재현을 통해 이뤄지는 그러한 공시화의 중요한 특징은 공간에서처럼 항들의 자리바꿈이 가능하다는 데 있다. 동일자의 테두리 내로 포획된 사태들에 대한 지배와 조작이 들어설 수 있게 되는 것이다.

반면에 '통시'는 그런 테두리 너머와의 관계에서 성립한다. 한정되지 않고 끝내 한정될 수 없는 이 너머가 '무한'이다. 그런 점에서 이 무한은 다른 또 하나의 한정된 영역과 다르다 (이것이 '다르다'는 말을 대문자로, 방점을 찍어 나타내는 이유다). 한정된 유한자와 그렇지 않은 무한자의 만남과 겹침이 유한자로서는 제어할 수 없는 흐름을, '지속'을 만들어 낸다. 이 흐름은 바깥의 영향이 안에서 관철됨을 나타낸다. 그렇지만 이것은 그 영향을 받는 동일자 '안'에 담기기에, 이 안의 됨됨이와 무관하게 드러나지 않는다. 그렇다고 이 흐름으로서의 통시가 내면성의 형식에 불과한 것도 아니다. 내면으로 배어드는 바깥의 영향은 동일자가 지닌 형식들로 재단되는 데 그치지 않고, 오히려 그 형식들에 작용하여 그것들을 변화시키기도 한다. 즉, 동일자의 동일성은 고정되어 있는 것이 아니라 바깥의 영향과 그로 인한 변화에 노출되어 있다. 이렇듯 통시의 시간은 '안'에 담기면서 '안'을 넘어서는 양면성을 지닌다. 마치 칸트에서 주관의 형식에 부여되었던 초월적이고 구성적인 (초월론적; transzendental) 특성이 동일자에 작용하는 타자에게로 옮겨진 듯한 꼴이다. 중요한 차이는 레비나스가 말하는 타자의 경우에는 이 특성이 동일자의 확립이나 안정이 아니라 '불안정'을 초래한다는 점이다.

    동일자의 편에서 보면, 통시의 시간은 그것에 대해 동일자가 수동적일 수밖에 없는 타자적인 것이다. 타자는 동일자를 에워쌀 뿐 아니라 동일자를 변용시키며 동일자 안에 배어드는데, 이렇게 동일자 안으로 오는 동일자 이상의 사태, 다시 말해 동일자에게 일어나며 동일자를 넘어서는 달라짐이 통시로서의 시간이다. 동일자로서는 이러한 달라짐을 수동적으로 겪으면서 자기로 돌아오는 방식으로 존립하게 된다. 그런데 문제는 이때의 자기가 고정되지 않는다는 점이다. 그것은 자기와 어긋나는 자기, '불안정'한 자기이다. 하지만 자기가 이렇게 달라진다면, 그것을 과연 자기라고 할 수 있을까? 타자에 의한 수동적인 통시의 자기란 차라리 자기의 파열이지 않을까?

　자기를 의식이나 기억에 의한 동일성과 등치한다면, 즉 동일자적 시간에 의해 확보되는 내면성과 같이 놓는다면 그렇게 보일 수 있을 것이다. 하지만 의식의 자기에 우선하는 것이 신체의 자기다. 우리는 의식이 확보하는 동일성의 근저에서 끊임없이 변화하는 신체로 언제나 되돌아간다. 그래서 레비나스는 자기를 의식에 앞선 신체로, 자기로의 회귀를 육화(肉化; incarnation)로 놓는다.[20] 의식의 견지에서 보면 이러한 회귀는 일종의 수축으로 여겨질 수 있겠으나, 사실은 신체야말로 자기 안에 타자를 맞아들이는 수동성의 장소이고, 의식의 능동성이 자리 잡을 수 있게 하는 기반이다. 이 신체의 자기는 감성과 감수성의 자기, 상처받기 쉬운 취약성(vulnérabilité)의 자기이기도 하다. 타자에 의해 변용되는 신체에는 포섭 불가능한 타자성의 흔적들이 쌓이는데, 이것이 동일자 안의 과거, 그러나 기억 불가능하고 재현 불가능한 과거인 셈이다.

　우리에게 주어진 신체는, 또 그것에 바탕을 둔 의식의 기본 구조도, 알다시피 오랜 진화 과정의 산물이다. 레비나스는 타자의 영향에 대한 신체의 수동성을 '타자를 위함'의 자리로 놓고 거기에서 '타자를 대신함'에 이르는 책임의 윤리적 의미를 이끌어 내기에, 육화된 주체를 단순히 생물학적 시각에서 바라보려 하지 않는다. 하지만 굳이 레비나스의 윤리적 주장을 그대로 따르지 않더라도 그가 말하는 통시와 수동성의 함의를 이해하기는 어렵지 않다. 우리가 살아가는 개개의 삶은 오랜 세월에 걸쳐 이미 형성되어 있는 삶의 조건들을 전제하며, 우리는 이를 받아들이지 않을 수 없다. 그러나 이런 상황을 하이데거처럼 '던져져 있음'(Geworfenheit)으로 치부하는 것은 우리의 삶이 타자로부터의 시간인 통시 가운데서 이루어져 왔음을 무시하거나 외면하는 소치다. 타자적 시간은 동일자적 시간의 바탕으로서 동일자적 시간의 단속(斷續)을 넘어서며 또 그런 단속을 가능케 한다.

레비나스는 『전체성과 무한』(1961)에서는 번식성을 내세워 유한자가 자신의 유한한 삶의 시간을 극복하는 방식을 해명하고자 했다. 자손을 통한 세대의 이어짐으로 유한자가 단속적 삶을 꾸려 나가는 모습을 동일자적 시간을 중심으로 다루었다고 할 수 있다. 물론 자식이 자기의 연장임과 동시에 타자로 취급된다는 점에서, 또 개체의 늙음과 죽음을 넘어서는 비연속적 시간이 언급된다는 점에서, 이때에도 타자적 시간이 문제 삼아지고 있음은 틀림없다. 하지만 논의의 무게는 여전히 유한자로부터 출발하는 쪽에 두어진다. 『전체성과 무한』의 처음부터 무한을 향한 유한자의 욕망(Désir)이 강조되는 것처럼, 이 책의 뒷부분에서도 무한한 시간을 향한 유한자의 노력이 부각된다.

반면에 그의 두 번째 주저라 할 수 있는 『존재와 달리 또는 존재성을 넘어』(1974)에 오면 무게 중심이 확연히 더 타자 쪽으로 옮겨진다. 주체의 능동적 욕망보다는 수동적 감성이 주로 논의되며, 타자가 이미 다가와 있음을 나타내는 근접성(proximité)이 중요하게 다루어진다. 시간 면에서 보면 이 근접성은 우선 주체의 근저에 있으며 주체에 배어 있는 흔적들을 가리킨다. 이 흔적들은 그 근원이나 시원을 찾아 복원하거나 재현할 수 없는 깊이를 지닌 것이기에 전-근원적이며(pré-originel)이며 무-시원적(an-archique)이다. 물론 타자의 영향은 과거의 흔적에 스며 있을 뿐 아니라 우리가 앞으로 겪게 될 일들을 통해서도 다가올 것이다. 숱한 사건들이 우리의 예측이나 기대에 의해 한정되는 범위를 벗어날 테고, 그러한 한 그것들은 타자적 시간에 속하는 것으로 보아야 할 것이다. 그러나 한 개체나 세대로서의 주체가 경험할 수 있는 미래의 시간은 제한적이다. 그에 비해 흔적에 담긴 타자적 시간의 과거는 한정되지 않는 것처럼 보인다. 동일자적 시간이 아니라 타자적 시간이 논의의 중심이 될 때 미래보다 과거가 두드러지기 쉬운 이유이다.

5. 책임의 미래와 인간의 시간

과거와 미래는 보통 대칭적이라고 여겨지지 않는다. 과거의 일은 이미 일어났고 그래서 바꿀 수 없는 데 반해, 미래의 일은 우리의 선택에 따라 달라질 수 있다고 생각하기 때문이다. 하지만 그렇다고 해서 우리가 실제로 여러 갈래의 현실을 맞이하게 되는 것은 아니다.[21] 지나간 사태와 다가올 사태는 이런 면에서 보면 근본적으로 다른 성질을 갖지 않는다. 과거와 미래의 차이는 레비나스 식으로 말해, '동일자 안의 타자'에 동일자가 접근하는 방식, 또 타자가 동일자에게 다가오는 방식과 관계된다. 동일자적 시간에서 동일자가 과거와 미래를 대하는 방식이 각각 기억과 예측이라면, 타자적 시간에서 타자가 자신을 전달하는 바를 동일자가 과거의 방향과 미래의 방향에서 이해하는 형태를 각각 흔적과 징후라고 할 수 있다. 이 징후를 적극적으로 받아들이는 방식을 레비나스처럼 '영감'(inspiration)이나 '예언성'(prophètisme)이라 부를 수도 있을 것이다.[22]

그런데 흔적과 마찬가지로 징후도 내면성에 갇힐 수 없는 타자의 작용에 의한 것이므로, 기억과 짝을 이루는 예측의 범위와 특성을 벗어난다. 또 흔적이 전-근원적이고 무-시원적인 것처럼 징후 역시 어떤 목적이나 도달점에 한정되지 않는다. 더욱이 타자는 동일자의 전제이면서 또한 동일자를 포섭하는 까닭에, 동일자의 견지에서는 흔적과 징후가 시간의 인과에 어긋나는 시대착오(anachronisme)처럼 다가올 수 있다. 이를테면 나는 내가 저지르지 않은 일에 대해 응답해야 하고, 내가 겪지 않을 미래의 조짐에 대해 책임을 져야 한다. 그러나 다른 면에서 보면, 나는 내가 이룩하지 않은 성과를 향유하며 내가 기획하지 않은 현실을 마주한다. 타자적 시간은 초월론적으로 우리를 에워싸는데, 그 방향은 과거와 미래 어느 한쪽으로 기운다고 보기 어렵다. 다만, 동일자의 지평에서 볼 때는 과거의 무게가 나의 의지와 무관한 '던져져 있음'의 부담으로, 미래의 불확실성이 타자에 무관심한 '기투'의 자의성으로 다가올 수 있을 것이다.

　하지만 지금까지 논의해 온 것처럼 동일자적 시간과 타자적 시간을 구분하고 동일자적 시간의 한계를 지적한다 하더라도, 동일자의 처지에서 어떻게 타자적 시간의 조망을 얻고 그것에 따를 수 있는가 하는 문제가 남는다. 우리가 동일자의 테두리를 벗어나서 타자의 위치에 선다거나 타자가 되는 것은 불가능하다. 역지사지(易地思之)란 자신과 같거나 유사한 동일자의 견지로 상황을 바꾸어 생각해 본다는 것일 뿐, 레비나스가 말하는 한정되지 않은 타자의 자리에 놓인다는 뜻은 아니다. 동일자로서 가능한 일은 타자에게서 오는 신호를 받아들이고 반응하는 것일 텐데, 문제는 이런 활동이 점차 복잡하고 풍부해진 동일성의 내면에 갇히는 탓에 내면성 너머를 경시하게 된다는 점에 있다. 레비나스가 『전체성과 무한』에서 보여 주듯, 우리의 내면성은 이제 신체와 의식뿐 아니라 경제와 문화를 포괄하는 다층적인 두께를 갖는 까닭에 바깥의 타자를 외면하고 자기중심적 질서 속에 안주하는 데 부족함이 없어 보인다.

　그래서 필요한 것은 일종의 환원이고 노출이다. 타자의 직접성에 대한 노출로서의 대면, 이것이 레비나스가 타자의 '얼굴'을 그토록 강조하는 이유이다. 물론 얼굴 말고도 우리를 타자로 이끄는 계기들이 있다. 의식의 한계와 그 너머를 함께 드러내는 무한 관념, 항상성의 바깥을 지시하는 상처 입기 쉬움의 감성은 레비나스가 부각시키는 대표적인 계기들이다. 그런데 얼굴은 그런 계기들의 특징을 모두 지닌다. 타자의 얼굴은 취약한 벌거벗음과 한정되지 않는 무한함으로 내게 다가온다. 그러므로 이 얼굴은 재현 가능한 형태가 아니며, "결코 현재가 되지 않은 지나감의 흔적",[23] 곧 통시의 드러남이기도 하다. 이렇듯 '얼굴'에는 타자적 시간의 면모가 담겨 있다. 달리 말하면, 레비나스가 내세우는 타자의 특성들이 직접적이고 감성적인 방식으로 집약된 것이 '얼굴'이라고 할 수 있다. 이 타자의 얼굴은 무한의 취약함으로 우리에게 호소하며 우리의 응답을 촉구한다. 이렇게 일깨워지는 책임은 확인할 수 있는 인과의 폭을 넘어서는 타자적 시간의 지평으로 나를 끌어들인다.

타자와의 만남, 타자에 대한 노출의 통로가 꼭 실제의 얼굴이어야 하는 것은 아니다.[24] 중요한 것은 내면의 자기 완결적 구도를 깨뜨리는 체험, 현상의 유한성 너머로 이끄는 체험이다. 얼굴이 보이지 않는 구부러진 뒷모습도, 무슨 의미인지 알기 어려운 비명이나 침묵도, 파헤쳐진 흙구덩이 속의 유품 조각도 타자의 호소이고 요구이며 명령일 수 있다. 타자의 호소는 개체의 죽음을 넘어서며 이 호소에 대한 응답과 책임도 마찬가지다. 레비나스는 이렇게 말한다.

> 다른 사람에 대한 책임은, 타인의 죽음을 책임지는 가운데, 더는 재현의 관할에 속하지 않는 타자성에 헌신한다. 바쳐짐의 이 방식—또는 이 헌신—이 시간이다. 이것은 타자로서의 타자에 대한 관계로 머물지, 타자를 동일자로 환원하지 않는다. 이것은 초월이다. [...] 타인의 죽음에 대한 책임,

이것은 [...] 죽을 수밖에 없는 자아의 유한한 존재 속에서 타인의 얼굴에서 출발하여, 내게 일어나는 것 저편의, 한 자아를 위해 도래할(à-venir) 것 저편의 **미래**(futur)의 의미를 듣는 데서 성립하지 않는가? 그러므로 우리는 죽는다고 해서 사유와 유의미한 것(le sensé)의 끝에 이른 것은 아닐 것이다! 유의미한 것은 나의 죽음 너머에서 계속된다.[25]

책임은 유한한 자아에 다가온 얼굴에서 출발하여 유한한 자아를 넘어선다. 여기서 책임의 헌신이란 앞 절의 인용문에서 살펴본 '동일자-안의-타자'에 대한 동일자의 응답이고, '기억할 수 없는 것에서 예견할 수 없는 것에 이르는 공경'의 실현이라고 할 수 있다. 말하자면, 이 헌신의 시간은 재현의 시간인 동일자의 시간 저편으로 나아가는, 그래서 타자성 및 통시성과 만나고 거기에 담기는 시간인 셈이다. 그러므로 이 시간은 내가 경험할 수 있는 것을 넘어서며, 나의 죽음마저 넘어선다. 레비나스는 이를 '신-에게로'(à-Dieu)의 시간과 연결시키지만, 이 신은 약속과 설교로 재현을 구현하는 구래의 신이 아니다.[26] 우리는 이 신을 자기중심의 폐쇄성을 벗어난 보편성의 지평을 가리키는 이름이라 이해해도 좋을 것이다.[27]

이 글의 서두에 언급했던 영화 〈블레이드 러너〉로 돌아가 보자. 그곳에 등장하는 안드로이드들은 인간과 구별되는 것으로 설정되어 있으나, 사실상 인간과 닮은꼴이다. 인간을 본떠서 만든 것이라고 하지만, 거꾸로 이렇게 주어진 안드로이드의 특성을 통해 거기에 스며 있는 인간관을 이해해 볼 수 있다. 로이 배티는 타이렐사가 만들어 낸 최신 안드로이드로, 전투 능력과 지력이 뛰어나다. 그는 동료들과 반란을 일으켜 지구로 돌아온 뒤, 자신을 만든 타이렐사의 회장을 찾아간다.

 타이렐 개량되길 원하나?
 로이 그보다는 조금 더 근본적인 것을 바래.
 타이렐 뭐가 문제라고 생각하나?
 로이 죽음.
 타이렐 죽음이라. 음 … 그건 내가 어쩔 도리가 없는 일이야. 넌….
 로이 더 긴 삶을 원해, 아버지.

로이는 수명을 연장시킬 방법을 찾지만, 그것이 불가능하다는 것을 깨닫자 타이렐을 으깨 죽인다. 그러나 그는 자신을 추적해 온 릭 데커드를 궁지에 몰아넣은 뒤, 마지막에 그의 목숨을 구해 주며 죽어 간다. 로이의 죽음에 이어 다음과 같은 데커드의 독백이 화면을 타고 흐른다.

그가 왜, 내 생명을 구했는지 그 이유를 모르겠다. 어쩌면 그 어느 때보다도, 그 마지막 순간에 진정 생명을 사랑했으리라 … 자신의 생명만이 아니라 누구의 생명이든, 내 생명을. 그가 원했던 것은 나머지 우리가 원했던 것과 같은 해답이었다. 난 어디서 왔는가? 어디로 가는 것인가? 나의 시간은 얼마나 될까? 난 그가 죽어 가는 것을 바라볼 수밖에 없었다.

이 독백은 극장판이 아닌 다른 판본들에서는 삭제되었는데, 그 이유는 아마 너무 설명조인 데다가 좀 상투적으로 들려서였을 것이다. 그러나 어떻든, 로이의 모순적으로 보이는 행동은 그가 감당해야 하는 시간의 두 면모를 드러내 주는 것 같다. 동일자적 시간과 타자적 시간을 말이다. 동일자적 시간에 갇힌 로이는 내면성의 확장과 시간의 지배를 추구하며, 그것을 제한하는 장애에 분노한다. 이런 그의 모습은 안드로이드를 만들어 내는 타이렐 회장과 크게 다를 바 없다. 반면에 릭을 살려 주는 로이는 자신의 동일자적 시간의 한계를 넘어서는 모습을 보여 준다. 그 점은 로이의 죽음을 바라보던 릭 데커드의 경우도 마찬가지다. 그 죽음은 데커드의 책임을 일깨우지 않았을까? 그리고 그것은 로이가 느꼈던 것처럼 "죽을 수밖에 없는 자가 죽을 수밖에 없는 자에게 갖는 책임"[28]이 아니었을까?

타자성의 인식과 관계의 새로움
— 팬데믹 시대의 타자성

1. 코비드와 타자성

코비드 팬데믹이 2년 가까이 지속되고 있어서 누구나 할 것 없이 답답한 마음이다. 이 글이 읽힐 때쯤에는 상황이 좀 나아졌으면 좋겠다. 어려운 중에서도 이 새로운 사태가 초래한 변화에 대해 더러 생각해 보게 된다. 이번의 논의거리인 타자성의 문제 역시 이런 조망을 피해 갈 순 없을 것 같다.

    쉽고 단순해 보이는 질문으로부터 시작해 보자. 코로나바이러스는 타자인가? 타자(他者)가 말 그대로 '다른' 자고 그래서 낯선 자라면, 언뜻 그렇다고 답해야 할 법하다. 생명체라고 하기도 어려운 바이러스를 '자'(者)라고 부른다는 것이 좀 이상스러울 순 있지만, 여기서 '자'(者)는 '놈'이 아닌 그냥 '것'을 뜻한다고 보면 좋겠다. 다른 것, 낯선 것으로서의 바이러스. 그런대로 가능한 규정일 성싶다.

하지만 그렇다면 모든 바이러스는 다 타자일까? 우리와 접촉할 일이 아예 없거나 접촉하더라도 우리에게 아무런 피해도 주지 않는 바이러스의 경우는 어떨까? 그것도 타자라고 할 수 있을까? 한 걸음 더 나아가, 비록 그렇다 해도 그것이 바이러스라는 점을 우리가 알고 있다면, 그런 앎이 관여하는 한에서 그것은 완전히 낯선 것은 아니지 않을까? 그렇다면 그것을 온전한 의미에서의 타자라고 부를 수 있을까?

처음부터 시시콜콜 따져서 괜히 머리를 복잡하게 할 생각은 없다. 다만 나는 여기서, 타자라는 말이 우리에게 낯설지만 무관하진 않게 다가오는 상대, 그 정체와 됨됨이를 잘 알 수 없는 상대를 가리킬 때 주로 쓰인다는 점을 환기하고자 할 따름이다. 이런 각도에서 보면, 타자나 타자성은 바이러스 자체보다는 바이러스가 일으키는 질병과 관련하여 말해지기 쉽다고 여겨진다. 아닌 게 아니라, 예전에 감염증의 원인을 잘 몰랐을 때, 우리는 그런 질병을 타자성을 지닌 것으로 취급하고, 그 타자의 자리에 악령이나 악신 따위를 끼워 넣곤 했다. 잘 모르는 것을 그대로 두기보다는 어떻게든 설명하고 이해하려 한 탓에, 상상 속의 '악한' 존재들이 애꿎게 소환되었던 셈이다. 물론 오늘날은 사정이 다르다. 세균이나 바이러스가 숱한 질병을 일으킨다는 사실과 그 기제에 대해 얼마간 알고 있기에, 이제는 그런 질병이 타자적인 것으로 취급된다고 하기 어렵다. 우리가 아직 코비드로 큰 어려움을 겪고 있으나, 코로나바이러스와 그로 인한 질병을 인식과 처치의 대상으로 여기지, 정체를 모르는 낯설고 다른 상대로 대하지 않는다는 뜻이다.

그렇다면, 코비드 사태에서 타자성이란 무엇일까? 우리에게 정작 낯설게 다가왔던 것은 전 세계적인 감염증이 불러일으킨 사회적 변화들과 생활상의 변화들이었다. 전례가 없던 속도의 바이러스 확산이 초래한 봉쇄와 격리, 그것을 둘러싼 논란들, 생산 활동의 중단과 실업, 재택근무와 온라인 관계의 증폭, 백신의 분배와 접종을 둘러싼 갈등…. 이런 일들에 우린 줄곧 당황했고 더러 황망해했다. 코비드 팬데믹으로 우리는 우리 시대의 한가운데서 길을 잃은 꼴이다. 여기에 우리가 현재 봉착한 타자성 문제의 주요한 가닥이 있지 않을까?

2. 우리는 어디에 있는가?

행위자 연결망 이론으로 유명한 프랑스 사회학자 브뤼노 라투르는 최근 코비드 사태와 관련해 "나는 어디에 있는가?"라는 제목의 시의적절한 소책자를 내놓았다.[1] 거기서 그는 전염병의 침공으로 불가피해진 격리나 유폐가 우리에게 미치는 영향을 흥미롭게 논의하고 있다. 언뜻 역설적이면서도 매우 중요한 사실은, 이번 사태로 초래된 이동과 관계맺음의 제약이 오히려 우리의 삶이 광범위한 연결망 위에 자리하고 있음을 새삼 일깨워준다는 점이다.

이것은 흔히 세계화 또는 지구화로 일컬어지는 인간들 사이의 연결망에 국한되지 않는다. 그간 우리가 경험한 바이러스의 전염 양상은 고립된 형태의 방역이 궁극적으로 유지될 수 없음을 보여 주었고, 이 점은 인간들 사이의 긴밀해진 세계적 규모의 연관을 입증해 준다. 하지만 라투르에 따르면, 그 바탕에는 인간만이 아니라 온갖 생명체들이 얽혀서 생산해 낸 대지(terre)[2]의 됨됨이가 놓여 있다. 인간을 중심으로 바라볼 때는 눈에 잘 안 들어오는 사실이지만, 우리 주변의 동식물뿐 아니라 박테리아 같은 미생물, 바이러스처럼 정보처리 회로를 지닌 복제 가능한 유기체들, 또 복합적인 구성의 토양과 대기에 이르기까지, 우리 삶의 터전은 무수한 행위 역량들(pussances d'agir)[3]이 오랜 세월에 걸쳐 만들어 내고 또 그 속에서 살아온 결과들이다. 우리는 독자적인 행위자로 행세하는 개인들 및 그들이 맺는 관계를 특권화하여 바라보는 데 익숙하지만, 이런 견지는 오히려 한정된 시대의 협소한 경험이 부풀려진 허구적인 것에 불과하다. 그것은 인간 중심적 산물, 근대의 산물이다.

코비드는 이러한 근대의 관점에 타격을 가한다. 증폭되어 작용하던 관계들을 중지시키거나 위축시킴으로써 그 뒤에 가려졌던 사태가 드러나게 한다. 이때 우리가 경험하는 낯섦은 감춰진 사태에 대한 인식 자체는 아니겠으나, 그러한 인식으로 이끄는 징후일 수 있다. 라투르는 이런 경험을 카프카의 「변신」에 견준다. 하루아침에 벌레가 되어 버린 그레고르 잠자의 유폐와 코로나바이러스로 마스크 안에 갇혀 버린 21세기 인류의 유폐. 그레고르가 겪는 소외와 공포를 오늘날 우리가 바이러스의 내습과 기후이변으로 겪는 혼란에 비견할 수 있지 않을까? 그레고르 가족들의 이기적이고 적대적인 태도와 오늘날의 배타적이고 집단적인 혐오를 비교할 수 있지 않을까?

그런데 라투르에게 더 중요한 면은 변신의 실체인 '벌레'가 함축하는 바에 있는 것 같다. 벌레는 단지 흉물스럽고 이질적인 외물이 아니다. 그것은 대지에서 생활하는 생명체로서의 인간이 이미 담고 있는, 그러나 진화의 층위 아래 묻혀 있어 직접 경험하기는 힘든 활동의 오랜 자취들을 보여 준다. 이런 점에서 '벌레'는 우리가 다시 발굴하여 펼쳐야 할 잠재성을 나타내며, 벌레로의 변신은 공포스럽고 낯선 체험에 그치는 것이 아니라 들뢰즈가 말하는 '되기'로서의 긍정적 의미를 지닌다.

라투르라면 아마, 인간만이 자신의 환경을 만들고 그래서 인간만이 역사를 지닌다는 맑스 식의 주장도 지극히 좁은 적용 범위를 갖는 인간 중심적 발상이라고 볼 것이다. 물론 인간의 노동 활동이 지구 생물권의 역사에서 유례없는 속도로 유례없는 변화를 가져온 것은 사실이다. 하지만 오늘날 문젯거리가 되고 있는 이 변화의 총체적 결과는 결코 인간 노동이 의도한 것이 아니다. 이제는 인간의 특수성이라는 한정된 틀에서 벗어나 더 넓은 지평에서 인간의 활동을 조망하고 평가해 보아야 한다. 인간 자신을 특권적 주체가 아닌, 주위와 공생하는 '홀로바이온트'(holobiont)[4]로 바라보는 일이 긴요하다. 그리고 이것이야말로 라투르의 '벌레되기'가 노리는 것이라 할 수 있다. 스스로를 하찮게 여기자는 소리가 아니다. 우리가 봉착한 낯설고 힘든 상황을 통해 지금까지의 좁은 시각에서 빠져나와, 우리 삶의 저변에 깔린 잠재력을 구현할 새로운 변화를 모색하자는 뜻이다. 마치 파헤쳐진 구덩이에서 사방으로 흩어져 기어가는 벌레들처럼. 그래야 제 방에 유폐된 채 학대받아 죽어 가는 그레고르의 운명을 피할 수 있다.

그런데 이와 같은 라투르의 견지에서 보면, 섣부르게 타자와 타자성을 거론하는 것 또한 자기중심적 파악의 일환으로 치부될 수 있을 것 같다. 타자라는 말은 내게 익숙하지 않은 상대를 가리키고 내치기 위해 사용하는 경우가 많기 때문이다. 하지만 시야를 넓혀서 그러한 타자들 역시 우리와 마찬가지로 나름의 연관들 속에서 활동하는 행위자임이 드러난다면, 이를 굳이 '타자'라 불러야 할 이유가 있을까?

사실, 라투르에게서 타자라는 말은 긍정적인 의미로는 거의 쓰이지 않는다. 우리가 봉착하는 낯섦은 우리의 앎이 확장되고 심화됨에 따라 해소될 수 있다. 물론 다른 행위자들과 그들의 연결망에 대한 앎은 직선적으로 늘어나지 않으며 또 완성 가능한 것도 아니다. 그렇더라도 우리의 앎은 이들 행위자들과의 관계를 변화시켜 나가는 데 기여할 수 있다. 이런 점은 코비드 사태와 관련해서도 마찬가지다. 만일 이 상황에서 우리가 겪는 낯섦을 굳이 '타자성'이라고 부른다면, 이 타자성에 대한 인식은 우리를 둘러싼 관계를 변화시켜 가는 시발점이 될 수 있다. 그것은 인간뿐 아니라 바이러스까지 포함하는 세계를 홀로바이온트적 조망 속에 놓는 일이 될 것이다. 라투르에 따르면, 나는, 또 우리는, 이런 상호연결망의 세계가 변신을 촉구하는 상황 속에 자리하고 있는 셈이다.

3. 얼굴 없는 인간?

홀로바이온트의 공(共)생명성이 궁극적으로 타자 개념과 양립하기 어려운 것은 사실이다. 타자란 동일자와 쌍을 이루는 말인데, 이 동일자-타자의 쌍은 주체-객체의 쌍에 상응하는 구별과 간극을 담고 있기 때문이다.[5] 물론 타자를 또 다른 주체이자 동일자로 보는 관점도 가능하다. 하지만 이럴 때, 그 동일자-타자 관계와 주체-객체 관계는 사실상 동일자들의 관계와 주체들 사이의 관계가 되어 버린다. 다시 말해, 그럴 때 '타자'는 상호적 관점에 따른 임시적 규정에 지나지 않게 된다.

어찌 보면 주체들 간의 상호관계가 바람직하고 좋을 것 같다. 무엇보다 차별이 없는 공평한 관계가 가능할 테니 말이다. 또 이런 관계에서는 상대방을 나처럼 생각하는 역지사지(易地思之)가 성립할 것이므로 소통이 용이해지고 관계가 긴밀해질 수 있다. 인식 면에서도 투명도가 높아질 것이다. 하지만 반대의 부정적인 면도 염두에 둘 필요가 있다. 나와는 엄연히 다른 상대방을 나와 같다고 여기고 나의 기준에 맞춰 대하는 것은 오해와 마찰을 야기하기 쉬울 뿐 아니라 때로 심대한 침해가 될 공산도 있다. 이런 점에서 볼 때, 다름을 존중한다는 것은 단순히 동등하게 대우하는 일 이상의 것이다.

더욱이, 엄밀히 말하면, 다름은 인식의 대상이 아니다. 어떤 것을 안다는 것은 적어도 그것의 한 부분을 특정한 규정이나 표상 아래 동일시하는 것이라 할 수 있는데, 진정한 다름은 이런 동일시의 같음에 포섭되지 않기 때문이다. 우리는 정말 다른 것에 대해서는 그 내용을 포착하지 못한 채 다르다는 점만을 알 뿐이다. 이런 점에서 타자의 타자성은 우리의 인식을 넘어선다고 할 수 있다. 바로 그렇기에 타자는 곧 낯선 자가 아니겠는가. 요컨대, 타자의 다름은 A는 B와 다르다고 할 때의 다름, 즉 앎 속에 포착된 대상들의 비교에 따른 다름이 아니다. 후자의 다름이 닫힌 다름이라면 전자의 다름은 열린 다름이라고 할 수 있다.

물론 열린 다름이라고 해서 꼭 긍정적인 것은 아니다. 열려 있다는 것 자체가 불확실함과 그것이 수반하는 위험을 함축하는 까닭이다. 우리가 앎을 추구하는 것은 무엇보다 이런 불확실함과 위험을 제거하거나 줄이기 위해서다. 그런데 다른 한편, 푸코 이래 진부하리 만큼 지적되어 왔듯이, 이 같은 앎이 동일시를 통한 지배의 추구로 이어지기도 한다는 점이 문제다. 앎의 이런 양면성과 관련하여 빚어지는 논란은 코비드 사태에서도 등장하는데, 코로나 방역이 이른바 생체권력을 강화하는 계기로 작용하고 있다는 비판과 거기에 대한 공방이 대표적이다.

이 논란의 중심에 서 있는 사람은 『호모 사케르』로 우리에게도 잘 알려진 이탈리아 철학자 조르조 아감벤이다. 그는 코비드 발생 초기에서부터 각국 정부가 취하는 집단적 방역 조치들에 비판적이었는데, 최근까지도 그런 기본 입장은 변한 것 같지 않다. 그간 그가 발표한 짧은 글들을 묶어 펴낸 책 『얼굴 없는 인간』에 실려 있는 다음의 시구는 그의 견해를 압축적으로 잘 드러내 준다.

> […]
> 자유가 폐지되었다,
> 의학의 명분으로.
> 그리고 의학이 폐지될 것이다.
> […]
> 인류가 폐지되었다,
> 생명의 명분으로.
> 그리고 생명이 폐지될 것이다.[6]

아감벤이 우려하는 것은 우리가 숫자와 수치 중심의 의학적 지식에 의해 생물학적 존재로 축소되어 통제받는 사태다. '얼굴 없는 인간'이란 바로 그렇게 '벌거벗은 생명'으로 환원된 인간을 가리킨다. 얼굴은 가장 개방적인 장소이고 가장 정치적인 장소, 그런 점에서 가장 인간적인 장소이기 때문이다.[7] 생명을 구하기 위해서라는 이유로 행해지는 봉쇄와 통제는, 마스크가 얼굴을 가리듯, 개방적 인간성을 제거해 버린다. 그렇게 타자로부터 격리된 인간은 바이오 보안을 앞세운 생체권력의 지배 대상으로 전락하고 결국 사물화(事物化)하여 참된 생명력을 잃고 말 것이다.

그러나 이와 같은 아감벤의 주장에 대해, 수많은 사람들의 생명을 위협하는 팬데믹에 대한 매우 안이하고 비현실적인 대응이고 사유라는 비판이 쏟아졌다. 일례로, 슬라보예 지젝은 위에 인용된 시구를 다음과 같이 바꾸어 아감벤에게 돌려준다.

의료가 폐지되었다,
자유라는 명분으로.
그리고 자유가 폐지될 것이다.

생명이 폐지되었다,
인류라는 명분으로.
그리고 인류가 폐지될 것이다.[8]

지젝의 견해에 따르면, 봉쇄와 격리를 없애는 것은 평범한 노동자들에게는 감염의 위험을 무릅쓴 채 생명을 걸고 일하러 나가야 한다는 것을 뜻한다. 도널드 트럼프가 미국 자본주의의 침체를 막기 위해 격리 조치에 그토록 반대하고 반발했던 것을 생각해 보라. 우리에게 고립을 강요하는 팬데믹 자체는 고립된 사건이라기보다는 사회적 불평등 및 환경문제와 어우러져 불거진 사태다. 이런 점에서 팬데믹의 가능성은 이미 우리의 삶의 여건 속에 상존해 있었던 셈이다. 그런데도 단순히 일상의 유지를 고집하는 것은 마치 감염증이 존재하지 않는다는 듯이, 마치 바이러스가 없다는 듯이 행동하겠다는 것이고, 이는 라캉의 용어를 빌면 실재를 폐제(廢除; forclusion)하는 것에 해당한다.[9]

지젝은 '얼굴'에 관한 아감벤의 논의에도 동의하지 않는다. 그는 아감벤이 레비나스의 '타자의 얼굴' 개념을 원용하여 마스크 착용에 반대한다고 지적한다.[10] 마스크가 얼굴에서 표현되는 타자성의 측정 불가능한 심연을 가린다는 이유에서다. 하지만 팬데믹의 와중에서 '인간성'을 더 잘 드러내는 것은, 지젝에 의하면, 맨얼굴보다는 오히려 마스크로 가려진 얼굴이다. 마스크는 더불어 삶을 지키기 위한 노력을 나타낸다. 반면에, 마스크 착용을 거부하는 것은 변화를 요구하는 상황에 놀라, 위기에서 도피하고 그 위기에 대해 '알지 않으려는 의지'를 발휘하는 꼴이다.

이런 논란 가운데 여러분은 어느 쪽 의견이 더 옳다고 생각하는가? 아감벤을 따르건 지젝을 따르건 분명한 것은 우리가 여전히 자유와 생명이 충돌하고 위협받는 처지에 놓여 있다는 사실이다. 어떻게 하면 이런 궁지를 면할 수 있을까?

4. 타자성과 책임의 윤리

자유와 생명의 선택이 딜레마를 이루는 것처럼 보이는 까닭은 양자가 서로의 조건을 이루기 때문이다. 생명 없이는 자유가 있을 수 없고, 자유가 없는 생명은 장기적으로 유지될 수 없거나 무의미하다. 그렇지만 당장 생명이 위험한 지경에서는 불가피한 자유의 제한은 받아들여야 한다는 쪽이 상식적인 견해일 것이다. 그런데 문제는 그 생명이 누구의 생명이고 그 자유가 누구의 자유냐 하는 데 있다.

자신이나 자기 집단만을 위해 다른 이들의 생명과 자유를 침해하는 일은 코비드 팬데믹 와중에도 드물지 않다. 마스크 착용과 같은 방역 수칙을 무시하는 것이 자신의 생명뿐 아니라 타인의 생명을 경시하는 행위라면, 외국인이나 특정 인종, 특정 지역민을 무작정 배척하는 것은 타인의 자유를 유린하는 처사라고 할 만하다. 나는 바로 이와 같은 자기중심적 태도를 비판하고 넘어서는 데 우리가 타자와 타자성을 거론하는 주요한 의의가 있다고 생각한다.

이제는 우리 사회에서도 더는 낯선 이름이 아니게 된 철학자 에마뉘엘 레비나스가 타자를 내세우는 맥락도 근대 이후 확장되어 온 자기중심성을 바로잡기 위해서라고 보아도 좋다. 삶에서 우선하는 것은 내가 아니라 타자라는 것이 그의 주장의 요체다. 한동안 우리는 주체가 세계를 파악하고 변형시킨다는 점을 중시해 왔지만, 주체는 타자와의 관계에 의해 비로소 성립한다. 타자의 자극과 요구와 호소에 대해 반응하고 응답하는 가운데 주체가 형성되기에, 타자는 내 삶 가운데 이미 들어와 있다고 할 수 있다. 낯선 자인 타자가 내게 이미 다가와 있고 달라붙어 있는 셈이다.[11]

언뜻 역설적으로 보일지 모를 이런 생각은 주체를 형성하는 타자와의 관계가 나의 의식적 경험 범위를 훨씬 넘어선다는 점을 염두에 두면 아마 어렵지 않게 납득할 수 있을 것이다. 그 관계는 공간적으로뿐 아니라 시간적으로도 나의 한정된 영역을 초과한다. 그래서 레비나스는 타자와의 관계를 아예 무한과의 관계로 놓는다. 좀 더 상식적 언어로 풀자면, 주체로서의 내 됨됨이는 오랜 진화론적 시간 동안 무수한 타자들과의 만남을 통해 형성된 까닭에, 의식적 자아가 보기에는 낯선 관계가 이미 내 속에 자리 잡고 있다고 말할 수 있겠다. 이런 점에서는 레비나스가 말하는 타자와의 관계는 앞서 다룬 '홀로바이온트'적 관계와 상통하는 면이 있다.[12] 또 아감벤이 삶을 개체의 생명에 한정시키지 않고 그 개체들의 죽음을 초과하는 기억과 연결시키려 하는 것[13]과도 통하는 점이 있어 보인다.

그런데 다른 한편, 레비나스의 타자 개념에서 더욱 중요한 특징은 이 타자가 나의 응답(réponse)을, 곧 책임(responsibilié)을 촉구하는 윤리적 상대라는 점에 있다. 타자는 직접적으로 내게 도움을 호소하는데, 나는 이 호소를 윤리적으로 회피할 수 없고, 그렇기에 그 요청에 대한 응답은 나의 책임으로, 의무로 다가온다. 하지만 왜 윤리적으로 회피할 수 없을까? 레비나스에 따르면, 타자는 약자이며 또한 높은 자이기 때문이다. 낯선 자인 타자는 동일성으로 구축된 나의 소유물, 나의 집, 나의 영토에서 벗어나 있는 자이며, 그래서 벌거벗은 자이고 약한 자이다. 그러나 또한 타자는 동일성의 한정과 경계를 넘어서 있다는 점에서 무한과 닿아 있으며, 그래서 한없이 높은 자이기도 하다.

이런 타자가 내게 직접적으로 다가오는 방식이 바로 '얼굴'이다. 그러나 이 얼굴은 눈에 포착되는 어떤 형태를 말하는 것이 아니다. 그것은 차라리 비가시적인데, 왜냐하면 얼굴이 드러내는 것은 벌거벗은 약함과 무한한 높음이기 때문이다. 그러므로 얼굴의 벌거벗음은 마스크 따위로 가려지지 않는다. 오히려 마스크를 쓴 얼굴이 약한 타자에 대한 책임을 잘 드러낸다는 점에서, 앞서 살펴본 지젝의 주장처럼, 더 인간적이고 윤리적일 수 있다.

여기서 레비나스의 철학을 타자성 문제에 대한 해답인 양 내놓을 생각은 없다. 레비나스의 사유도 나름의 시대적 문제의식의 산물인 데다가, 개중에는 자칫 비약으로 여겨질 만한 대목도 없지 않다. 그 주장과 개념들의 맥락을 적절히 해명하고 거기서 얻은 성과를 오늘에 적용해 보는 일은 녹록잖은 과제다.[14] 이 자리에서 나는 레비나스의 관점을 빌려 팬데믹에 대한 우리의 대응을 잠시 조망해 볼 따름이다. 이때 초점은 이미 말했다시피 대응의 주안점을 누구에게 두느냐에 있다. 즉, 나 또는 우리 집단을 우선하느냐 약자로서의 타자를 우선하느냐가 관건이다. 아감벤과 지젝의 대치에서 나타나는 생명이냐 자유냐의 딜레마도 이런 '윤리적' 기준에 따라 재편되거나 해소될 수 있을 것이다. 조금 억지스러울지 모르지만, 레비나스의 견지에서 앞의 시구절을 변형하여 다음과 같이 써 볼 수 있겠다.

타자의 자유가 폐지되었다,

내 생명의 이름으로.

그리고 모두의 자유가 폐지될 것이다.

타자의 생명이 무시되었다,

내 자유의 이름으로.

그리고 모두의 생명이 무시될 것이다.

이렇게 타자와 타자성이 우선시되어야 한다고 내세울 때, 여기에 대한 반론이나 이의 제기로 자주 거론되는 것이 낯선 자로서의 타자가 지닐 수 있는 위험성이다. 레비나스는 타자를 약자로 놓아 그 위험성을 처음부터 소거해 버렸지만, 그 때문에 레비나스의 타자 개념은 자의적이라는 비판을 받기도 했다. 낯선 자인 타자는 실제로 위험한 경우가 많지 않은가. 이 점을 대놓고 부인하기는 어렵다. 하지만 오늘날은 예전에 비해 그 같은 위험이 현저히 감소했다는 점 또한 외면할 수 없다. 이제 우리는 일상을 낯선 자들과 더불어 살아간다. 레비나스의 말대로 낯선 자인 타자는 내 이웃이다. 비록 코비드 상황으로 인해 직접적인 접촉이 줄었다 해도, 우리의 삶에서 타자와의 연결망은 더욱 긴밀해지고 있다. 나의 위험을 명분으로 타자를 마냥 내치는 것이 능사일 수 없다는 것을 팬데믹의 경험이 드러내 준다. 타자를 감염증의 수렁에 방치하거나 잠재적 감염원으로 보아 밀어내기만 해서는 결국 모두의 안전이 위태로워진다.

코비드 팬데믹의 상황은 우리에게 낯설고 당황스러운 것이었다. 몇 차례의 파고를 거쳐 '위드 코로나'를 맞이하게 된 지금, 우리는 이 상황에 얼마나 익숙해졌을까? 그 얼마간의 익숙함은 우리가 낯섦의 타자성을 극복하고 동화시켜 가고 있음을 뜻하는 것일지 모른다. 그러나 코비드 사태를 계기로 살펴본 타자성에 대한 철학적 반성은 우리의 삶에서 타자가 결코 제거될 수 없을 뿐 아니라 타자성 자체가 우리 삶의 기반임을 알려준다.

개방성의 깊이
— 레비나스의 윤리적 개방성

1. 개방의 조건

개방성이 무조건 좋은 것은 아니다. 요즘처럼 전염병이 유행하고 있을 때는 더욱 그렇다. 바이러스의 위험에까지 개방적이어야 할 이유가 어디에 있는가. 물론 이 문제에도 생각처럼 단순치 않은 면모들이 엿보인다. 코로나바이러스를 심술궂게도 '부머-리무버'(boomer-remover)라고 부르는 이들도 있고,[1] 집단 면역을 위해 불가피한 희생을 받아들여야 한다며 '사랑하는 사람을 잃을 준비를 하라'는 세심한 척하는 무책임한 정치가도 있다.[2] 어쩌면 이런 경우들을—인명 경시에 대한 열림까지를 포함하는—질병에 대한 개방적 자세의 예라고 할 수 있을지 모른다. 그런가 하면, 코로나바이러스 유행 초기부터 외국인의 입국 금지를 둘러싼 논란이 있었다. 후베이성(省) 출신을 막아야 한다, 또는 중국인을, 나아가 외국인이면 모두 막아야 한다는 식의 주장도 있었고, 그런 방책의 비효율과 부작용을 지적하는 논의들도 있었다. 여기서 바람직한 대응 방식은 아마, 감당할 수 있을 정도의 방역 능력에 맞추어 개방의 정도를 조절하는 것일 테다. 하지만 이에 대한 정확한 판단이 어려운 만큼, 이런 종류의 사안에서는 감정에 경도된 과잉 전략이나 지나친 원칙주의가 위세를 떨칠 위험이 있기 마련이다.

이렇게 볼 때, 개방성 문제의 실질적 핵심은 개방의 본래적 가치 따위를 내세우는 것이 아니라 개방과 관련된 현실적 조건을 따지는 일이라고 할 만하다. 그런 점에서, 작금의 엄혹한 코로나 상황이 개방성에 대한 철학적 원칙론, 특히 개방성의 추구를 바람직한 것으로 전제하는 관점에 대한 반성을 불가피하게 했다고 볼 수 있다. 최근에 홍준기는 이와 관련하여 푸코와 아감벤의 견해를 비판적으로 다룬 바 있다.[3] 푸코는 현대적 통치 방식의 특징을 '생명관리'로 놓고 이를 구래의 억압적 권력과 대비하여 설명했는데, 이런 구도는 강력한 봉쇄가 요구되기도 하는 코로나 정국과 같은 '비상사태'에서는 설득력을 갖추기 어렵다는 것이다. 푸코의 견지에서는 '생명관리' 역시 양상을 달리 한 통제 장치로서 부정적으로 다루어지고 있느니 만큼, 탈통제를 향한 그 지향점은 코로나 극복을 위한 현실적 방책과 동떨어진 것으로 비칠 법하다. 이 같은 면은 푸코의 생각을 상당 부분 이어받고 있다고 여겨지는 아감벤에게서 더 두드러진다. 실제로 아감벤은 코로나 사태와 관련된 각 정부의 봉쇄 및 통제 조치를 부정적인 것으로 비판하기도 했다. 일종의

'예외상태'를 활용해 통치 패러다임을 강화하고 그 이면에서 이웃의 생명과 죽음에 대한 관심을 봉쇄하고 있다는 것이 비판의 요지였다. 홍준기는 푸코나 아감벤의 이런 견지가 코로나 상황에서 필요한 국가의 적극적인 방역 조치에 적합하지 않을 뿐 아니라, 코로나 이후의 세계에서 한층 긴요해질 복지국가 형태와도 어울리지 않는다고 본다. 말하자면, 통치 권력에 대한 원칙적 비판이 현실의 조건에 대한 경시를 대가로 하는 '철학의 빈곤'에 빠져 헤어나지 못하고 있는 꼴이라는 지적이다.

하지만 나는 홍준기 식의 문제의식을 인정하면서도, 한 사람의 철학 연구자로서 이 자리를 빌려, 개방의 현실적 조건보다는 개방의 철학적 조건 또는 무조건에 대해 논의해 보고자 한다. 그 이유의 상당 부분이 현실의 세세한 부분들을 다루기에 부족한 역량 때문임을 부정할 수는 없다. 그러나 최소한 이러한 논의가 개방성 개념 자체에 대한 반성에 기여하는 면은 있을 것이라고 기대해 본다. 그렇다고 내가 개방성 개념을 약화시키거나 뒤로 물리려는 것은 아니다. 오히려 나는 현실의 즉각적 요구를 넘어서는 개방성의 근본적 층위에 관심이 있다. 코로나바이러스의 위험을 과장함으로써 초래될 수 있는 위험에 대한 아감벤의 염려가 경제활동의 위축을 두려워하는 도널드 트럼프의 코로나 대응 태도와 일견 유사한 면을 보인다고 해서,[4] 이 양자가 내세우는 개방성의 함의가 같을 수는 없다. 트럼프의 경우, 개방과 폐쇄는 경제적 이해관계에 따라 순식간에 교체될 수 있는 전술적 의미를 지닐 뿐이다. 반면에 아감벤에게 있어 개방성은 사회적 배치의 전략적 지향점일 뿐 아니라, 인간과 동물의 존재론적 특질로 취급되기까지 한다.[5] 이런 점에서 개방성과 관련된 주장은 그 표면적 효과만이 아니라 그것이 비롯하고 작용하는 차원들의 깊이를 통해 고려되어야 할 것이다.

한 걸음 더 나아가, 나는 삶의 본래적 면모가 개방성에 있다는 견해에 동의하는 편이다. 하이데거 식의 존재에 대한 열림도 근본적 개방성에 관한 대표적 입론이겠으나, 타자에 대한 관계야말로 삶의 출발점이라고 보는 레비나스의 견해가 더 발본적인 개방성을 드러내 준다고 생각한다. 뒤에 상론하겠지만, 레비나스에 따르면, 타자에 노출된다는 불가피한 삶의 사태가 다름 아닌 개방성의 요체다. 주체의 형성조차 여기에 힘입고 있는 만큼, 이 같은 개방성은 삶의 근본 전제가 아닐 수 없다. 개방성이 무조건 좋은 것은 아닐지 몰라도, 우리 삶의 무조건적 조건이 되는 셈이다.

2. 개방성과 타자

생명체는 자기를 유지하기 위해 자기가 아닌 다른 것과 관계해야 한다. 다시 말해, 살아감은 타자와 관계맺음 없이는 불가능하다. 그런데 어디까지가 자기인가? 또 자기가 아닌 것과의 관계는 어떻게 이루어지는가? 아주 기초적이고 단순한 형태에서부터 생각해 보자. 요즘 초미의 관심 대상이 된 바이러스의 경우, 자기를 이루는 것은 유전정보를 담고 있는 핵산이라고 할 수 있다.[6] 바이러스에는 세포막으로 둘러싸인 세포구조도 없고, 단백질을 생산하는 리보솜도 없다. 자체만으로는 대사활동과 증식이 불가능한 핵산과 단백질의 결정체일 뿐인데, 이 점이 바이러스를 생명체로 보기 어렵게 한다. 하지만 숙주의 세포에 들어가면 그곳의 성분들을 활용하여 생명체처럼 활동하고 증식한다. 이런 면에서 바이러스에도 정체성(identity)이 있고 '자기'가 있다고 하지 않을 수 없다. 그러나 이 자기의 경계는 얼마나 분명한 것일까? 바이러스 연구로 정평이 있는 한 생물학자에 따르면, "게놈이라는 정보 시스템은 결코 자기 완결형이 아니라 외부에서 들어온 타자의 자원을 무엇이든 유용하게 이용할 수 있는 개방형 구조"[7]다. 이 같은 면모는 진화론적 견지에서 생물의 오랜 역사를 조망할 때도 잘 드러난다. 숙주 격인 생물체가 체내에 침투한 바이러스의 특정 기능을 활용하여 자기의 일부로 삼은 예들이 발견되는가 하면,[8] 세포 내 주요기관인 미토콘드리아는 다른 세포에 침입한 박테리아에서 비롯되었다는 견해가 정설이 되고 있다.[9] 이런 점에서 보면, 생물학적 개체란 "고정된 실체가 아니라 개체화 과정의 임시 산물"[10]이며, 더 나아가 "생물은 […] '자기'와 '타자'의 구별이 애매한 시스템"[11]이라고 할 수 있을 정도다.

물론 이렇게 생물학적·진화론적 시각에서 조망한 개방성의 차원과 우리가 체험하고 실감할 수 있는 개방성의 차원 사이의 격차는 크다. 우리의 실질적 삶은 의식을 중심으로 꾸려지는 데다가 시간적으로 한정되어 있어서, 바이러스 또는 박테리아 처지에서의 개방성이나 수십만 년에서 수억 년에 이르는 진화 과정상의 개방성은 우리의 '자기'를 지켜야 하는 지금 이곳의 상황과 거리가 먼 얘기일 수밖에 없다. 그러나 생물학적 개방성에 대한 논의는 무엇보다 선택과 의지 너머에 자리한 개방성의 지평을 환기해 준다. 우리에게 개방의 문제는 보통 선택의 사안이다. 개방이냐 폐쇄냐의 선택이 가능하고 또 필요할 때 그것이 문제로 부각되는 것이지, 그런 여지가 없는 경우라면 논의거리조차 되기 어렵다. 그런데 대부분의 생물학적 개방성은 미시적이거나 거시적으로 주어진 사태의 특성일 뿐, 선택의 문제라고 할 수 없다. 그럼에도 불구하고 이것이 유의미할 수 있는 까닭은 선택 가능한 사안이 놓이는 기반이기 때문이다. 의지 너머, 또 의식적으로 변화시킬 수 있는 영역 너머의 사태라 해도 그것의 특성에 대한 인식은 우리의 의식적 선택에 영향을 미칠 수 있다. 장기적으로 또 궁극적으로 개방성이 자연 속에서 관철된다는 인식은, 우리가 부득이한 폐쇄의 조치를 취하는 경우에도 그것에 대한 의미 부여 방향에 영향을 주지 않겠는가.

    그런데 이처럼 생물학적 인식에 따르는 개방성과 내가 주로 소개하고자 하는 레비나스의 개방성 논의 사이에는 큰 차이가 있다. 레비나스에게 있어 이 문제는 다른 사안들과 마찬가지로 주체 상관적으로 다루어진다. 객관성을 표방하는 지식을 앞세우지 않고, 이른바 현상학적 접근방법을 취하는 것이다.[12] 모든 현상은 주체 상관적이다. 즉, 모든 현상은 누군가에게 나타나며, 누군가에게 의미를 갖는다. 주체와 관계하지 않는다면 현상으로서 성립할 수 없고, 의미를 가질 수 없다. 자연과학적 지식도 우리에게 나타나는 현상이긴 하지만, 객관적 지식의 형태로 내세워지는 매개된 현상이어서, 현상으로서의 본래적 직접성을 갖지 못한다. 그래서 후설 이래 현상학자들은 자연과학적 선입견으로부터 벗어나는 '환원' 작업이 필요하다고 주장해왔다. 무비판적으로 받아들인 고식적 사고방식들을 '괄호치고' 생생한 체험과 본래적 의미작용으로 돌아가야 한다는 것이다. 이런 관점에서 보면, 개방성과 관련해서도 자연과학적 지식의 틀에 갇혀서는 진정한 개방성에 이르지 못할 것임이 당연하다. 세포 간 물질이나 유전자 차원의 개방성 논의가 실제적 의미를 지닐 수 있으려면, 지식의 추상성에서 벗어나 체험적 의미작용의 터전 위에 자리 잡을 수 있어야 할 것이다.

    레비나스는 여기서 한 걸음, 아니 몇 걸음 더 나아간다. 우선, 그는 현상학적 견지에서의 주체의 역할과 위상을 문제 삼는다. 잘 알려져 있다시피, 후설은 지향적 의식의 의미형성 작용에 주목하여 주체의 능동적이고 구성적인 역할을 부각시킨다. 그에 반해, 레비나스는 주체에 포섭되지 않는 타자의 우위를 내세운다. 주체가 구성하고 확보하는 것이 한정된 동일성의 영역이라면, 타자는 그 테두리 바깥에서부터 동일자적 주체와 관계한다. 즉, 타자는 한정되지 않은 채로, 주체에게 익숙한 규정 가능한 '같음' 너머에서 주체에게 다가오며, 바로 그렇기 때문에 '다른' 자, 곧 '타자'인 것이다. 이 다름은 주체에게 낯섦이고 그래서 불편하거나 두려운 것일 수 있다. 인식을 확장하여 다름과 낯섦을 없애고 타자를 동일자화하려는 시도가 계속되는 이유가 여기에 있다. 그러나 이러한 시도는 궁극적으로 성공할 수 없는데, 왜냐하면 주체가 이룩해 내는 동일자적 영역은 한계를 갖는 유한한 것일 수밖에 없기 때문이다. 이 유한의 바깥, 즉 경계 너머의 타자를 부정하고 제거하려는 것이 이른바 전체론이다. 그러니까 전체론은 주체 중심적 사고방식의 극한적 형태라고 할 만하다. 주체 우위에 따른 주객 합치의 구도가 폐쇄성을 띠게 될 때 나타나는 결과다. 반면에 타자의 우위를 인정하면, 이 같은 전체론의 폐쇄성에 빠지지 않을 수 있다.

사실, 타자의 우위는 당연한 것이 아닌가 싶다. 우리 바깥에 펼쳐진 세상이 우리에 우선하며 우리보다 클 뿐 아니라 우리의 앎을 넘어서 있다는 사실을 과연 누가 부정하겠는가.[13] 하지만 또 한편 부정할 수 없는 것은, 우리가—특히 근대 이래로—적어도 원리적으로 이해 가능하고 규정 가능하다고 할 영역을 부단히 확장해 왔다는 점이다. 그 덕택에, 세상 아래 던져진(sub-ject) 종속된 존재였던 인간은 주인 행세를 하는 주체로 여겨지게 되었다. 그 주체에게 드러나는 현상 세계를 형성하는 원리마저 인간에게 귀속되는 것으로 파악되어, 이러한 주체의 자기 정립 모델은 팽창하는 산업과 정치를 뒷받침하는 사고방식으로 자리 잡을 수 있었다. 레비나스의 눈에 이것은 "동일자의 제국주의"¹⁴로 비친다. 그는 서양철학의 주류를 포괄하는 이 제국주의적 사고방식의 대열에 하이데거의 존재론까지 끌어넣는데, 바로 이 지점이 또한 주목할 만한 대목이다.

하이데거가 말하는 현존재(Dasein)로서의 인간은, 레비나스의 시각에서 볼 때, 자신의 존재 의미에 골몰하는 자기중심적 자세에 매여 있다. '죽음을 향한 존재'니 '내던져져 있음'이니 하며 자못 심각해하는 사유도 따지고 보면 자기에 대한 '염려'에 불과하다. 하지만 이른바 전회(轉回) 이후의 하이데거는 좀 다른 입장을 취한다. 인간을 "존재자의 주인"이 아니라 "존재의 목자"로, "파수꾼"으로 여기며,¹⁵ 존재의 드러남으로서의 '진리'가 근본적으로 인간 주체가 아니라 존재 자체에 따른다고 강조한다. 적어도 이런 점에서는 하이데거도 주체 위주의 발상을 넘어서려 하고 있다고 볼 수 있지 않을까? 사실 그런 면이 없지 않으며, 하이데거의 이 같은 지향이 레비나스에게도 무시 못할 영향을 미쳤을 것으로 보인다. 그러나 레비나스는 하이데거가 존재에 대한 파악이라는 구래의 존재론적 구도를 여전히 벗어나지 못하고 있다고 비판하면서 자신의 길로 한 발 더 나아간다. 하이데거가 말하는 존재는 익명적이고 중립적이며 그래서 심지어 물질주의적이기까지 하다는 것이다.¹⁶ 여기에 대비하여 레비나스가 내세우는 것이 다름 아닌 '얼굴'로 다가오는 타자다. 자의적으로 해석될 수 있을 막연한 '존재'가 아니라 직접적으로 호소하는 '타자'야말로 진정한 개방성의 문을 여는 출발점이 된다는 것이다.

이렇게 타자의 얼굴을 앞세움으로 해서 개방 문제의 초점은 윤리의 사안으로 확실하게 맞춰진다. 바이러스나 박테리아 따위가 끼어들 수 있는 것은 그것이 야기하는 질병으로 인해 괴로워하는 타자의 얼굴과 마주할 때 정도다. 요즘 같은 상황 탓에 그 타자의 얼굴이 마스크로 가려져 있다고 해도 상관이 없다. 레비나스가 말하는 얼굴은 외적 형태가 아니라 호소의 직접성을 나타내는 것이기 때문이다. 호소하는 타자의 얼굴에 응답하여 도움의 문을 여는 것이 윤리적 개방성의 기초다.

3. 향유와 상처받기 쉬움

하지만 타자와의 관계가 이렇게 윤리적인 면에서만 조망될 수 있을까? 앞서 언급한 대로 레비나스가 말하는 윤리는 타자에 대한 관계를 두 계기를 통해 좁힘으로써 성립한다. 첫째, 주체의 우위가 아닌 타자의 우위. 둘째, 구체적 호소에 대한 응답. 그런데 이렇게 초점을 맞추어 가는 과정에서 타자의 다른 면들, 타자와의 관계가 지닌 다른 면들도 다루어진다. 어떻게 우리가 타자를 높이 여기고 존중하기만 하겠으며, 또 어떻게 우리가 타자의 호소만을 대하고 거기에 응답하기만 하겠는가. 다만, 이렇게 좁혀진 중심이 타자와 맺는 관계의 다른 면들마저 비춘다. 이런 점에서 "윤리는 일종의 광학"인 셈이다.[17]

빛은 밖에서 오지만 그 빛을 담는 것은 눈이다. 주체가 나름의 방식으로 환경에 적응하여 바깥의 요소들을 자기화하는 것은 삶의 불가피하고 기본적인 형태다. 레비나스라고 해서 이러한 관계를 외면하거나 무시할 리 없다. 그러나 이 같은 주체 위주의 동일화가 근본적인 한계를 지닌다는 점을 잊지 않는 것이 중요한데, 레비나스의 향유(jouissance) 개념은 이와 관련된 양의성을 잘 보여 준다.[18] 우리가 먹을 것이나 마실 것, 또는 빛과 바람 따위를 즐긴다고 할 때, 이런 외적 요소에서 즐거움을 느끼는 이유는 그것들이 우리에게 적합하거나 우리와 잘 어우러지기 때문이다. 그렇다는 말은, 다른 한편으로 이 외적 요소들이 우리와 어울리지 않거나 심지어 우리에게 해를 끼치는 상태로 다가올 수 있음을 함축한다. 그럴 때 우리는 그 요소들을 향유하지 못하며, 거기서 즐거움이 아니라 오히려 괴로움을 느낀다. 말하자면, 향유는 그 성공을 보장받지 못한다는 특성이 있다. 이것은 향유의 가능성 자체가 외적 요소에 의존하기 때문에 생겨나는 사태다. 사실은 바로 그런 점 때문에 즐거움과 괴로움의 느낌이 주어지는 것이라고 해야 옳겠다. 즐김의 즐거움이란 우리가 우연적으로 제공되는 외적 적합함에 이끌리게 하는 역할을 맡는다는 뜻이다. 요컨대, 향유는 주체가 불확실함과 위험을 수반하는 다른 것(타자)에 스스로를 개방했을 때 얻는 긍정적인 결과고, 또 그러한 결과를 유도하는 삶의 기제라고 할 수 있다.

    그러나 이런 식의 향유는 주체의 자기중심적 태도를 드러내는 데 그치며, 이와 결부된 개방성도 윤리적 개방성에 이르지 못한다. 향유를 타인에 대한 에로스적 관계로 확대하여 본다 해도 사정은 크게 달라지지 않는다.[19] 붙잡을 수 없는 미래를 향해 자기 확장적인 자세를 취하는 것이 에로스의 몸짓이기 때문이다. 에로스적 향유가 때로 타자를 향해 자신을 넘어서는 탈아적 엑스터시에 이르기도 하지만, 거기서 타자적인 면은 자기와 혼용된 양의적이고 애매한 상태로 남는다.[20]

반면에 윤리적 개방성에서는 초점이 자기가 아니라 타자에 있다. 그렇기에 이 개방성은 기쁨이나 쾌락뿐 아니라 슬픔이나 고통을 향해서도 열린다. 자기를 보호하고 신장시키는 것이 목표라면 거기에 유리한 자극이나 상대에 대해서는 문을 열고, 반대의 경우에는 문을 닫는 것이 올바른 방책일 것이다. 기쁨과 쾌락은 전자를 지시하는 징후고, 슬픔과 고통은 후자에 해당하는 징후일 테니, 일반적 감성을 통해서는 슬픔과 고통을 피하는 것이 당연하다. 하지만 윤리적 수용에서는 사정이 다르다. 슬픔과 고통에, 그것도 자기가 아닌 타자의 슬픔과 고통에 더욱 민감하고 개방적일 수밖에 없다. 설사 그것이 나에게 피해를 주고 상처를 주는 경우라 해도 그렇다. 레비나스에서 근본적으로 문제가 되는 유의미한 고통은 나의 고통이거나 고통 일반이 아니라 타자의 고통이다.[21]

이렇게 타자에게로 무게 중심이 옮겨지고 '타자를 위함'이라는 윤리적 방향이 부각되면, 향유, 즉 타자에 대한 자기중심적 관계의 의미도 재조명될 수 있다. 그럴 때, 향유는 "감성의 타자를-위함의 조건이 되며, 타인에 대한 노출인 감성의 상처받기 쉬움의 조건"[22]이 된다. 다시 말해, 향유의 자기중심성은 타자를 위하는 자기가 성립하기 위해 있어야 하지만, 일단 그렇게 자기를 갖추게 된 주체는, 피할 수 없는 무게로 다가오는 인격적 타자의 호소를, 자기가 입는 피해를 무릅쓰고서라도 받아들이게 된다는 뜻이다. 타자적 요소의 적합함에서 비롯하는 즐김은 이제 그 자체로 의미를 갖는다기보다는 타자를 위한 응대의 전제로서 의미를 가지게 된다. 레비나스가 잘 드는 예로, 내가 빵을 먹는다는 즐김이 유의미할 수 있는 것은 굶주린 타자에게 그 빵을 떼어 줄 수 있기 때문이다. 이와 함께, 타자와 접촉하는 주체의 직접적 영역이라고 할 감성의 역할에 대한 이해도 달라진다. 『전체성과 무한』(1961)에서는 감성이 향유의 능력과 등치되지만, 그 이후 『존재와 달리, 존재성을 넘어』(1974)에서는 상처받기 쉬움(vulnerabilité)으로서의 감수성이 그 중심을 이룬다. 감성을 지나는 영향의 흐름이 '주체에서 타자로'에서 '타자에서 주체로' 바뀐 셈이다. 아울러, 이 감성에서 생겨나는 느낌의 비중도 즐거움이나 쾌락에서 괴로움이나 고통으로 옮겨 간다.

이와 같은 변화가 너무 무겁고 심각해지는 쪽으로 나아간다고 생각될지도 모르겠다. 그러나 따지고 보면, 이것은 애당초 레비나스가 타자에 대한 책임을 강조하면서 내세운 타자의 상, 곧 약하고 헐벗은 자라는 설정 탓에 가려졌던 관계의 일면이 복원되는 과정이라고 할 수 있다. 타자는 주체의 파악과 이해에 포섭되지 않는다는 점에서 다르고 낯설지만, 그렇다고 해서 그와 같은 동일화 규정의 빈한함이 영향력 면에서의 약함으로 귀착된다고 하기는 어렵다. 물론 강하다거나 힘이 있다는 특성 자체가 이미 어떤 기준에 따른 동일화의 소산이어서, 강하다는 속성은 타자에게 해당되지 않으며 그런 뜻에서 타자는 약한 자라고 말할 수는 있겠다. 그러나 주체가 어떻게 이해하고 받아들이건 간에, 타자가 타자인 한, 타자로부터 주체에게 가해지는 작용을 미리 제한하거나 부정할 수는 없는 노릇이다. 거기에 대해 주체가 할 수 있는 일은 자신의 경계를 이루는 외벽을 열거나 닫는 것 정도일 테지만, 그 문을 닫아 놓는다 해도 여기에 미치는 영향이 완전히 차단되는 것은 아니다. 주체는 자신에게 맞지 않거나 넘쳐나는 영향으로 인해 상처 입을 가능성을 늘 안고 있다. 주체가 타자의 영향과 직접 접촉하는 방식을 감성이라고 할 때, 만일 이 영향의 과도함이 항상적인 것이라면, 감성은 이렇듯 자신에 적합하지 않은 타자의 작용에 의해 상처받음을 자신의 사명으로 용인할 수밖에 없을 것이다. 즉, 상처받을 수 있음, 상처받기 쉬움이 감성의 요건이 되며, 또 이것은 이런 감성을 갖춘 주체의 특성이 된다.[23]

이처럼 상처받기 쉬움으로서의 감성이 앞세워질 때 주체에게서 강조되는 것은 능동적인 면이 아니라 수동적인 면이다. 타자의 우선성을 내세운 당연한 귀결이라 할 수 있다. 개방은 이제 주체가 선택하는 방책이라기보다 주체가 놓인 불가피한 조건으로 여겨진다. 이런 점에서 그 열림은 차라리 노출(exposition), 타자에 대한 가차 없는 노출이다. 그런데 이 노출은 표면에만 해당하는 것이 아니어서, 타자와의 접촉은 단순히 겉으로 드러난 피부에서만 이루어지지 않는다. 안으로 말려든 피부인 허파에 닿는 들숨처럼, 다른 피부 아래로 파고든 피부인 내장에서처럼, 나아가 그런 피부 아래를 뒤집듯, 타자는 주체의 안팎을 파고든다. 이렇게까지 말할 수 있는 이유는 이와 같은 노출과 접촉이 당장 눈앞에서 일어나는 사태만이 아닌 시간적 깊이의 굴곡을 지니는 것이기 때문이며, 주체의 현 상태는 바로 이런 노출과 접촉이 그 근원을 따지기 어려울 정도로 오랜 과정을 통해 누적됨으로써 주어지는 것이기 때문이다.

4. 근접성과 대신함

그런데 이렇듯 타자의 우위와 주체의 수동성을 부각시켰을 때, 앞에서 레비나스적 발상의 또 한 가지 특징으로 들었던 직접적 호소에 대한 응답이라는 계기는 어떻게 될까? 타자에 대한 책임은 오히려 주체의 능동성에 바탕을 두어야 하는 것이고, 그런 점에서 책임 윤리에서는 타자에 대한 적극적 개방성이 강조되어야 하는 것이 아닐까? 그렇다면 주체의 수동적 감성과 타자에 대한 책임은 모순적 관계에 있다고 해야 하지 않을까?

이런 의문은 꽤 일리 있어 보이지만, 레비나스의 입장에서 여기에 답해 보도록 하자. 먼저 수동성이 타자에 대한 대면의 직접성과 응답성을 가리거나 약화시키는 것은 아니라는 점을 지적할 수 있다. 오히려 타자 우위의 영향이 응답의 요구를 강화한다고 할 만하다. 주체는 응답 여부를 스스로 '선택'하는 것이 아니라 응답하도록 타자에 의해 '선출'된다. 바로 이 점이 해당 주체가 책임을 피하거나 떠넘길 수 없게 하며, 그 주체를 누구와도 대체될 수 없는 독특한 주체로 만든다. 다른 한편, 주체의 노출은 여전히 타자의 얼굴에 대한 노출이며 접촉일 수 있다. 물론 모든 노출이 도움을 요구하는 호소에 대한 노출이라고 할 수는 없을 것이다. 그러나 이 같은 노출의 전방위성이 얼굴에 대한 응답을 불가능하게 하지는 않는다. 도리어 상처받기 쉬움의 수동적 개방성은 얼굴의 호소에 대한 선별이나 외면을 불가능하게 할 것이다.

그러므로 이 수동성은 단순히 능동에 반대되는 소극적이고 반응 없는 수동을 뜻하지 않는다. 그것은 동일성의 파열인 상처받음을 통해 타자에 응대하는 수동성이고, 그런 점에서 "모든 수동성보다 더 수동적인 수동성"[24]이다. 다시 말해, 자기를 유지하고 고집하는 수동성 너머의, 따라서 코나투스적 존재성 너머의 수동성인 셈이다. 그렇기에 이 수동적 주체에는 이미 타자의 영향이 들어와 있다고 할 수 있다.

레비나스가 말하는 '근접성'(proximié)은 이렇게 타자가 주체에 이미 다가와 있음을, 주체 내부로 파고들어 접촉하고 있음을 가리킨다. 낯선 타자가 곧 이웃이라는 레비나스의 흥미로운 발상[25]이 주체와 타자의 내적 관계로 심화한 형태라고 할 만하다. 그러므로 이 근접성을 공간적인 가까움으로 이해해서는 곤란할 것이다. 이런 점은 레비나스가 근접성의 양상을 설명하기 위해 사용하는 용어들, 이를테면 강박(obsession)이나 소환(assignation), 박해(persécution) 따위를 보면 잘 드러난다.[26] 타자는 나를 사로잡듯 내게 달라붙어 있고, 그런 상태로 내게 도움을 요청하고 역할을 부여하는데, 때로 이것은 나의 자기에 반(反)하며 그 자기를 해치는 것일 수도 있다. 여기서 작용의 방향은 감성의 상처받기 쉬움에서와 같이 타자에서 주체로 향한다. 다른 점은, 감성에서는 직접적인 영향과 접촉이 다루어지는 반면, 근접성에서는 당장 현전하는 것들을 넘어서는 타자의 영향이 포괄된다는 데 있다. 주체에게 달라붙어 있는 것은 눈앞의 타자만이 아니다. 타자의 요구는 중첩되고 누적된 채 주체를 사로잡고 주체를 압박한다. 이처럼 주체에 스며 있는 타자적 요소들이 타자의 근접성을 이룬다.

그러므로 근접성에는 타자의 다중성과 시간성이 담겨 있다. 타자가 한정되지 않듯, 근접성 또한 한정되지 않는다. 내가 보기에 이 점은 매우 중요한데, 왜냐하면 이것은 타자의 우위와 직접적 호소라는 전술한 두 계기의 충돌을 해소하고 양자가 융합될 수 있는 길을 마련해 주기 때문이다. 사실 두 계기가 상충하게 되는 것은 타자의 우위에 따른 주체의 수동성 탓이라기보다는, 직접적 호소에 대한 책임과 결부된 주체의 한계 탓이다. 레비나스가 강조하는 것처럼 타자가 무한하다 하더라도 그러한 타자와 만나는 주체는 유한하기에, 주체와 타자의 직접적 접촉은 한정적일 수밖에 없다. 쉽게 말하면, 세상에는 무수한 타자가 있지만 내가 직접 만날 수 있는 타자는 제한되어 있다. 더욱이 나는 지금 마주하고 있는 타자의 호소에 충실해야 한다. 그러한 한, 내가 대면하는 타자에게 제아무리 책임을 다한다 해도, 그 순간 나는 다른 타자를 방기해 버리게 된다는 문제가 생긴다. 데리다의 유명한 표현대로 "모든 타자는 모두 다르기" 때문이다.[27]

그렇다면 주체가 타자를 대하는 최선의 방도는 무엇일까? 대면하는 타자마다 그때그때 성심껏 응대하는 것, 이것이 아마 우선 떠오르는 방책일 것이다. 그렇지만 타자가 나라는 주체에 의해 한정되지 않는 한, 나는 눈앞의 타자에 대한 책임을 완수하지 못한다. 게다가 대면하지 못한 다른 타자에 대한 책임도 계속 남는다. 이런 까닭에, 책임은 다하면 다할수록 더 커지고 무거워진다고 레비나스는 말한다. 타자의 무한함과 주체의 유한함을 전제하는 한, 이렇게 가중되는 책임을 피할 길은 없을 것이다. 하지만 이것과는 또 다른 문제가 있다. 이른바 제삼자의 문제, 타자와 다른 타자 사이의 관계 문제가 그것이다. 주체로서는 마주하는 타자마다 매번 충실히 대하려 애쓴다 하더라도, 타자들 사이에 갈등이 있거나 분쟁이 생기면 어떻게 되는가? 나는 누구의 호소에 귀 기울여야 하는가? 지금의 타자인가, 아니면 지금의 관계에서는 제삼자이지만 다른 경우에는 역시 타자일 수 있는 또 다른 타자인가? 대면하는 타자에 대한 충실성만으로는 해결하기 어려운 문제가 있기 마련이다. 이에 따라 레비나스는 비교와 계산의 필요성, 의식(意識)과 정의(正義)의 필요성을 끌어들인다. 특정 사안에서 누가 옳고 무엇이 옳은가를 견주어 보아야 한다는 것이다. 대면적 책임의 바탕 위에 동일자적 따짐의 차원이 겹쳐야 한다는 점을 인정하는 셈이다.

이런 점에서 보면, 우리가 타자를 대할 때마다 그 속에는 다른 타자에 대한 고려가 이미 함께 들어 있다고 해야 할 것이다. 또 타자와 타자의 관계에는 갈등의 관계만 있는 것이 아니라 협력이나 봉사의 관계도 있으니 만큼, 이 다른 타자의 폭은 모든 타자로까지, 전 인류로까지 나아갈 수 있다.[28] 근접성은 이렇게 타자 속에 깃들어 있는 인류가 지금 마주하고 있는 타자의 얼굴을 통해 이미 우리에게 다가와 있고 달라붙어 있다고 할 수 있는 여지를 마련해 준다. 그럼으로써 근접성은 대면의 단독성과 직접성을 훼손하지 않은 채 주체와 타자의 만남이 그 너머로 확장될 수 있게 해 주는 것이다.

근접성이 주체-타자 관계를 타자에서 주체로 향하는 방향에서 넓혀 주는 것이라면, '대신함'(substitution)은 반대쪽에서, 즉 주체에서 타자 방향으로 그 관계의 폭을 넓히는 것이라고 할 수 있다. 따라서 대신함의 양상은 근접성의 양상에 대응하는 모습을 보인다. 다소 도식적으로 정리하면, 강박에는 인질(otage)됨이, 소환에는 '제가 여기 있습니다'(me voici)라는 응답이, 박해에는 속죄(expiation)가 상응하는 짝을 이룬다.[29] 타자가 주체를 사로잡듯 주체에 달라붙어 있는 사태를 주체 쪽에서 보면 주체 자신이 타자의 볼모로 여겨질 것이다. 인질이 자신과 직접 관계없는 사안 때문에 붙잡혀 있듯, 주체는 자신이 관장할 수 있는 동일성의 영역을 벗어난 타자에게 붙들려 있다. 그러나 대신함의 주체는 이러한 볼모 상태를 타자를 위한 것으로, 타자에 대한 책임으로 받아들인다는 점에서 보통의 인질과는 다르다. 이런 책임의 자세는 타자의 소환에 기꺼이 응답하는 모습으로 드러나며, 나아가 자기를 거스르는 타자의 영향조차 떠안음으로써 스스로를 대가를 치르는 속죄의 모습으로까지 나타난다. 이런 점에서 "이미 주체의 정립은 탈-정립이다". 즉, "박해의 폭력 그 자체를 속죄하는 볼모의 대신함"은 "자아의 실체적 핵을 탈핵화하는 것"이다. "주체의 '내면성'이 갖는 '신비스러운' 핵을, 응답하도록 소환함으로써 분열시키는 것"이다.[30]

    그런데 이쯤 되면 얘기가 너무 나간 것 아닌가 하는 생각이 들지 모르겠다. 이런 식의 발상과 관련되는 개방성이라면 경계를 열어젖히는 정도를 넘어 아예 주체의 해체를 지향하는 것이 아닌가. 충분히 그렇게 여길 만하다. 사실, 발본적 개방성이란 닫아걸어 지켜야 할 그 어떤 유보도 두지 않는 개방성이고, 그럴 경우 그것은 개방의 주체 자체의 해체로까지 이어질 수 있다. 하지만 그렇다면, 이 같은 논의가 과연 어떤 적실한 의미를 가질 수 있을까 하는 의문이 들 것이다. 더욱이 우리는 개방성에 관한 레비나스의 견해가 주체 상관적인 현상학적 관점을 취한다는 점을 지적하면서 논의를 시작했다. 그런데 이제 주체의 해체마저 운위될 지경이라면, 이 논의의 출발점부터 다시 생각해야 하지 않겠는가.

5. 얼굴과 개방성

레비나스가 주체의 분열이나 탈-정립을 거론하는 의도가 주체에 대한 현실적 위협이나 위험을 방기하거나 수용하자는 데 있는 것은 아니다. 또 그런 논의가 레비나스의 현상학적 견지를 해체하는 데까지 이른다고 하기도 어렵다. 나는 이와 관련된 중요한 지표가 '얼굴'이라는 레비나스의 감성적 개념이라고 생각한다. 감성적 개념이라고 하는 까닭은 이 얼굴이 감성의 직접적 호소력과 개념의 사유 연관을 아울러 갖추고 있기 때문이다. 또 지표라고 보는 까닭은 헐벗은 얼굴로 다가오느냐의 여부가 개방 문제에 대한 우리의 현상학적 대응을 가름하기 때문이다. 이때 현상학적이라 함은, 앞서도 밝혔듯, 주체의 직접적 체험과 닿아 있음을 가리킨다. 그렇다고 해서 이것이 단순히 감각적 지각만을 뜻하는 것은 아니다. 직접적 체험에서 직접성은 차라리 재현 불가능함을 뜻한다고 이해해야 할 것이다.[31] 그렇기에 얼굴은 헤아릴 수 없는 깊이로 우리에게 다가올 수 있다.

아무튼, 레비나스가 얼굴을 논의의 중심으로 삼는다는 점은 주체의 해체까지 시사하는 듯한 그의 언급이 주체 자체의 소멸을 겨냥하는 것은 아님을 보여 준다. 레비나스가 해체하고자 하는 것은 주체 자체라기보다는 자신의 독립된 존재성을 내세우는 원자와도 같은 주체관이다. 그가 핵의 분열까지 언급하면서 이러한 원자적 주체가 깨질 수 있음을 역설하는 이유는, 핵폭발처럼 주체를 없애 버리는 데 있는 것이 아니라, 일종의

'탈핵화'를 통해 타자를 대신하는 주체로 그 주체를 대체하려는 데 있다. 타자에 대한 노출이 바로 이런 탈핵화에 해당할 텐데, 여기서 자기이해의 단단한 껍질을 열어젖히는 역할을 하는 것이 다름 아닌 타자의 얼굴이다. 얼굴과의 마주함은 타자와 주체가 접촉하는 직접적 방식으로서 개방성의 주요 통로가 된다고 할 수 있다. 감성은 이 통로가 주체에서 시작되는 영역이고, 근접성은 이 통로를 통해 주체에 자리 잡은 타자성의 형태이며, 대신함은 이 통로로 응답하는 주체의 자세, 곧 책임짐의 특성이라고 할 만하다. 이런 구도하에서는 얼굴을 통하지 않고서는 타자에 대한 개방적 관계가 불가능하며, 따라서 얼굴이 없는 것에 대해 개방을 운위하는 것 자체가 무의미해진다. 그런 식의 개방에 대한 사고는 우리의 체험과 무관한 추상에 불과하게 되는 것이다.

그런데 정말 얼굴이 우리 삶에서 개방의 통로이고 기준이 될 수 있을까? 알다시피 레비나스에게 얼굴은 벌거벗은 것으로 상정된다. 아무런 치장이나 위장이 없다는 뜻이다. 노골적으로 드러나 있어서 위협적이지 않을뿐더러 도리어 취약하다는 점을 함축한다. 얼굴 자체가 상처받기 쉬운 피부인 셈이고, 그래서 얼굴은 주체의 감수성에 잘 파고들 수 있는 것으로 여겨진다. 하지만 우리에게 다가오는 타자의 얼굴이 과연 이렇기만 할까? 이를테면, 공격적이고 성난 얼굴은 왜 얼굴이라고 할 수 없는가? 또 벌거벗은 얼굴의 이면에 기만의 의도가 숨어 있지 않다고 어떻게 확신할 수 있는가? 따지고 보면, 레비나스의 설정은 호소와 책임의 통로 역할을 얼굴에 맡기기 위한 매우 자의적인 제한을 담고 있지 않은가?

사실, 레비나스가 말하는 타자의 얼굴에는 우리가 실제로 경험하는 많은 특징들이 소거되어 있으며, 이것이 그가 내세우는 얼굴의 역할과 관련되어 있음을 부인하기 어렵다. 하지만 그럼에도 나는 레비나스의 '얼굴'이 다른 어떤 개념적 장치와도 비견하기 어려운 탁월한 위상을 지니고 있다고 생각한다. 무엇보다 그것이 낯섦과 가까움, 다름과 같음, 무한과 유한 등 상반된다 싶은 영역들을 연결해 준다는 점에서 그렇다. 특히, 낯섦과 가까움의 결합은 도시화와 지구화의 가속적 과정을 밟아 온 현대사회가 낳은 불가피한 사태여서, 여기에 대한 감수성을 확충하는 것은 시대의 요구라고 하지 않을 수 없다. 타자의 낯선 얼굴에 대한 윤리적 응대를 역설하는 레비나스 철학이 20세기 후반에 주목을 받기 시작한 것은 결코 우연한 일로 보이지 않는다.[32] 이제껏 대체로 경계(警戒)의 대상이었던 낯섦을 가까이 받아들일 수 있으려면, 또 그 낯섦을 통해 나의 경계(境界)를 열어젖힐 수 있으려면, 우리는 타자에게서 어떤 특성을 찾아야 할까? 레비나스는 얼굴에서 다음과 같은 양면성을 짚어 낸다.

> 얼굴은 지배권(seigneurie)이고 무-방비 자체입니다. 내가 얼굴에 다가갈 때, 얼굴은 무엇을 말하는가요? 나의 시선에 노출된 이 얼굴은 무장 해제됩니다. 얼굴의 용모가 어떠하건, 이 얼굴이 중요하고 특별한 인물에 속하건, 아주 단순한

모습의 인물에 속하건 말이죠. 이 얼굴은 그것의 벌거벗음에서 노출된, 마찬가지의 것입니다. 얼굴이 주는 용모 아래 그의 모든 약함이 터져 나오고, 동시에 그의 필멸성이 솟아오릅니다. 내가 그를 완전히 없애 버리려 할 수 있을 정도까지, 왜 안 그렇겠습니까? 그럼에도 불구하고 여기에 얼굴의 모든 애매성이, 타자와 맺는 관계의 애매성이 있습니다. 아무런 의지처도 방비도 없이, 자신의 약함과 필멸성 속에서 노출된 타자의 이 얼굴은 또한 나에게 '죽이지 말라'고 명령하는 얼굴입니다. 얼굴 속에, 명령하는 최상의 권위가 있지요. 내가 늘 말하듯, 그것은 신의 말입니다. 얼굴은 신의 말의 장소예요. 타인 속에 신의 말이, 주제화되지 않은 말이 있습니다.[33]

여기서 '신'은 무한의 다른 표현이라 이해하는 편이 좋겠다. 이 신은 명령의 권위를 지니고 있긴 해도 우리에게 상벌을 주는 위력을 갖지 않으며, 우리가 호소하는 자라기보다는 타자의 얼굴로 우리에게 호소하는 자이기 때문이다. 얼굴은 이렇게 필멸의 약함과 무한의 높이를 함께 갖는다. 이러한 양면성 또는 애매성을 받아들이기가 탐탁지 않을는지 몰라도, 타자의 우위와 체험의 구체성이라는 레비나스 사상의 특징이 이곳에 집약되어 있다는 점은 부인하기 어려울 것이다.

그렇다면 이 같은 설정을 현실의 개방 문제에 적용하면 어떻게 될까? 벌거벗은 무방비의 얼굴로 타자가 다가온다고 여기는 주체가 실제의 상황에서 무기를 든 성난 얼굴을 만난다면? 그 얼굴은 약함을 구현한 얼굴이 아니니까 진정한 타자의 얼굴이 아니라고 생각해야 할까? 또는 이 성난 표정과 폭력성은 표면의 현상일 따름이고, 참된 얼굴은 그 저변에서 아직 드러나지 않은 채 잠재되어 있다고 보아야 할까? 어느 경우건, 공격적인 상태의 상대방에게 무턱대고 개방적인 자세를 취할 필요는 없을 것이다. 다만, 언제든 타자가 강압적이지 않은 방식으로 다가온다면 그 호소에 응답하려는 태도를 지녀야 할 테고, 그런 점에서 개방성을 전제한다고 할 수 있다. 즉, 개방적 지향의 바탕 위에서 응대하기 어려운 공격성만을 걸러 내거나 막아 내는 모습을 보이게 될 텐데, 이것은 폐쇄적인 방침을 기반으로 삼고 특정한 상대에게만 선별적으로 문을 여는 자세와―표면적으로는 혹 유사한 결과를 낳을지 몰라도―근본적인 방향 면에서 완연히 다르다. 난민 문제에 대해서건 전염병 방역과 관련해서건 이런 차이가 지니는 중요성은 결코 작지 않을 것이다.

    전쟁이나 전염병 같은 위험이 닥치면 어느 사회나 폐쇄적이고 배타적이 되기 쉽다. 이런 상황에서 개방을 제한하는 조건들을 무시할 수는 없는 노릇이다. 그러나 그 바탕에는 벌거벗은 얼굴의 호소에 대한 응답, 곧 책임이 자리해야 한다는 것이 레비나스적 발상이다. 이 책임이 타자의 볼모됨이나 소환에 대한 출두, 박해에 대한 속죄로까지 논의되는 것이 꽤 부담스럽게 느껴질 수 있을 것이다. 그러나 이것은 우리가 타자의 얼굴을 통해 우리의 직접적 경험 너머에서 일어난 일들을 수용하는 방식을 다소 무겁게 서술한 것이라 이해할 수 있다. 나와 무관해 보이는 사태로 어려움을 겪는 타자를 대신한다는 생각이 한편으로는 부당하고 다른 한편으로는 너무 거창하게 여겨질지 모른다. 하지만 내전으로 고향을 잃은 난민들의 잘못은 어디에 있으며, 전염병의 위협 속에서 실업과 궁핍으로 내몰린 사람들의 잘못은 또 어디에 있는가, 그 기원을 찾을 수 없는 흔적들이, 무한한 흔적들이 담긴 타자의 얼굴이 나를 응시한다. 이 타자의 얼굴 가운데 나와 상관이 없는 것, 내가 응답하지 않아도 좋을 것은 아무것도 없지 않을까.

반(反)-이기(利己)로서의 정의
— 공정성과 타자에 대한 책임

1. 정의와 공정성

정의(正義)를 둘러싼 숱한 논란이 드러내는 것처럼, 정의는 그 의미나 기준이 통일되기 어려운 이념이고 가치다. 한국에서 물경 200만 부가 팔렸다는 마이클 샌델의 『정의란 무엇인가』(2010)[1]는 정의를 향한 갈망이 우리 사회에 팽배해 있음을 드러내 주었지만, 정작 정의에 대한 이해를 확고히 하는 데는 크게 성공하지 못했다. 그럴 만큼 정의 문제는 다층적이고 복합적이며 또 역사적이다.

그렇다고 해서 정의에 대한 관심과 논의가 쓸모없다고 말하려는 것은 물론 아니다. 나는 『정의란 무엇인가』의 열풍이 서구 자유주의 사회에서 통용되는 정의관, 특히 공정함에 대한 대중적 관심의 표출이었다고 생각한다. 또 그런 관심이 확산되고 심화되는 유효한 계기로 작용했다고 여긴다. 정의에 관한 규정이나 표어가 일방적으로 생산되고 유포되던 시절[2]과는 사뭇 다른 모습이다. 샌델의 저서가 이른바 '트롤리의 딜레마'를 비롯해서 정의 문제에 관한 논란거리들을 논쟁적인 방식으로 다루었다는 점도 꽤 긍정적인 영향을 미쳤다. 대중적인 흥미 면에서 뿐 아니라 능동성과 개방성을 자극했다는 면에서 그렇다. 내용을 세세히 이해하면서 그 책을 끝까지 읽은 독자는 많지 않겠으나, 정의라는 주제의 논의 과정에 직접 다가가 본다는 것 자체가 소중한 경험이었을 것이다. 이런 경험의 축적이 박근혜 정권을 퇴진시킨 촛불시위에까지 영향을 주었다고 한다면 견강부회라는 소리를 들을지 모르겠다. 그러나 나는 세계를 놀라게 한 촛불시위의 양상이 우리 사회의 높아진 학력 수준과 시민의식 수준을 거론하지 않고는 설명되기 어렵다고 생각하며, 정의 문제에 대한 관심이 거기에 한몫을 했다고 판단한다. 공정함이 확보되지 않은 특권적 권력 행사야말로 촛불을 든 민주시민들이 더 이상 용납할 수 없는 부정의로 보았던 것이 아닌가.

하지만 공정성을 중심으로 한 정의관이 정의의 문제를 다 포괄할 수는 없다. 더욱이, 무엇이 바르고 옳은 일인지를 생각하는 깊이가 샌델 식의 딜레마 상황에 머물 수는 없는 노릇이다.『정의란 무엇인가』가 출간되었던 당시에도 이 책의 한계에 대한 여러 지적들이 있었지만,[3] 근래에 내가 접한 다음과 같은 신랄한 평가는, 한편으로 그 책이 불러일으킨 긍정적 효과를 흡수했다고 볼 수 있는 오늘의 현실에서 오히려 더 유의미하게 다가온다.

그때 마침 샌델의 『정의란 무엇인가』라는 책에 대한 열풍이 국내 서점가를 휩쓸고 있었다. […] 하지만 정의란 무엇인지를 묻고 있는 제목과는 달리, 그 책은 진정한 의미에서의 '정의'를 말하고 있지 않았다. […] 예를 들자면, 한 사람을 죽일 것인지 아니면 여러 사람을 죽일 것인지를 선택하는 문제가 그런 것인데, 어느 편의 선택도 결코 '정의로운' 것이 될 수 없다는 점은 누구라도 알 법한 일이다. 오히려 여기에서 어떤 정의의 가능성을 찾는다면, […] 이런 터무니없이 강요된 선택에서 벗어나는 것밖에는 없을 것이다. […] 그리고 샌델의 문제적 강의가 정점에 이르는 것은 아마도 칸트의 정언명령에 대한 왜곡일 것이다. 어떻게 하면 자신의 윤리적 원칙을 어기지 않으면서 거짓말을 할 수 있을 것인가를 보여 주는 샌델의 예시적 질문과 대답은, 자신의 욕망을 보편적 준칙과 연결시키고자 하는 철학자의 태도가 아니라, 차라리 법정에서 자신의 의뢰인을 위해서라면 어떤 방식도 쓸 수 있는 변호사의 태도인 것이다.[4]

변호사와 철학자의 일방적 대비가 좀 께름칙할 수 있고, 또 '진정한 의미에서의 정의'라는 표현이 약간 부담스러울 수 있다. 하지만 여기에는 정의가 법정의 논변 이상의 차원과 관계한다는 생각이 잘 드러나 있다. 법이 지켜지지 않는 사회가 정의로운 사회이긴 어렵겠으나, 법적 규범의 준수와 법률적·절차적 공정성이 반드시 정의를 보장해 주지는 않는다. 정의는 법적 차원에 종속되는 것이 아니라 오히려 그런 층위들을 포섭하고 정당화하는 더 근본적인 지평이라 해야 옳을 것이다. 그런데 요즘의 세태는 정의의 이 근본적인 면을 새삼 강조하지 않을 수 없게 만드는 것 같다. 이와 관련된 사안을 잠시 살펴보자.

> 공정성 담론은 모든 것을 협상의 테이블로 올린다. 기회가 균등해야 하기에 어떠한 준거도 불필요하며, 모든 것은 이해관계의 문제처럼 협상 가능한 대상으로 쪼개져야 한다. 서울대 시설관리노동자들의 파업은 학생들의 피해와 거래되어야 할 또 하나의 이해관계로 간주되었다. 비정규직의 정규직화는 기회균등을 무너뜨리는 '무임승차' 행위로 간주된다.[5]

이 인용문에 예로 등장하는 것은 2019년 2월에 일어난 서울대학교 시설관리노동자들과 서울대학교 총학생회 사이에 빚어진 미묘한 갈등이다. 시설관리 노조가 파업을 하자 서울대학교 총학생회는 성명을 내어 파업은 지지하지만 "학생들에게 직접적인 피해"가 가지 않도록 도서관 난방은 중단하지 말아 달라고 요구했다.[6] 언뜻 보면 학생들의 입장에서는 당연히 할 수 있는 요구인 듯싶다. 그러나 상대적으로 약자인 노동자들의 처지를 감안한다면, 이러한 요구는 학생들의 편리를 앞세운 자기

중심적 발상이라는 평가를 받을 만하다.[7] 위의 글은 학생회의 요구가 공정성에 위배되는 것은 아닐지 몰라도 정의롭지는 못한 것이었음을 시사하고 있다.

하지만 이에 대한 논란은 간단치 않아 보인다. 공정성의 범위 내에서 보더라도 학생들의 요구가 노동자의 정당한 권리인 파업권을 침해하는 것이라는 견해가 있을 수 있다. 반면에, 그 같은 요구는 관련 이해당사자의 자연스러운 견해 표명에 지나지 않을뿐더러, 그런 행위를 억압하는 처사야말로 오히려 권리 침해라는 주장도 가능하다. 나아가, 약자에 대한 고려가 과연 정의의 요건인지를 묻는 더 공격적인 문제 제기가 있을 수 있다. 도대체 왜 우리는 공평한 대우를 넘어 약자를 돕고 약자에게 호의를 베풀어야 하는가? 그것은 도리어 역차별을 강요하는 불공정한 처사가 아닌가? 약자들이 상대적으로 불리한 처지에 놓인 것은 자연적인 사태이거나 그들 자신의 책임일 텐데, 왜 우리가 그에 따른 부담을 져야 하는가? 설혹 약자들의 현재 상황이 과거의 불공정한 과정을 거쳐 형성된 것이라 하더라도, 그것이 지금 그들과 상대하는 우리의 잘못은 아니지 않은가?

이런 생각은 위의 인용문에서 거론된 것처럼 비정규직의 정규직화나 여성할당제 같은 사안에도 적용된다. 비정규직 노동자들의 상황이 열악하다 해도 정규직의 선발과정에 상응하는 절차 없이 이들을 정규직으로 전환해 준다면, 기존의 정규직 노동자들은 불공정한 대접을 받는 것이지 않은가? 또 여성들의 불리한 처지를 보상한다는 명목하에 시행되는 여성할당제는 그로 인해 기회를 박탈당하는 남성들에게는 불공정한 것이며 따라서 부정의한 것이 아닌가?

이와 같은 항의와 문제 제기에 이유가 없다고 할 수는 없다. 특히 과도한 경쟁에 내몰려 온 청년세대의 견지에서는 자기이익의 보호와 관련된 공정성의 확보가 절실한 문제일 것이다. 그리고 이미 말했다시피, 공정성에 관심을 갖고 불공정에 분노하는 것은 사회의 진보 면에서도 긍정적인 일이다. 그러나 여기서 주목해야 할 점은 촛불시위나 민주화의 과정에서 제기되었던 공정성의 문제와 사회적 약자와 관련된 공정성의 문제가 같은 종류의 것이냐 하는 점이다. 특권을 지닌 강자들의 횡포로 말미암은 불공정과 사회적 약자들을 위한 비대칭적 대응이 같은 차원에서 다뤄질 수 있을까?

이 두 가지 사안에 본질적 차별이 없어야 한다고 보는 이들은 약자라고 해서 특별한 대우를 받아야 하는 것은 아니라는 주장을 내세운다. 이른바 '언더도그마'에 대한 이의 제기다. 언더도그마란, 그 말을 유포하는 데 상당한 역할을 한 마이클 프렐에 의하면, "힘이 약한 사람이 힘이 약하다는 이유만으로 선하고 고결하며, 강한 사람은 힘이 강하다는 이유로 비난받아 마땅하다는 믿음을 가리킨다"[8]. 최근에 나는 '청년층 사이에서 번지는 언더도그마 현상에 대한 환멸감'에 대해 어떻게 생각하는지를 묻는 메일을 하나 받았다. 메일을 보낸 사람은 정의당의 청년기자단으로 활동 중이라는 한 젊은이였는데, 그에 따르면 요즘 청년들에게서는 약자를 선으로 놓고 약자의 편을 들어야 한다는 태도나 정서를 거부하는 분위기가 강해지고 있다고 한다. 가난한 사람, 장애가 있는 사람, 난민, 성소수자 등등에 대해 그 사람들이 취약한 위치에 있다는 이유만으로 더 이상 온정적인 자세를 취하지 않겠다는 풍조가 거세지고 있다는 것이다. 도리어 약자에 대해 거북해하는 모습이 두드러진다고 했다. 그러면서 그는 이런 세태를 어떻게 대해야 할지 의견을 물었는데, 특히 내가 그간 중점적으로 다루어 온 레비나스 철학의 견지에서 어떤 대답을 내놓을 수 있을지 궁금해했다.[9] 레비나스는 약자로서의 타자에 대한 환대와 책임을 강조하는 철학자이니 만큼, '언더도그마에 대한 환멸'과 선명히 대비되는 상대로 비쳐서였을 것이다.

나는 이런 문제들에 대해 정의를 반-이기(反-利己)로 보는 관점을 중심으로 답해 보고자 한다. 레비나스 식으로 말하면, 반-이기로서의 정의는 공정성 이편의(en deçà) 것이자 공정성 저편의(au-delà) 것이라고 할 수 있다. 공정성의 저변에 깔린 것이기도 하고 또 공정성 이상의 것이기도 하다는 뜻이다. 이와 같은 정의관은 공정성을 무시하거나 폄하하지 않는다. 공정성을 정의의 한 계기이고 또 중요한 계기로서, 그렇지만 하나의 계기로서 취급할 따름이다. 나는 이런 견지를 통해 정의에 대한 우리의 이해가 공정함이라는 틀을 포함하면서도 거기에 머무르지 않을 수 있는 여지를 제시해 보고 싶다.

2. 공정성과 이해관계

인간만이 이해관계의 충돌을 경험하는 것은 아니다. 숱한 생물들이 그럴 뿐더러 개중에는 그 충돌을 해소하거나 조절하는 기제(機制)를 갖춘 종도 꽤 있다. 그러나 보통 도덕이나 윤리는 인간에게만 있다고 여겨진다. 『도덕의 기원』이라는 책을 쓴 영장류 학자인 마이클 토마셀로는 도덕적 행동이란 "자신의 이익을 타인의 이익에 종속시키거나 그 둘을 동등한 것으로 간주하며, 심지어 그렇게 해야 한다는 의무감까지 느끼는 것을 의미한다"[10]라고 말한다. 동물들도 때로 이타적 행동을 한다는 점은 잘 알려져 있지만, 이를 의무감에 의한 것으로 보기는 어렵다. 동물들의 이타적 행동은 진화론적 견지에서 친족 선택이나 집단 선택으로 설명되곤 한다. 유전자의 차원에서건 집단의 차원에서건 이타성은 생존과 번식상에서 누리는 자기 이익과 관련하여 다뤄지는 셈이다.

하지만 몇몇 포유류, 특히 영장류에서는 심리적 차원에서 이타적 행위의 동기가 작용한다고 보이는 경우가 있으니까, 도덕을 인간에게만 한정하는 것은 너무 인간 중심적 사고방식이라 할 법하다. 그래서 토마셀로는 도덕을 공감의 도덕과 공정의 도덕으로 나누고 후자를 인간에게만 해당하는 것으로 놓는다.[11] 새끼의 양육이나 집단적 먹이사냥 등의 활동에는 공감을 통한 이타적 행위가 일정한 역할을 하지만, 침팬지나 고릴라 같은 영장류라고 해도 동물에게서는 공정성과 관련된 심리적 기제와 행위를 확인하기 어렵다는 것이다. 물론 이타적 행위와 연결된 감정에도 차이가 없지는 않다. 영장류와 달리 인간의 경우는 타인의 처지에 대한 감정 이입이 가능하며 이것이 공감과 협력의 폭을 넓히는 기반이 된다.[12] 그러나 이 같은 감정적 기제는 친소관계에 따라 작동한다는 뚜렷한 한계를 지닌다. 달리 말해, 공감은—감정이입까지 포함하여—자기 확장 방식의 일환이라고 할 수 있고, 따라서 공감에만 의거해서는 자기 규제나 의무에 이르기 힘들다는 얘기다.

미국의 심리학자인 폴 블룸은 몇 해 전 '감정 이입에 반대한다'라는 꽤 자극적인 제목의 책을 내놓았는데, 그 책의 도입부에는 다음과 같은 흥미로운 대목이 나온다.

우리가 잘되기를 바라는 이들에게 건배를.
나머지는 모두 뒈져도 돼.

다원적 관점에서 보면 이런 선호는 골치 아플 일이 없는 문제다. 자기네 편을 드는 생물체는 편파적이지 않은 생물체에 비해 엄청난 이득을 본다. 만일 친구냐 낯선 이냐, 자기 애냐 남의 애냐에 무관심한 인간이 있었다면, 그의 유전자는 자기편에 더 관심을 갖는 인간들의 유전자들에 패퇴하고 말았을 것이다. 이것이 우리가 태생적으로 평등주의자가 아닌 이유다. [...]
그러나 어떻든 이런 타고난 선호는 우리를 규정하지 않는다. 우리는 멀리 떨어진 나라에 사는 이들(우리와 관계를 맺지 않고 우리를 모르며 우리가 잘되기를 바라지 않는 사람들)의 삶이 우리 아이들의 삶 못지않게 소중하다는 점을 지적으로 파악할 만큼 충분히 현명하다. 실제로 그들이 뒈져서는 안 된다. 우리는 자기네 종족 집단이나 인종을 편애하는 것이 아무리 자연스럽고 직감적인 느낌이라 해도 불공정하고 부도덕할 수 있다는 점을 알아차릴 수 있다. 그래서 우리는 편파적이지 않음을 관철시키려고 행동할 수 있는 것이다. 예컨대, 편파적이지 않은 정의의 어떤 원칙들을 수립함으로써 말이다.[13]

이런 점에서 보면, 인간 도덕의 특성은 분명 자연적 감정을 넘어서는 데 있다고 해야 할 것 같다. 그리고 정의는 바로 그러한 면이 잘 드러나는 영역이라고 할 만하다. 정의에는 이성적이고 공정한 판단이 요구되는데, 자기 또는 자기편의 이익만을 내세우는 태도는 여기에 어울리지 않는다. 감정을 매개로 한 자기 확장과는 다른 탈(脫)-이기, 나아가 반(反)-이기가 거론될 수 있는 맥락이다.

하지만 여기에는 따져 보아야 할 점이 있다. 만일 편파적인 것이 진화적으로 유리한 특성이라면, 우리가 편파적이지 않아야 할 이유는 무엇인가? 생존과 번식에 도움이 되지 않는 특성이 도태될 수밖에 없다면, 편파적이지 않다는 것, 그런 의미에서 공정하다거나 정의롭다는 성질은 어떻게 우리에게 갖추어질 수 있었으며 또 어떻게 유지될 수 있는 것일까?

이 같은 질문에 대해 쉽게 떠오르는 답은, 편파적인 것이 우리에게 해가 되고 편파적이지 않은 것이 우리에게 도움이 되는 상황이 있을 수 있다는 것이다. 다시 말해, 공정함은 상황에 따라 우리가 선택할 수 있는 전략 중의 하나라는 얘기다. 실제로 진화론적 시각에서는 공정함을 협력의 필요에 부응하여 확립된 특성으로 취급한다. 이제는 상식처럼 되어 버린 '죄수의 딜레마'는 이익의 관점에서 협력이 이기적 처신보다 더 나은 전략일 수 있는 이유를 보여 준다. 그러나 이 협력이 가능한 것은 상대방이 배신하지 않으리라는 믿음이 존재하는 한에서이다. 그리고 이 믿음을 뒷받침하는 것이 다름 아닌 공정의 도덕이라고 할 수 있다. 협력을 효과적으로 수행하기 위해서는 상대방의 처지를 이해하고 상대방의 관점에서 생각할 수 있어야 할 뿐만 아니라, 상대방의 얌체 같은 행동을 제어하고 자기 자신의 행동까지 규제할 수 있어야 한다.[14] 기생(寄生)이나 무임승차와 같이 한쪽이 일방적으로 이익을 보는 관계는 자연적 현상에서는 몰라도 사회적 협력관계에서는 지속적으로 허용되기 어렵다. 공정함이란 바로 여기에 요구되는 기준인 셈이다.

이렇게 보면, 편파적이지 않음으로서의 공정함은 협력을 유지하기 위한 장치이고, 그런 점에서 우리의 이익과—정확히 말해, 협력이 유지되는 단위 속에서 성립하는 우리의 이익과—배치되지 않는다. 이 '우리' 안에서 공정성은 '너'와 '나'의 이기를 규제하는 반-이기의 규범으로 작동한다. 하지만 공정성이 이처럼 이해관계의 조정 틀로서 기능하는 한, 그것의 실제적 적용 범위는 협력이 가능하고 필요한 영역으로 제한되기 마련이다. 그렇다고는 해도 그 규모는 공감의 경우와는 비교가 되지 않는다. 공감이 주로 내 이웃과 친지들, 또는 직접 마주할 수 있는 상대들과 관계해 왔다면, 공정의 도덕이 적용되는 영역은 내 종족이나 부족에서부터 국가로, 이웃 나라들로, 인류 전체로 넓혀져 왔다고 할 수 있다. 그리고 이러한 추이는 우리의 삶에 영향을 미친다고 여겨지는 범위가 확장되어 온 데 따른 것이라고 보인다.

이와 같은 확대가 자연적인 것이라기보다는 문화적이고 역사적인 것이었던 만큼, 공정성을 적용하는 데 활용되는 기제도 자연적인 방식이었던 것만은 아니다. 토마셀로는 우리가 서로의 동등성을 상정하는 공정함의 기초적 자세조차 공동지향성이라는 인간 특유의 인지구조가 도덕적인 차원에 전용된 결과라고 본다. 공정성의 도덕은 진화상으로 인지적 능력이 정착된 데 따른 일종의 부수적 효과로서 등장했다는 것이다.[15] 나는 이것이 매우 설득력 있는 설명이라고 생각하는데, 왜냐하면 인지적인 면에서 우리가 얻을 수 있는 정확성이나 보편성의 정도와 도덕적인 면에서 기대할 수 있는 그러한 특성 사이에는 무시 못 할 차이와 간극이 있어 보이기 때문이다. 당장 위에서 인용한 폴 블룸의 발언에서도 그가 도덕적 보편성을 인지적인 면에 기대어 확보하고자 한다는 점을 쉽게 확인할 수 있다. 우리에게 낯선 이들의 삶이 우리 아이들의 삶 못지않게 소중하다고 말할 수 있는 근거는 그들도 우리와 마찬가지의 됨됨이를 지닌 인간이라는 인식에 있지 않은가.

요컨대, 공감의 차원을 넘어 공정의 도덕이 성립하고 확장되기 위해서는 비교하고 따지는 능력, 우리가 통상 이성이라고 부르는 능력의 개입이 필요하다. 그러나 여기서 이성이 주도적인 역할을 하는가는 또 다른 문제다. 예나 지금이나 이성을 윤리의 중심으로 내세우는 사람들은 드물지 않지만, 그 확실성이나 순수성과 관련된 논란은 끊이지 않는다. 내가 보기에 이런 사정은 역시 도덕적 문제 영역의 급격한 확장 탓에 생겨난 것이 아닌가 싶다. 오랜 세월 동안 인류는 도덕을 통해 기껏 부족 단위의 문제를 해결하면 족했을 테지만, 문자 문명의 등장과 더불어 보편성의 문제가 본격적으로 제기되기 시작했고, 오늘날에는 전 인류, 나아가 자연환경과의 관계까지 생각해야 하는 처지에 이르렀다. 때로 인간 중심의 편파성마저 넘어서는 이성의 역할이 강조될 수 있을 정도의 상황이 된 것이다. 그러나 다른 한편, 우리의 일상적인 이해는 여전히 친소관계에 좌우되며, 도덕과 관련된 우리의 감정적 기제는 여전히 소규모의 경험에 매여 있다. 이런 쪽에 무게가 두어지면 도덕에서 이성의 역할은 한정된 집단의 이해관계를 위한 수단의 기능에 머물기 쉽다.

우리나라에서도 상당한 반향을 불러일으킨 바 있는 『바른 마음』이라는 책에서 조너선 하이트는 우리가 도덕적 판단을 내리는 데에는 추론보다 직관이 더 우선적이고 중요하게 작용한다고 주장한다.[16] 이성을 통한 추론은 대개 도덕적 감정을 통해 내려지는 결정을 보완하고 정당화하는 역할을 하는 데 그친다는 것이다. 이런 견해에 따르면, 공정성도 문제 해결을 위해 우리의 마음에 자리 잡고 있는 도덕적 기반(moral foundations)의 하나다. 좀 더 건조하게 표현해서 우리의 두뇌에 장착되어 있는 일종의 모듈이라고 할 수 있다.[17] 이것이 담당하는 문제는 협력을 위한 호혜성을 유지하는 것이므로 여기에는 당연히 타산 작용이 개입되지만, 그보다 더 중요한 역할을 하는 것은 상호성을 선호하고 이기적 속임(cheating)을 혐오하는 감정적 요소다. 그런데 무엇이 협력이고 무엇이 이기인지를 판가름하는 틀은 당사자들의 처지나 관점에 따라 달라질 수 있다. 특권의 배제와 평등, 기여에 따른 비례적 보상, 출발점의 불균등에 대한 시정(是正) 등이 경우에 따라 공정함의 중요한 기준이 된다. 이때 어떤 공정성이 선택되느냐는 이성적 따짐의 문제라기보다는 이해관계와 환경, 기질 등에 따른 감성의 문제다.

아마 이렇게 보는 것이 현실에서 다뤄지는 공정성의 모습에 부합할 것이다. 이성의 역할은 사안 자체의 본질을 파고드는 데서보다는 선택된 틀을 뒷받침하는 수단적인 기능에서 잘 발휘되며, 막상 어떤 틀을 내세우느냐는 각자의 이해관계나 그와 연관된 느낌에 좌우되는 경우가 많다. 앞에서 언급한 언더도그마에 대한 문제 제기에서도 이런 면이 두드러진다. 모두가 동등한 권리와 기회를 가져야 한다는 주장 자체는 중립적으로 보일지 몰라도 이것이 어떤 맥락에서 누구에게 제시되는가에 주목하면 정작 문제의 진원이 어디에 있는지가 드러난다. 이런 공정성의 기준은 곧잘 다른 기준과, 이를테면 이미 기울어진 균형을 바로잡아야 한다는 주장과 충돌하는데, 여기에는 동일한 평면에서의 비교와 계산으로는 다루기 어려운 입장의 차이가 깔려 있다. 상충하는 공정성들을 조정할 수 있는 공정성의 틀을 찾기는 힘들다는 말이다.[18]

    나는 이런 점이 공정성 위주로 정의 문제를 바라볼 때 갖게 되는 주요한 한계를 구성한다고 생각한다. 이제껏 살펴본 바처럼 공정성은 이해관계와 깊게 결부되어 있다. 치우침 없는 상호관계를 통해 이익을 도모하기 위한 규범이라 할 만하다. 그런 점에서 일방적 이기에 대한 견제로서의 반-이기는 공정성의 중요한 부분이 된다. 하지만 이와 같은 직접적이고 일차적인 반-이기는 여전히 이해관계의 지평에 얽매인다는 한계를 벗어나지 못한다. 그렇다면 이해관계를 넘어서는 반-이기, 또 그러한 것으로서의 정의가 가능하다는 것인가?

3. 이해관계 너머의 정의

『맹자』의 첫머리에서 맹자는 이(利)의 방도를 구하는 양혜왕(梁惠王)에게 "왕께서는 하필이면 이익을 말씀하십니까. 오직 인의(仁義)가 있을 뿐입니다"라고 힐난한다.[19] 이익 너머의 가치를 강조하는 듯하다. 그러나 이어지는 내용을 보면, 맹자는 이익을 앞세웠을 때 생겨나는 폐해를 거론함으로써 의(義)를 내세우는 것이야말로 더 큰 이익을 도모하는 길임을 설파하는 것 같다. 그런가 하면, 『대학』의 마지막 구절은 "이로써 이로움을 삼지 않고 의로써 이로움을 삼는다"라는 말로 끝나는데, 이것은 더 명시적으로 의가 넓은 범위의 이, 곧 사리(私利)가 아닌 공리(公利)와 합치한다는 생각을 드러내 준다.[20]

이처럼 의를 이의 발전된 형태 또는 고차적인 형태로 여기는 것에는 나름 합당한 근거가 있다고 할 수 있다. 집단적 규범으로 정착된 것은 개체들의 행위를 일반화한 형태하에 규율해 주는데, 이러한 방식은 매번 특수한 상황에 따라 집단적 이익을 세세히 따지는 것보다 훨씬 효율적이다. 물론 그에 따른 대가는 이 같은 일반화가 각각의 구체적인 경우와 딱 들어맞지는 않을뿐더러 때로 크게 어긋나는 일도 있다는 것이다. 하지만 개인적 행위에서도 그럴진대 집단적 행위에서 정확한 이해타산을 하기는 매우 어렵다는 점을 감안하면, 일반화한 규범에 이익에 우선하는 가치가 부여되는 것은 충분히 납득할 만한 일이다. 이렇게 우선적 가치를 갖게 된 의 또는 정의의 내용을 개체들의 차원에 전달해 주는 것은 잘 규정된 의무와 권리 따위다. 이 같은 점에서 보면 서양윤리학의 해묵은 논란거리인 법칙론(의무론)과 결과론(목적론) 사이의 대립[21]도 해소될 수 없는 근본적인 것으로 여겨지지는 않을 것이다.

그러나 이런 식의 조망에 그친다면, 우리는 앞에서 언급한 서울대학교 시설관리노동자들의 파업에 대한 총학생회의 입장이나 언더도그마에 대한 청년층의 염증과 관련해서, 기껏 이해관계를 더 효율적으로 조정하자거나 그 같은 조정의 여지를 함축하는 메타적 공정성을 모색해 보자는 정도의 상투적인 답 밖에 내놓지 못할 것이다. 어쩌면 그것이 현실적인 대응책일는지 모른다. 하지만 나는 올바름으로서의 정의에는 이해관계의 변형에 그치지 않고 이해관계를 넘어서는 면모가—그런 의미에서 공정성을 넘어서는 면모가—있다고 생각한다. 간단히 말해 그것은 '약자를 돕는 것이 정의다'라는 형태로 표현될 수 있을 법하다. 우리가 지닌 정의에 대한 통념의 일단과도 잘 들어맞는 이 명제는 언더도그마가 약자의 선을 전제한다고 불평하는 자들의 관점을 비껴가는데, 왜냐하면 그들과는 달리 여기서는 약자를 '나'의 경쟁 상대나 이해관계의 상대로 보고 있지 않기 때문이다.

결코 사소하지 않은 이 차이에 주목해 보자. 정의에 관해 생각하고 판단할 때 '나'는 이해관계의 당사자일 수 없다는 점이 핵심이다. 일면 상식적인 요구인 듯하다. 그래야 이익에 물들지 않은 올바름을 확보할 수 있지 않겠는가. 그런데 이 올바름이 상호 이익마저도 넘어서야 한다는 점이 중요하다. 다시 말해, 그것이 '나'의 이해관계를 우회하여 '우리'의 이익에 도달하려는 세련되거나 무의식적인 타산이어서는 곤란하다는 얘기다. 그렇다면 완전한 무관심성을 필요로 한다는 말인가? 그 관심이 이익(interest)을 뜻하는 한에서는 그렇다고 할 수 있다. 그러나 또 다른 면에서는, 그러니까 염려(concern)를 뜻하는 것으로서는 그렇지 않다고 해야 한다. 그런 관심조차 없다면, 올바름이나 정의를 거론할 여지 자체가 생기지 않을 것이기 때문이다. 이는 우리에게 완전히 무관심한 자연이 정의를 담고 있다고 말하기 어려운 것과 마찬가지다. 그러니까 정의라는 사안이 성립될 수 있으려면 '나'의 이해관계를 떠난 관심이 있어야 한다. 바로 그것이 약자에 대한 관심, 약자를 돕고자 하는 관심이라고 할 수 있다.

얼핏 생각하면, 이런 발상은 유가에서 말하는 측은지심 또는 인과 통하는 것 같기도 하다. 그러나 시대적 거리 문제는 차치하더라도 그와 같은 설정은, 도덕감과 관련해 앞에서 누차 지적했던 것처럼, 친소관계에 의한 제약이나 이해관계와의 잠재적인 합치 문제를 극복하기 어렵다.[22] 지금 내가 내세우고자 하는 바에, 곧 이해관계 너머의 정의이자 약자에 대한 관심에 가장 적합한 견지는—내가 아는 한—레비나스의 정의관이라고 할 수 있다. 그러므로 이제 레비나스에 기대어 정의와 약자 문제를 부연해 보기로 하자.

레비나스에게서 정의의 출발점은 타자에 대한 관계다. 조금 전에 언급한 것처럼 이 관계가 정의로울 수 있으려면 '나'의 이익과 무관해야 할 것이다. 레비나스는 타자와의 관계가 근본적으로 그렇다고 생각한다. 타자란 말 그대로 다른(他) 자인 반면, 이익은 같음의 영역에 속하기 때문이다. 타자의 다름은 이익과 관계하는 이런저런 규정—동일성—을 벗어난다. 우리가 다른 이와 관계할 때 아예 이익을 추구하지 않는다는 뜻이 아니다. 우리가 마주하는 상대방에게는 타자의 면모가 근본적인 만큼, 다른 사람을 내 이익의 상관자로 대하는 것에 우선하여 그를 다름 가운데서 대해야 한다는 뜻, 이익의 동일성 내에 가두지 말고 관계해야 한다는 뜻이다. 이렇게 이익에 앞선 관계야말로 우리가 다른 사람과 맺는 관계의 올바른 면이고, 그런 점에서 정의라고 할 수 있다.[23]

여기서 먼저 강조하고 싶은 것은 레비나스가 말하는 타자와의 관계가 상호적이거나 대칭적인 것이 아니라는 점이다. 나와 다른 자와 맺는 관계이니, 그 다름을 어떤 틀에 맞춰 제한하지 않는 한, 마땅히 그런 면이 있다고 해야 할 것이다. 보통 우리는 한정되고 규정된 대상이나 영역을 선호하는데, 예측 가능하고 안정된 대응을 할 수 있다는 점에서 보면 당연한 일이다. 하지만 그 때문에 우리는 자칫 더 근원적인 면을 잊기 쉽다. 레비나스는 정형화에 앞선 사태를 조망함으로써, 우리에게 익숙한 테두리 밖을 환기시키고자 하는 셈이다. 물론 우리는 끊임없이 이 바깥을 안으로 포섭하려 드는데, 이것이 이른바 동일화 작용이다. 그러나 제아무리 확장된다 해도 그렇게 확보된 동일성의 영역은 유한한 데 반해, 그 바깥은 무한하다고 할 수 있다. 양적 공간의 면에서가 아니라 규정적 파악을 통해 고갈될 수 없다는 면에서, 레비나스의 표현으로는 '전체화'가 불가능하다는 면에서 그렇다는 말이다. 이렇게 무한하다는 점이 동일자에 대해 타자가 우위에 서는 이유이다. 그러나 이 우위는 힘의 우위가 아니라는 점이 중요하다. 이용 가능하거나 소유 가능한 힘은 동일성의 영역에 속하는 것이기 때문이다. 오히려 타자는 그런 힘의 규정 밖에 놓이므로, 힘을 차지하고 있는 자의 기준에서 볼 때에는 약자의 면모를 지닌다고 할 수 있다.

사실, 엄밀하게 보면 이렇게 타자를 약자로 간주하는 것에 무리가 없다고 할 수는 없다. 힘이라는 규정을 벗어남이 힘의 결여나 박탈과 같지는 않은 까닭이다. 우리에게 낯선 자가 오히려 위협적이고 위력적인 존재로 다가오는 경우도 얼마든지 있지 않은가.[24] 하지만 무엇이든 동일한 것을 놓고 나와 다투는 자는 바로 그 점에서 동일자로서의 특성을 지니게 된다고 할 수 있다. 또 지진이나 태풍처럼 애당초 내게 무관심한 자연적인 존재들이야 굳이 타자라고 부를 이유가 없을 것이다. 그렇다면 내가 차지한 힘과 자리 밖에서 내게 관여하는 타자란 레비나스 말대로, 나를 부르며 호소하는 약자로서의 낯선 자가 아닐까.

레비나스에 따르면, 우리는 이런 타자의 호소에 응답(response)해야 하는데, 이 응답의 책임(responsibility)은 나의 이해관계에서 비롯하지 않는다. 거듭 강조하는 것이지만, 이익이 성립하는 동일성의 밖과 관계하기 때문이다. 이런 점에서 정의는 타자에 대한 책임과 등치된다. 그러니까 레비나스적 시각에서 정의란 우선, 이해관계에 앞서 타자인 약자의 호소에 응답하는 것, 약자인 타자에게 책임을 지는 것이라고 할 수 있다.

이와 같은 설명이 약자에 대한 후의(厚意)를 언더도그마라고 공격하는 이들에게 얼마나 호소력이 있을지는 모르겠다. 그러나 분명한 것은, 레비나스적 견지에서 볼 때 그들은 동일성의 범위 내에서 약자와 정의의 문제를 바라보고 있다는 점이다. 이해관계 너머에서 출발해야 할 관계를 오히려 제약된 틀 속에 밀어 넣은 채 해결을 구하고 있는 꼴이다. 그러므로 레비나스적 시각에서 그들에게 필요한 것은 그들을 얽매고 있는 이해관심으로부터 벗어남(dé-intéresse-ment)[25]을 통해 타자와의 근본적 관계를 회복하는 일이다. 좀 더 적극적으로 요구하자면, 이기적 관심을 넘어서는 '탈-이기'와 그것을 추동하는 출발점으로서의 '반-이기'의 자세가 필요하다고 할 수 있겠다.

그러나 이와 같은 입론이 정의를 이해관계의 문제와 완전히 떼어 놓는 것은 아니다. 정의롭게 생각하고 판단하기 위해서는 내 이해관계로부터 벗어나 타자에게 관심을 기울이는 것이 필수적임을 짚어 주고 있을 따름이다. 물론 각자의 이익 추구를 당연시하는 현실에서는 이런 발상을 내세우는 것조차 쉽지 않다. 그런 탓에 레비나스는―자신의 주저인 『전체성과 무한』에서―이익 추구의 '자유'와 대비되는 책임으로서의 '정의'를 강조해 마지않는다. 흔히 개개인의 자유와 그것을 뒷받침하는 권리가 정의의 출발점으로 간주되지만, 거꾸로 정의가 자유에 우선한다는 것이 레비나스의 주장이다. 타자에 대한 책임으로서의 정의가 동일자적 권리로서의 자유보다 앞선다는 것이다. 나는 이것이 자유주의 및 신자유주의의 근본 전제와 그 정당성을 문제 삼는 중요한 문제 제기라고 생각한다.[26] 언더도그마에 반감을 갖는다는 청년들의 분위기도 자유주의적 전제에 물든 과도한 경쟁사회 탓에 빚어진 폐해라고 한다면, 레비나스적 문제의식과 문제 제기의 타당성은 여전하다 할 것이다.

4. 정의의 다층성과 개방성

비록 정의가 레비나스의 주장처럼 타자에 대한 책임에서 출발한다고 해도, 그것이 정의로서 통용될 수 있으려면 공정성의 문제를 도외시할 수는 없을 것이다. 그런데 앞에서 논의했다시피 공정성이 기본적으로 이해관계와 결부된 것이라면, 즉 상호 이익을 위해 기울어지지 않은 협력의 장을 마련하기 위한 규범적 장치 같은 것이라면, 그러한 공정성은 이해관계에 우선한다는 레비나스적 정의의 출발점과 어긋나지 않은가?

꼭 그렇지는 않다. 레비나스적 견지에서는 정의가 포섭하는 공정성을 '나'의 이해관계와 결부된 것이 아니라 타자들 사이의 관계에 대한 것으로 놓을 수 있기 때문이다. 레비나스는 이에 관해 다음과 같이 설명하고 있다.

> [...] 타인과의 만남은 먼저 타인에 대한 나의 책임입니다. [...] 그러나 나는 '제일 먼저 온' 오직 한 사람밖에 없는 세계에 살지 않습니다. 세계에는 늘 제삼자가 있습니다. 그 역시 나의 타자이며 나의 이웃입니다. 그러므로 그 둘 사이에서 누가 우선하는지 아는 것이 내게 중요합니다. 한 사람이 다른 사람의 박해자가 아닐까요? 사람들, 비교할 수 없는 자들이 비교되어야 하지 않을까요? 그러므로 타자의 운명을 떠맡기에 앞서 여기에 정의가 있게 됩니다. 내가 먼저 책임을 져야 했던 바로 그곳에서 나는 판단을 내려야 합니다. 여

기에 이론의 탄생이 있습니다. 여기에서 이론적인 것의 토대인 정의가 태어납니다. 그러나 판단과 비교, 원칙상 비교할 수 없는 것의 비교를 포함하는 정의가 나타나는 것은 늘 얼굴로부터인데, 왜냐하면 모든 존재는 유일하기 때문입니다. 모든 타인은 유일합니다. 정의에 관여하는 이 필요성에서 객관성의 관념의 토대인 평등의 관념이 나타납니다. 어떤 순간에 '가늠', 비교, 사유가 필요해집니다. 그리고 철학은 이런 의미에서 이 최초의 자비의 깊이로부터 지혜가 출현하는 것일 겁니다.[27]

그러니까 레비나스에 따르면, 공정함과 관련된 판단은 나와 타자 사이의 관계에 대해 내려지는 것이 아니라, 타자들 사이의 관계에 대해 내려진다. 내게 다가오는 타자를 나는 언제나 책임의 관계로 대해야 하지만, 세상엔 여러 타자가 있고 그들 사이에서 분쟁이 생겨나기도 한다. 그럴 때 나는 누가 옳고 누가 그른지, 누가 누구를 억압하는지, 누가 누구에게 손해를 끼치는지 등등을 따지고 견주고 판단해야 한다. 이런 판단은 어느 누구에게 치우침 없이 내려져야 할 텐데, 바로 여기서 평등과 공정성이 필요해진다.

그러나 이 공정성은 엄밀히 말해 타자가 아니라 제삼자와 관련되는 것이다. 모든 타자는 타자인 한에서 유일하며, 가늠하거나 비교할 수 없기 때문이다. 비교의 대상이 된다는 것 자체가 한정된 동일성을 지닌 존재로 취급된다는 것을 뜻한다. 제

삼자란 이렇게 타자로서의 직접성을 잃어버린 타자, 동일성에 의해 재단된 타자다. 따라서 제삼자는 잠재적 타자일 수는 있으나 현재적 타자는 아닌 존재다. 실제로는 각각의 타자에 이런 제삼자적 면모가 함께 실려 있다고 할 수 있다. 모든 사람은 나와의 2자 관계에서는 내가 응답해야 할 타자이지만 3자 관계에서는 객관적 평가의 대상이 되는데, 누구에게나 이 두 면모는 겹쳐 있는 셈이다.

이와 같은 구도하에서는 우리가 취해야 할 올바른 방도인 정의도 두 측면을 지닌다. 책임의 층위와 공정성의 층위가 겹치는데, 아래쪽에 놓이는 것은 물론 책임의 층위다. 타자에 대한 책임을 바탕으로 해서 따짐과 평가의 공정성이 자리를 잡는다. 레비나스의 표현을 빌리면 공정성의 이편에 타자에 대한 책임이 놓인다고 할 수 있다. 이 책임은 반-이기의 근본적인 기반을 이루는데, 왜냐하면 이것은 이익을 따지기 앞서 타자에 대한 관심을 추동하는 계기가 되기 때문이다. 이런 바탕에서 출발하면 공정성의 함의도 사뭇 달라진다. 나의 이익과 우리의 이익을 위해 공정함을 추구하는 것이 아니라, 타자를 위해, 더 정확히 말하면 타자들을 위해, 그들 사이의 억압과 착취를 저지하거나 최소한 방치하지 않기 위해 그렇게 하는 것이다. 정의란 약자를 돕는 것이라는 명제는 여기서 공정성을 포함하는 의미를 얻는다. 핍박당하는 타자의 호소에 응답하는 가운데 공정함에 대한 판단이 개입하게 되는데, 이 개입은 제삼자들로서의 타자들 사이에서 이기가 낳는 피해와 불균형을 바로잡는 데 관여한다. 그런 점에서 이것은 우리가 앞서 논의했던 공정성에서의 반-이기의 계기를 포함한다고 볼 수 있다.

그런데 이런 식의 정의관에서 새삼 짚고 넘어가지 않을 수 없는 문제가 있다. 타자에 책임을 지며 제삼자를 고려하는 윤리적 주체인 '나'는 정작 이 정의의 적용 범위에서 제외되는 것이 아닌가 하는 점이다. 물론 나도 타자에 의해 타자로, 즉 책임 관계의 윤리적 상대로 받아들여질 수 있다. 하지만 '나'로서는 애당초 이런 처지의 교환을 염두에 두긴 어렵다. 그렇게 상호적이고 대칭적인 관계를 상정하다간, 도리 없이 동일성의 틀에 끌려 들어가게 되기 때문이다. 그래서 레비나스는 타자도 나를 타자로서 존중해야 할 의무가 있겠지만, 그것은 나의 소관이 아니라 타자의 소관이라고 말한다.[28] 타자와의 비대칭적 관계를 근본적인 것으로 내세우는 한, 이것은 내가 취할 수 있는 불가피한 입장, 일종의 현상학적 사실이라고 할 수 있다. 내가 타자가 되는 것은 주체로서의 나에게는 불가능한 사태일 테니 말이다. 나는 타자가 나를 타자로 대하길 희망할 수는 있겠으나, 그런 점을 전제할 수도 보장받을 수도 없다.[29]

그렇다면 나를 타자의 타자인 제삼자로 취급하는 것은 가능하지 않느냐는 생각을 해 볼 수도 있겠다. 그 경우에 '나'는 비교의 대상으로 객체화되어야 할 것이다. 하지만 이해관계를 넘어선 주체의 윤리적 관계를 정의의 기초로 내세운 입장에서 다시 자기 자신을 이해관계와 관련된 비교의 대상으로 삼는 것은 합당한 일로 보이지 않는다. 제삼자의 위치에 지금 마주하고 있지 않은 다른 사람을 놓는 것과 판단의 주체인 자신을 놓는 것이 같을 수는 없다. 책임의 상대인 타자의 면모 위에 제삼자로서의 객관적 면모를 겹쳐 두기도 쉽지 않은 일이겠으나, 책임의 주체가 다름 아닌 자기 자신의 제삼자적 면모를 제시하고 그것을 스스로에 겹쳐 두기는 더욱 힘든 일이다. 그것은 자칫하면 이해관계 이전의 관계라는 레비나스적 정의의 출발점을 훼손할 위험마저 있다. 그러므로 적어도 레비나스적 견지에서는 '나'가 연루된 이해관계는 접어 두고 타자들 사이의 관계만을 비교와 평가 대상으로 삼는 것이 옳을 것이다.

이상과 같은 정의관에 대해 비현실적 논의라는 지적이 많을 줄 안다. 정의란 마땅히 '나'를 포함하여 모두가 합당한 대우를 받기를 지향하는 것이지, 시혜적이거나 희생을 감내해야 하는 것은 아니지 않느냐는 항의가 들릴 듯하다. 그러나 과연 무엇이 합당한 것일까? '나'와 '우리'의 이해관계만이 그 합당함의 바탕이고 기준일까? 오히려 현시대의 사회 상황이 주된 것으로 부각시킨 것이 이해관계 및 그와 결부된 공정성이 아닐까? 그런 탓에 이해관계 이전 또는 너머와 관련된 정의의 발상이 비현실적으로 여겨지는 것 아닐까?

우리에게 이해관계가 중요하지 않다고 말하는 것은 아니다. 오히려 이해관계의 중요성 때문에라도 그것의 위상을 제대로 파악할 필요가 있다. 이해관계가 규정되고 또 그것이 우리를 규정하는 방식은 역사적이고 문화적으로 형성된 것이지만, 개개인에게는 거의 선험적인 것처럼 다가오며 작용한다. 그런 까닭에 이해관계의 주어진 규정들 밖으로 나가 삶의 관계들을 조망하기는 쉽지 않다. 레비나스 식으로 말하자면, 동일성의 틀이 워낙 강고하고 보편적인 것으로 여겨지는 탓에, 그 바깥과의 만남은 무시되고 기피되거나 곧바로 동일성에 포섭되어야 할 것으로 취급된다. 때로 동일성의 외부는 우리에게 익숙한 이익의 형태들을 깨뜨릴 수 있는 잠재적 위협으로 간주되기도 한다. 그러나 이 낯설고 다른 바깥이 정형화한 삶의 틀을 에워싸고 있으며, 이런 타자와의 관계가 불가피하고 근본적인 것임은 부인할 수 없지 않은가.

사실 외부와의 관계를 어떻게 받아들이고 처리하는가는 체계의 발전 정도를 가늠할 수 있는 지표가 된다. 취약한 체계일수록 낯섦과 다름에 적대적이기 쉬운 이유는 굳이 설명할 필요가 없겠다. 감성적 친소관계를 앞세우는 체계보다는 일정한 권리와 절차를 내세우는 체계가 배타성의 극복 정도 면에서도 진보한 것임은 틀림없다. 잘 정비된 동일자적 질서를 타자에 대한 거름망으로 사용하는 것이 타자를 동일자 내로 포섭하고 체계의 규모를 확장해 나가는 데 효과적이다. 그러나 그러한 거름망은 상황의 압력에 따라 좁혀지고 촘촘해져서 타자에 대한 배제를 강화하고 내적 배제를 낳기도 한다. 난민 수용의 팍팍한 기준과 '언더도그마'에 대한 불만이 다 같이 지시하는 것은 동일자적 체계가 처한 어려움과 그에 따라 드러나는 체계의 취약성이다. 이런 점을 생각하면 타자를 대하는 자세와 관련해서 사회적 개선책을 찾는 것 외에 개개인에게 어떤 요구를 할 수 있을지 의문스러울 법하다.

그러나 바로 그런 요구가 가능하도록 사회적 체계 내에 마련된 통로가 도덕이고 윤리이며 정의가 아닐까. 보통은 질서의 유지를 뒷받침하지만 때로 기존 질서의 변화를 도모할 수 있는 통로, 그러니까 체계 내적 질서와 그 바깥을 연결하는 통로로서 말이다. 도덕 특히 정의를 경제적 이해관계에 연동되는 이데올로기로 취급하는 관점은 비록 도덕 영역 너머의 변혁 전망을 내세운다 해도 동일자적 체계 내에 머문다. 그나마 경제 관계의 변혁 가능성이 눈에 보일 때는 이런 견지가 힘을 얻을 수 있지만, 그렇지 못할 경우 도덕이 기존 틀의 한계를 넘어서기 위해서는 한층 더 바깥으로 나아가야 한다. 특정한 정의 규범을 그 자체로 강요하는 것보다는 이해관계와 결부시켜 이해하는 편이 나을 것이지만, 이제 그 층위조차 더 근본적이며 미규정적인 관계에 바탕하고 있음에 새삼 주목할 필요가 있다. 물론 이 바깥을 향하는 방향까지 미규정적이라는 말은 아니다. 그 지향성은 우리를 둘러싼 상황에 대한 주체적 반응일 수밖에 없는데, 나는 이 글에서 정의 문제를 둘러싼 그 반응의 주된 방향이 이익의 공정성을 넘어 약자에 대한 책임에 닿아 있어야 한다고—레비나스에 기대어—주장한 셈이다. 그것이야말로 공정성 내부의 반-이기라는 계기를 변형된 이기의 틀에서 해방시켜 본래적 바탕 위에서 재조망하는 길이라고 생각해 본다.

동물과 인간 사이
— 타자로서의 동물과 인간의 책임

1. 가깝고도 먼 동물

오늘날 동물과 인간 사이는 한편으론 매우 가깝다. 어떤 동물들은 이제 우리의 '반려'라고 불린다. '반려'(伴侶)에 해당하는 서양어 'companion'의 라틴어 어원 'cum panis'가 빵을 함께 먹는다는 뜻이니까, 이를 바꾸어 표현하면 '식구'(食口)라고 할 만하다. 실제로 우리 주변에는 식구로서의 가족(家族) 대우를 받는 동물들이 많다. 강아지를 유모차에 태우고 다니는 모습은 더 이상 희귀하지 않고, 그리 눈총을 받을 일로 여겨지지도 않는다. '반려동물'은 감정을 나누고 같이 생활하는 실질적 가족의 일원으로 자리 잡은 셈이다. 우리 사회에서 반려동물과 함께 지내는 사람들은 1,200만 명이 넘고, 이와 관련된 산업 규모도 10조 원에 육박할 정도라고 한다.[1]

동물에 대한 이론적 관심이 커진 것도 이런 사회적 배경 위에서임은 물론이다. 개나 고양이를 키우는 사람들은 이 동물들이 각기 개성이 있음을, 그러니까 나름의 독특한 생김새와 성격, 감정 구조를 가지고 있음을 잘 안다. 인간만이 아니라 동물들도 고유하고 독립된 개체로 대우받을 자격이 있음을 굳이 설명할 필요가 없는 이유다. 그들도 'person'일 수 있음이 체험을 통해 확인된다는 말이다. 이런 면은 '인격'(人格)뿐 아니라 '동물격'(動物格)을, 나아가 인간과 동물에 두루 적용될 '개체격'(個體格)을 운위할 수 있는 바탕이 된다.[2]

그렇지만 이런 특성과 '개체격'이 사회 제도에 어떻게 반영되는가는 간단한 문제가 아니어서, 동물보호법과 같은 형태의 확산에도 불구하고 여전한 논의거리로 남아 있다. 이 글에서 법적 규범의 문제를 주제적으로 다룰 생각은 없다. 하지만 동물 관련 법규의 현황이 동물의 '가족적' 가까움 이면의 또 다른 현실을 가리키고 있다는 점은 짚고 넘어가고 싶다.

2024년 7월 현재, 우리 사회에서 동물의 법적 지위는 '물건'이다. 2021년 당시 정부가 발의한 법률 개정안 "동물은 물건이 아니다. 동물에 관하여는 법률에 특별한 규정이 있는 경우를 제외하고는 물건에 관한 규정을 준용한다"라는 내용(민법 제98조의 2)은 아직 국회에서 통과되지 않은 상태다.[3] '동물은 물건이 아니다'는 당연한 사실 같지만, 민법에서 규정하는 '물건'은 사람이 지각할 수 있는 것들 가운데 인간을 제외한 모든 것을 가리키며, 또 구체적 형태가 없는 것이라 해도 인간이 관리할 수 있는 힘, 이를테면 전기 같은 것을 포괄한다. 그러니까 여기서 초점은 어떤 대상이 생명이 있느냐 없느냐가 아니라, 인간이 소유할 수 있는 것이냐 아니냐에 있다. 이런 맥락에서 동물은 물건이고 재산이다. 물론 동물(動物)은 부동산(不動産)이 아닌 동산(動産)에 속한다.

문제는 동물이 다른 동산과는 달리 스스로 움직인다는 데 있다. 하긴, 스스로 움직인다고 해서 제어가 불가능하거나 소유할 수 없는 것은 아니다. 과거의 노예제도는 소유물의 범위가 어디까지 확대될 수 있었는지를 보여 준다. 그러나 의지를 지닌 자율적인 존재를 노예로 굴종시키고 사고팔 수 있는 소유물로 삼는 것은 이제 더 이상 허용될 수 없다. 반려동물은 다를까? 반려동물을 사고팔 수 있다면, 그리고 동물이 물건이 아니라면, 그것은 반려동물이 일종의 노예임을 드러내는 것이고, 결국 그것은 우리가 동물을 이전의 노예처럼 잘못된 방식으로 대하고 있음을 드러내는 것이 아닐까?

사람은 사람이고 동물은 동물이어서 사람이 사람을 소유할 수는 없지만 동물은 소유할 수 있다고 본다면, 이런 문제는 쉽게 해결될 수 있을 성싶기도 하다. 반려동물이 가족과 같은 존재라는 말도 가족에 준한다는 뜻이지, 실제로 가족이라는 얘기는 아니지 않은가. 그렇다면 동물은 물건은 아니나 물건처럼 사고팔릴 수 있는 존재라는 말이 된다. 앞서 언급한 법률 개정안도 동물이 물건은 아니지만 특별히 달리 규정된 경우를 제외하곤 "물건에 대한 규정을 준용한다"라고 명시하고 있는데, 여기에도 이런 곤혹스럽고 어쩌면 과도적인 상황이 반영되어 있는 셈이다.

사실, '동물'(動物)의 '물'은 '물건'(物件)의 '물'과 같은 글자다. 이 '물(物)' 자는 '소 우'(牛)와 '말 물'(勿) 자가 합쳐져 만들어진 것인데, 그 갑골문의 형태(牜)가 소를 칼로 내려쳐 도축하는 모습을 나타낸다고 해석하기도 하고, 소로 쟁기를 끄는 모습에서 온 것이라고 보기도 한다. 어느 경우건, '물'은 농경사회에서 중요한 재산이었던 소를 나타낸 데서 비롯한 글자라 할 수 있다. 소는 오늘날도 인간에게 중요한 동물이지만, 소를 반려동물로 삼는 사람은 아마 없을 것이다. 많은 사람들에게 소는 소 자체로서보다는 고기로서, 식품의 형태로서 다가온다. 이런 면모야말로 오늘날 동물이 우리에게 갖는 의미의 중요한 다른 한 축, 즉 물건으로서의 축을 구성한다.

고기로서의 동물들은 예전보다 가까워졌을지 몰라도 고기를 제공하는 동물들 자체는 우리 대부분의 시야에서 멀어졌다. 우리는 마트에서 포장된 고기를 사면서 그것이 살아 있던 동물 사체(死體)의 일부이며, 그 동물도 '개체격'을 가진 존재였을 수 있음을 쉽게 떠올리진 못한다. 전 세계적으로 매일 소 90만 마리, 돼지 380만 마리, 닭 2억 마리가량이 도살되며 그 대부분은 공장식 축사에서 키워진 동물들이지만,[4] 우리는 그들의 사체를 팔고 사고 소비하면서 그들의 짧고 비참한 삶을 안타까워하거나 그들을 애도하는 일이 거의 없다. 반려동물의 경우와는 아주 다른 사태다.

이런 점에서 보면, 동물들에도 양극화 현상이 나타나고 있다고 해야 할 것 같다. 우리에게 가족처럼 가까워진 몇몇 '반려' 동물과, 죽은 뒤 고기 조각으로만 만나는 우리로부터 멀어진 무수한 동물들. 멀어진 동물들 가운데는 아예 우리와 만날 기회조차 박탈당하고 폐기물 취급을 받는 동물들도 있다. "낙농장에서 태어난 새끼 수소는 아무 쓸모가 없어 한 마리도 남김 없이 곧장 도살"한다고 한다. "수소는 우유 생산 과정의 폐기물"이라는 것이다.[5] 달걀 산업의 폐기물 신세인 수평아리도 마찬가지다. 반면에 최근의 '푸바오'처럼 세간의 관심을 끌며 아이돌 같은 스타로 등장하는 동물도 있다. '푸바오 현상'도 일종의 문화적인 소비물이라고는 하겠으나, 어떻든 이를 통해 푸바오라는 동물의 일상이 많은 사람에게 가까이 다가온 것은 사실이다. 푸바오를 직간접으로 지켜본 사람들은 그가 '개체격'을 갖지 못한 한갓 '물건'이라고 생각하기는 어려울 것이다.

요컨대, 동물에 관하여 우리는 자못 모순적 상황에 놓여 있는 셈이다. '어떻게 고양이를 끌어안고 통닭을 먹을 수 있을까'라는 책 제목[6]은 우리의 이런 처지를 잘 드러내 준다. 지금까지는 삼겹살을 구워 먹으면서 휴대폰으로 푸바오 영상을 보는 이율배반을 큰 어려움 없이 감내하고 있다 해도, 앞으로도 계속 그럴 수 있을까? 만일 고양이와 닭이, 자이언트 판다와 돼지가 다 같은 동물이면서도 전혀 다른 대접을 받아야 할 정당한 이유를 찾지 못한다면, 우리는 동물들에게 친소(親疏)에 따른 극단적 차별을 행하고 있다는 혐의를 벗을 수 없을 것이다.

문제는 여기에 그치지 않는다. 인간 역시 동물이라고 할 때, 동물들 사이의 차별적 대우가 정당한가 하는 문제는 인간이 다른 동물과 달리 특별 대접을 받을 수 있는가 하는 문제로 번져 가기 마련이다. 도대체 어떤 근거로 인간은 다른 동물들을 소유하고 처분하며 먹을 수 있는 것일까? 인간은 인간이고 동물은 동물이라는 발상, 앞에서는 일단 묵과하고 넘어갔던 이 발상은 실상 지극히 인간 중심적인 견지에 지나지 않는 것이어서 인간 사회의 폭력적 힘을 통해서만 관철될 뿐, 노골적 자연 속에서는 여지없이 부서지고 마는 것이 아닌가?

2. 인간의 세계와 동물의 세계

인간 역시 다른 동물들과 마찬가지로 동물이며 자연적으로 특별한 위치에 있지 않다는 점을 극적으로 보여 주는 것은 인간이 다른 동물들에게 먹힐 수 있음을 환기하는 사례들이다. 야생 동물의 습격을 받아 먹잇감이 되어 버린 사람들의 이야기는 매우 예외적인 불행한 사건들로 기억되곤 한다. 대표적인 것이 알래스카에서 회색곰에게 먹힌 티머시 트레드웰의 이야기다. 그는 젊은 시절부터 회색곰에 특별한 관심을 갖고 곰 보호운동에 나서기도 했던 사람이다. 십여 년이 넘는 기간 동안 여러 차례 곰 서식지를 찾아 곰들과 함께 지내며 많은 영상을 남겼다. 하지만 2003년 가을, 겨울잠을 준비하던 곰에게 습격당해 참혹한 최후를 맞고 말았다. 이 일이 있고 난 후, 여기에 대한 일반적인 평가는 무모하게 야생에 다가가려 한 잘못이 빚어낸 비극이라는 것이었다. 트레드웰이 촬영한 영상들을 바탕으로 이 사건을 다큐멘터리 영화로 만든 베르너 헤어조크는 그 영화 〈그리즐리 맨〉(2005)의 말미에서 이렇게 말하고 있다.

> 내게 떠오르는 생각은 트레드웰이 촬영한 그 모든 곰들의 얼굴 모두에서 나는 어떤 동류의식도, 어떤 이해도, 어떤 자비심도 발견할 수 없다는 것이다. 내 눈에 띄는 것이라곤 자연의 압도적인 무관심뿐이다.[7]

자연이 인간을 특별 대우하지 않는다는 점이 명백하다고 해도, 그 사실만으로는 다른 동물들과 인간이 같아지는 것도 친해지는 것도 아니다. 오히려 다른 동물들과 잘 지내기 위해서는 그들과의 차이를 잘 이해할 필요가 있다. 인간이 다른 동물의 먹이가 되는 것은 인간의 처지에서 전혀 바람직하지 않은 일이지만, 결코 불가능하지 않다. 마찬가지로 다른 동물들이 인간의 먹잇감이 되는 것도 그들의 입장에서는 불행한 사태고, 또 불가피한 일도 아닐 것이다.

발 플럼우드는 호주의 철학자이자 생태학자로, 1985년 카카두 국립공원 호수에서 홀로 카약을 타다 악어의 공격을 받아 거의 잡아먹힐 뻔하다가 가까스로 살아난 일로 유명한 인물이다. 그렇게 끔찍한 사건을 겪었음에도 그녀는 이 경험을 통해 자신이 지금까지 지녀 왔던 인간 중심적인 견지를 벗어날 수 있었다고 술회한다. 스스로가 먹잇감으로 전락하는 순간, 포식자로서의 삶을 당연시해 왔던 세계의 모습이 깨지고 그 바깥의 세계가 "천둥소리처럼" 엄습함을 감지하게 되었다는 것이다.[8] 플럼우드는 이 바깥의 세계, 생태학적 세계가 더 근원적이라고 생각한다. 그렇다고 인간이 항시적으로 다른 동물들의 먹잇감이 되어야 한다고 보는 것은 아니다. 우리는 인간이 마련한 문명 세계에 살고 있으며, 이를 쉽게 포기할 수는 없다. 하지만 세계의 본모습에 해당하는 것은 우리 모두가 먹이인 세계다. 이것이 플라톤의 동굴 밖 세계라면, 우리가 일상을 사는 곳은 동굴 속 세계인 격이다.[9] 물론 플라톤의 비유에서와는 달리, 문명 세계가 생태 세계의 그림자에 불과하다고 할 수는 없을 것이다. 그러나 동굴 속에 안주하는 우리는 자칫 동굴 밖의 세계를 무시하거나 열등한 것으로 폄하할 위험이 있다. 사실은 생태 세계야말로 문명 세계의 기반임에도 말이다.

동물에 대한 현대의 철학적 논의에서 빼놓기 어려운 것이 동물의 세계는 빈곤하다는 하이데거의 규정이다. 돌과 같은 무생물에게는 세계가 없고(weltlos), 동물에게는 세계가 있으나 그 세계는 빈곤하며(weltarm), 인간은 세계를 형성한다(weltbildend)는 하이데거의 언급[10]은 일견 매우 그럴듯해 보인다. 동물의 세계가 빈곤하다는 말은 동물은 환경과 자극에 특정한 방식으로만 반응할 따름이어서 외부와의 관계가 제약되어 있다는 뜻이다. 반면에 인간은 그러한 제약에서 벗어나 환경을 자신에 맞게 변형할 줄 안다. 그렇기에 인간의 세계는 가변적이고 개방적(offenbar)이다. 그러나 동물은 본능에 따른 행동에 붙잡혀 있어서(benommen) 인간처럼 세계의 다양한 가능성을 보지 못한다. 하이데거는 이를 동물은 자체로서의(als solche) 존재자와 관계하지 못한다고 표현한다.

플럼우드의 견지는 이와 같은 하이데거의 견해와 대비된다. 플럼우드의 눈으로 보면 아마 하이데거의 생각은 인간의 우월한 위치를 전제하고 생태적 세계를 내려다보는 데서 성립하는 매우 인간 중심적이고 오만한 발상으로 비칠 것이다.[11] 인간들이 이루어 낸 세계가 제아무리 풍부하다고 해도, 늪지에서 먹이를 노리는 악어가 경험하는 세계를 포괄한다고 할 수 있을까? 그런데 왜 악어의 세계는 '자체로서의' 세계가 못 되고, 인간의 세계는 '자체로서의' 자격을 갖는가? 하이데거가 말하는 '존재 이해'와 '자체로서의 존재자'는 실상 인간의 세계에 속하는 것이고, 따라서 그것 또한 한 세계의 양태에 불과하지 않을까?

인간이 대상들의 잠재적이고 다층적인 면을 파악하고 상황에 따라 여러 가지 방식으로 대응할 수 있다는 점은 쉽게 수긍할 수 있다. 또 이런 특성들을 보편화하여, 여러 '존재하는 것'을 가능케 하는 근본적이고 유동적인 '존재' 개념을 내세우는 일도 그럴 법하다고 여길 수 있다. 나아가, 날로 정형화되는 대상 세계와 인간의 삶을 그러한 개념을 바탕으로 재조명하려는 시도의 의의도 인정할 수 있다. 하지만 그렇다고 해서 인간이 경험하고 파악하는 세계를 다른 동물들의 세계에 대해 '존재론적으로' 특권화하는 일이 정당화되는 것은 아니다. 오히려 플럼우드가 환기해 주듯, 다른 동물들의 세계와 부딪히고 만남으로써 인간의 세계를 상대화할 때, 인간의 '존재 이해'와 인간이 규정하는 '존재자'의 위상도 제자리를 찾을 수 있지 않을까 싶다.

3. 인간 중심주의를 넘어

유전학적이고 진화론적으로 밝혀진 사실들은 인간이 애당초 별반 특출난 존재가 아님을 입증하고 있다. 최소한 이십만 년에 달한다는 인류의 생물학적 역사에 비추어 볼 때, 인간이 스스로를 다른 동물들보다 우월하다고 여기기 시작한 것은 그다지 오래되지 않는다. 문명의 초창기에는 신격화되기까지 하던 동물들의 지위가 아래로 밀려나게 된 것은, 물론 인간 집단의 힘이 현저히 신장된 데 따른 변화라 할 수 있다. 하지만 이 힘의 우위가 생물학적 근거에 바탕을 둔 것은 아니었던 만큼, 인간의 차별적 위계를 정당화하기 위해서는 여러 방식이 동원될 필요가 있었다.

　인간의 상위에 자리 잡은 신의 역할 중 하나는 인간의 격을 다른 동물보다 높여서 인간에게 자연에 대한 지배권을 보장해 주는 것이었고,[12] 신의 권위가 충분한 위력을 발휘하지 못하게 된 뒤로는 인간이 다른 동물과 확연히 다르다는 생각을 재생산해 내는 지배적 기제가 작동해 왔다. 조르조 아감벤이 '인류학적 기계'라고 부른 이 사유의 틀[13]이 인간의 특성으로 내세웠던 것들로는 이성, 언어, 개방성 등 여러 가지를 들 수 있다. 하지만 정작 이 인간학적 기계를 통해 산출된 구별의 공통적이고 본질적 특성은, 인간이란 그 자신을 다른 동물과 구별되는 존재로 인식하는 동물이라는 것이었다. 실제로는 자의적인 면모를 지닌 이 구별의 기준들은 인간의 자격과 조건을 규정하는 방식을 통해 인간들 내부에서도 배제와 주변화를 이루는 데 기여해 왔다.[14] 이런 점에서 동물과 인간의 구별 문제는 인간 사회를 관통하는 문제이기도 하다.

앞으로 이 글에서 주요하게 다룰 자크 데리다 같은 철학자가 인간 사회에서 지배적인 영향력을 행사해 온 동물관의 문제를 집요하게 파고드는 까닭도 여기에 있다고 보인다. 비록 인간이 여러 동물 중의 한 종에 불과하며 인간의 세계가 복합적인 생태학적 세계 가운데 한 종류에 불과하다고 해도, 이 인간의 세계가 매우 강력하고 비대해져서 다른 동물들에게 압도적인 영향력을 행사하게 되었다는 점은 부인할 수 없다. 이런 점에서 볼 때, 다양한 동물들을 마치 하나의 부류인 것처럼 '동물'이라고 단수로 부르는 것부터 잘못이라는 데리다의 지적[15]은 나름의 발본적인 문제 제기라고 할 수 있다. 힘의 불균형에 따른 사태의 왜곡이 인간의 사고방식과 언어를 통해 무반성적으로 재생산되는 것을 바로잡아 보려는 시도인 셈이다.

데리다는 특히 근대 이후 서구의 철학적 담론들이 '동물'을 인간보다 열등한 존재로 보는 견해를 확산시켜 왔다고 비판하면서 데카르트, 칸트, 레비나스, 라캉, 하이데거 등의 철학이 얼마나 인간 중심적인지를 드러내려 한다.[16] 데카르트처럼 동물은 정신이 결여된 자동기계라고 여기건, 칸트처럼 동물에게는 '나는 생각한다'의 자기 관계가 성립하지 않는다고 생각하건, 레비나스처럼 동물을 윤리적 상대자의 자리에서 밀어내건, 라캉처럼 동물에게는 가장(假裝)을 가장(假裝)하는 능력이 없다고 치부하건, 하이데거처럼 동물의 세계는 빈곤하다고 간주하건, 이들 모두는 동물에게는 인간이 갖춘 본질적인 특성이 결핍되어 있다고 보는 공통점이 있다는 것이다. 이 모든 견해는 '동물'과 인간을 확연히 구별하는 효과를 낳고 그럼으로써 인간과 동물을 달리 취급해도 좋을 핑계를 마련해 준다. 데리다는 이와 같은 차이 설정이 확실한 근거를 갖지 못하며, 따라서 '동물'과 인간의 본질적 차별이 부당함을 보이려 한다.

그렇다고 해서 인간과 동물들 사이에 구분과 경계가 없다고 생각하는 것은 물론 아니다. "누가 그런 점을 부인할 정도로 멍청하겠어요? 하지만 인간(l'Homme)과 동물(l'Animal) 사이에 유일한 경계, 하나이고 분할 불가능한 경계는 없지요"[17]라고 데리다는 말한다. 단일한 기준으로 인간과 동물들 사이의 관계를 단절적으로 규정하는 것이 잘못이라는 얘기다. 우리에게 필요한 것은 오히려 다른 동물들과 인간을 이어 주는 연결선을 통해 우리 자신을 더 깊고 다면적으로 이해하는 일이다. 데리다가 동물에 대한 논의를 '그러니까 나인 동물' 또는 '그러니까 내가 쫓는 동물'이라고 읽을 수 있는 양의적인 제목[18] 아래서 풀어

가는 까닭이 여기에 있다.

그가 채식주의에 적극 동의하지 않는 이유도 이와 유사한 맥락에 있다고 보인다. 채식주의 또한 인간 중심적으로 단순화된 기준을 일률적으로 적용하려 한다고 여겨지기 때문이다. 채식주의에는 확실히 긍정적인 면이 있다. 기후변화와 관련된 고려는 차치하더라도, 동물을 '고기'로 생산하고 소비하는 과정에서 동물에게 가해지는 폭력을 줄이는 데 기여할 수 있다는 점에서 그렇다. 하지만 채식주의는 먹는다는 사안과 관련하여 동물들과 인간의 관계를 일면적으로 한정하여 바라본다는 한계를 지닌다.

데리다에 따르면, 채식주의는 먹는다는 행위가 수반하는 "희생의 구조"[19]를 천착하지 못한다. 우리는 무엇을 먹건, 먹음으로써 타자를 희생하면서 살아간다. 식물이건, 동물이건, 성찬식에서의 빵과 포도주건, 그것은 "타자를 먹는 것"[20]이고, 직접적으로건 우회적으로건 타자를 희생하는 것이다. 하지만 우리는 대개 희생(sacrifice)을 인간이나 인간의 신에게만 해당되는 사안으로 놓고 이를 신성함(sacré)과 연결시킨다. 이제 희생은 인간의 문화 속에서 특권화되어 버리는 셈이다.[21]

그러니까 먹음의 문제에서 우선 중요한 것은 채식이냐 육식이냐의 선택이라기보다는 이렇게 인간 중심적인 구도를 벗어나 뭇 생명체의 삶이 무수한 다른 생명체들의 희생에 바탕하고 있음을 다시 환기하는 일이다. 또 그럼으로써 인간 위주의 특권적인 "희생을 희생하지 않는"[22] 잘못된 사태를 바로잡는 일이다. 먹는 행위가 불가피하게 타자들의 희생을 수반한다는 이런 사정하에서는 누구의 희생이냐보다는 어떤 방식의 희생이냐가 더 중요해진다. 데리다의 표현대로, "어떻게 잘 먹어야 하는가?"[23]가 관건이 되는 것이다.

이 '잘'(bien)의 내용이 어떤 것인지 따지는 일은 간단치 않다. 가능한 대로 최소한의 희생이 바람직할 것이며, 희생되는 타자들에 대한 존중과 배려가 필요할 것이다. 또 여기에는 혼자만의 '잘'이 아니라 함께 '잘' 먹음의 요구도 포함될 것이다. 하지만 이 '잘'이 주체와 상황에 따른 탄력성을 잃는다면 그것은 이미 '잘'일 수 없다. 채식주의가 보편적 원칙으로서 내세워질 때, 데리다의 '잘 먹음'과 조화되기 어려운 이유다.

플럼우드도 절대적 채식주의에는 문제가 있다고 여긴다. 악어에게 채식을 강요할 수 없듯 채식주의가 인간에게만 적용 가능한 것이라면, 그것은 결코 일반적인 존재론적 원칙처럼 취급될 수 없다고 생각하기 때문이다.[24] 하지만 그렇다고 '너희들이 서로 잡아먹으니 내가 너희들을 먹는 것도 괜찮겠지'라는 식의—벤저민 프랭클린의 일화로 잘 알려진—견지를 받아들이는 것도 문제다. 자연 세계에 인간의 권리나 사고방식을 강요하려는 것이 잘못이듯이, 자연의 양상을 인간의 행태에 그대로 끌어들이는 것도 잘못일 수 있다. 플럼우드에게도 채식주의는 채식이냐 육식이냐의 양자택일의 문제가 아니라, 동물들에 대한 폭력을 줄여 나가는 방향에서 '맥락에 따라' 취해져야 할 탄력적인 방침인 것이다.

4. 타자의 얼굴과 동물

동물과 관련하여 인간 중심주의를 넘어선다는 것이 동물과 평등하게 살아감을 뜻하지는 않는다. 인간과 동물의 관계는 엄연히 비대칭적인 까닭이다. 인간과 동물을 둘러싼 논란은 인간과 동물 사이에 벌어지는 것이 결코 아니다. 채식주의 논쟁에도 인간 외에는 어떤 동물도 참여하지 않는다. 하지만 이런 논란의 귀결은 동물들에게 엄청난 영향을 미친다. 인간과 다른 동물들의 관계를 대칭적 상호관계로 놓을 수 없는 이유다.

그렇다고 다른 동물들이 인간에 비해 단순하고 열등하다는 말은 아니다. 생물학적으로뿐 아니라 철학적으로도 그렇다. 우리는 우리 자신의 동물성에 대해서도 충분히 알거나 이해하지 못하며, 다른 동물들에 대해서는—낯선 동물들에 대해서는 물론이고 우리에게 친숙한 몇몇 동물에 대해서조차—더더욱 잘 모르기 때문이다. 인간의 영향력이 현재 압도적인 것은 맞지만, 이런 사태가 그렇게 오래된 것은 아니며 또 앞으로도 그러리라는 보장은 없다. 우리는 동물들 위에 군림하고 있다고 자만하지만, 실제로는 동물성의 차원이 우리를 떠받치고 있다고 해야 할지 모른다. 데리다는 동물적 차원의 이런 면모를 무한한 복잡성과 차이들과 타자성을 지니는 심연이라고 여긴다.[25]

실제로 데리다는 동물이 레비나스가 말하는 '타자'에 속한다고 생각한다. 그에 따르면, 레비나스가 동물을 타자에서 제외한 것은 명백한 잘못일뿐더러, 타자를 중시한다는 레비나스 철학이 여전히 인간 중심주의에서 벗어나고 있지 못함을 드러내는 뚜렷한 징표다.

> 내가 타자에 대해, 타자 앞에서, 타자의 자리에서, 타자를 위해 책임이 있다면, 동물은 내가 나의 형제로 인식하는 타자보다, 내가 나의 동료나 이웃으로 동일시하는 타자보다 훨씬 더 타자적이고, 더 근본적으로 타자적이지 않습니까? 내가 타자에 대해 어떤 의무가 있다면, 모든 빚 이전에, 모든 권리 이전에 의무가 있다면, 그것은 또한 다른 인간보다, 내 형제나 내 이웃보다 훨씬 더 타자인 동물에 대한 의무가 아닙니까?[26]

타자는 말 그대로 다른 자다. 나와 다른 자고, 내게 익숙한 기준으로 규정될 수 없는 낯선 자다. 그렇다면 인간보다 동물들이 내게 더 타자인 것은 당연하지 않은가?

물론 레비나스에게서 타자는 단순히 다른 자라는 것 이상의 의미를 갖는다. 지금의 논의 맥락에서 특히 중요한 면은 타자와 우리가 맺는 관계가 비대칭적이라는 데 있다. 레비나스에 따르면, 타자는 내 영역에 자리가 없는 자고, 내 기준에서 가진 것이 없는 자며, 그래서 가난하고 벌거벗은 자다. 하지만 이때의 가난함과 벌거벗음은 하이데거가 언급했던 '세계의 빈곤'과 다르다. 하이데거에게는 '빈곤'이 반복적 반응으로 제약되어 있다는 부정적 의미만 지닌다면, 레비나스에게 있어 가난함과 벌거벗음은 내 영역의 한정된 동일성을 넘어서 있다는 긍정적 의미 또한 지니기 때문이다. 그래서 타자의 이 빈한함은 한계 없음과, 즉 무한(無限)과 이어지며, 이를 통해, 빈한하지만 높은 자라는 타자의 역설적 면모가 성립한다.

동물들을 인간의 기준에서 보면 가난하고 벌거벗었다고 할 수는 있겠으나, 인간의 한정된 세계 너머에 있다는 점에서 높은 자라고 하기는 좀 껄끄러울지 모르겠다. 하지만 '높다'라는 레비나스의 형용이 타자의 호소에 응답해야 한다는 '윤리적' 불가피성을 타자의 무한성에 기대어 내세우기 위한 것이라는 점을 감안한다면, 이것이 동물을 레비나스적 타자로 보는 데 결정적 걸림돌이라고 할 수는 없을 것 같다. 그 점보다 여기서 주목해야 할 바는 이런 타자에 대한 나의 책임이 타자와 상호적이거나 호혜적인 것이 아니라는 점이다. 나는 타자에게 응답해야 할 의무와 책임이 있지만, 타자는 내게 그래야 할 의무도 책임도 없다. 그 이유는 타자가 가난하고 벌거벗었기 때문이다. 내게 익숙한 기준으로 보면 빈한한 자고 약자이기 때문이다. 그런데 이렇게 비대칭적인 관계의 특성은 인간과 동물 사이에도 대부분 나타나는 것이 아닐까? 인간과 만나는 동물들은 대개 약자의 처지가 아닐까?

레비나스가 우선 염두에 두었던 타자가 타인, 무엇보다 이방인이었음은 분명하다. 레비나스 철학은 낯선 이가 이웃으로 다가오는 일이 일상이 된 현대사회의 정황을 조건으로 한다.[27] 나와 전혀 다른 사람들을 적대시하지 않고 내 영역에 맞아들이며 그들의 호소와 요구에 응답하려는 자세는 오늘의 상황에서도 여전히 필요하며, 그런 점에서 레비나스 철학의 현재적 의의는 그의 사상이 등장했던 20세기 중반에 못지않다고 할 수 있다. 반면에 레비나스에게 동물의 문제가 절실했던 것 같지는 않다. 그가 동물의 문제를 진지하게 다룬 사례는 찾기 어렵다. 말년의 한 인터뷰에서 윤리가 동물에게 적용될 수 있느냐 하는 질문을 받았을 때 내놓았던 답변들과, 2차 세계대전에 참전하여 나치 독일의 포로가 되었을 당시 수용소에서 만난 '보비'라는 개를 다룬 짧은 글 정도가 알려져 있을 뿐이다.[28]

레비나스가 동물들을 윤리적으로 대할 가능성을 배제하고 있는 것 같지는 않다. 동물에 대한 논의가 이루어졌던 문제의 대담에서 그는 이렇게 말한다.

> [...] 이것이 단순하지는 않다 해도, 사람들이 동물들을 인간적인 존재라고 간주하지 않는다 해도, 윤리가 생명체들에 대해 연장된다는 점은 아주 명백하지요? 나는 그렇게 생각해요…. 이를테면, 우리는 동물이 무용하게 고통을 겪도록 하고 싶지 않지요. 그러나 이것의 원형(prototype)은 인간적 윤리예요. 동물들에게는 윤리적 의미에서의 얼굴이 없다 해도, 우리는 동물들에 대한 의무가 있습니다…. 확실히, 모르긴 해도, 채식주의자들이 있죠. 동물들을 보호하고자 하는 모임이 존재합니다. 분명히 그것은 하나의 윤리죠. 그건 확실히, 고통에 대한 생각을 동물에게 전이하는(transferer) 겁

니다. 확실히 그래요. 동물은 고통받습니다. 인간으로서 우리는 고통이 무엇인지 알기 때문에 이런 의무를 질 수 있는 거예요.[29]

우리는 같은 인간뿐 아니라 동물들에게도 의무를 갖지만, 그것은 어디까지나 인간을 출발점으로 하여 확장된 형태로서 그렇다는 얘기다. 이러한 점에서 동물은 인간 다음에 오는, 윤리의 이차적 상대라고 할 수 있다.[30] 그런데 레비나스에 따르면, 타자는 윤리적 관계 자체를 이루는 우선적인 항이 아닌가? 그렇다면 비록 동물을 윤리적 고려 대상으로 볼 수 있다 해도, 타자로 여길 수는 없지 않을까?

여기서 중요한 문제는 동물에 얼굴이 있느냐, '윤리적 의미에서의 얼굴'이 있느냐 하는 것이다. 레비나스에게서 얼굴은 타자가 다가오는 직접적인 통로이기에, 이 얼굴은 타자의 요건이자 타자에 응답하는 윤리의 전제라 할 수 있다. 그런데 레비나스는 이런 식의 물음에 대해 유보적인 자세를 취한다. 동물들에게 얼굴이 있는지, 예컨대 뱀에게 얼굴이 있는지 잘 모르겠다는 것이다. 이 대목은 자주 인용되고 논란이 되는 부분이므로 가능한 한 정확하게 옮겨 보자.

질문 동물의 얼굴은 맞아들여야 할 타자로 간주될 수 있나요? 아니면 윤리적 의미의 얼굴이기 위해선 말을 하는 가능성이 필요한 건가요?

레비나스 모르겠군요. 어떤 순간에 당신들이 '얼굴'이라고 불릴 권리를 갖는지 말할 수가 없어요. 얼마나 어두운 윤곽인지요(Quel trait noir)! 전적으로 다른(tout autre) 것이 인간의 얼굴이에요. 그리고 우리는 나중에야 동물에게서 얼굴을 다시 발견합니다. 나는 모르겠군요. 뱀에게서 얼굴을 다시 발견하는지! [웃음] 이 질문에 대답할 방도를 모르겠어요. 특수한 분석들을 알아봅시다. 그게 필요하니까요.[31]

레비나스가 예상치 못한 질문을 받고 얼마간 당혹해한다는 점은 분명해 보인다. '얼굴'은 그의 철학에서 매우 중요한 자리를 차지하지만, 동물들의 얼굴에 대해선 아마 깊이 생각해 본 적이 없었던 것 같다. 게다가 레비나스가 내세우는 '얼굴'은 어떤 재현 가능한 현상이 아닌 까닭에, 선명하게 제시하거나 설명하기 힘들다. 이 얼굴은 시각적 형태로도 기호적 메시지로도 대체될 수 없으며, 음성 신호라 할 통상적인 말에 앞선다. 레비나스에 따르면, 우리는 이 얼굴을 통해 타자와 만난다. 타자는 얼굴로 우리에게 호소하고 명령한다. 바꿔 말하면, 타자가 호소하고 명령하는 방식이 곧 얼굴이다. 그런데 여기서 주의할 점은 이 얼굴이 타자의 얼굴이지, 동일자로서의 나 또는 우리의 얼굴이 아니라는 것이다. 인간의 얼굴이 윤리적 의미에서의 얼굴이 되는 것은 그것이 타자의 얼굴로, 무한자의 낯선 얼굴로 다가오는 한에서다. 그렇기에 우리는 특정한 상대가 어떤 순간에 '얼굴'의 자격을 갖추게 될지 알지 못한다.

그런데 이런 특성은 동물에게도 해당하는 것이 아닐까? 우리가 어떤 동물에게서 호소나 명령을 듣는다면, 예컨대 자신에게 겨눠진 총구를 바라보는 한 동물에게서 '죽이지 말라'는 말 없는 명령을 듣는다면, 그 동물에게도 '얼굴'이 있다고 할 수 있지 않을까? 왜 인간의 얼굴만이 '전적으로 다른' 것일까? 그리고 왜 레비나스는 하필 소나 사슴이 아니고 뱀을 동물의 예로 거론하는 것일까?[32]

5. 인간의 윤리와 동물에 대한 응답

레비나스가 뱀 외의 다른 동물들에 대해 말하지 않는 것은 아니다. 뱀의 얼굴을 부정하는 듯한 발언을 한 다음에, 그는 개를, 늑대와 사자를 언급하기도 한다. 질문에 대답하려면 필요하다고 여긴 '특수한 분석'을 즉흥적으로 모색해 보는 것이다. 그는 사람들이 동물에 끌리고 애정을 갖게 되는 연유가 무엇인지를 찾는다. 동물의 어린애 같은 면모, 순수함, 활력 … 이런 것은 심지어 거칠고 힘센 동물에게서도 나타난다. 거꾸로 어린아이는—뛰고, 구르고, 아무것도 의심하지 않는—그의 동물성 때문에 사랑받는다. 또 연민 같은 감정도 우리를 동물에게로 이끄는 이유다. 다치거나 아픈 동물들에 대한 우리의 관심을 생각해 보라(레비나스는 물지 못하는 늑대를 예로 든다).

그런데 이 모든 시험적 분석은 어디까지나 인간의 관점에서, 인간의 선호와 관심에서 출발한다. 그리고 그렇게 해서 레비나스가 이르는 곳은 '동물에게는 윤리적 의미에서의 얼굴이 없다 해도' 우리가 갖게 되는 동물에 대한 의무고, 인간에서 출발하여 동물에게 '전이'되는 윤리다. 어쩌면 이런 견지는 매우 상식적으로 보인다. 우리는 보통 인간을 우선시하고 인간을 기준으로 놓으며, 이를 바탕으로 해서 동물을 문제 삼지 않는가. 또 그것은 당연한 일이 아닌가. 하지만 그렇게 함으로써 레비나스는 그의 철학의 본령인 타자의 영역으로부터 동물을 밀어내 버린다.

레비나스가 포로수용소에서 만난 개 '보비'의 경우는 어떨까? 당시 포로수용소의 유대인들은 사람 대접을 받지 못했다. 레비나스에 따르면, 그들을 감시하고 명령하고 노역시키는 이들, 또는 지나면서 그들을 쳐다보는 '자유인들'은 마치 그들이 준(準)-인간인 것처럼, 원숭이 무리인 것처럼 대했다. 그런 상황에서 유대인 포로들에게 따뜻함을 보여 준 것은 우연히 그 지역에 등장한 떠돌이 개 한 마리뿐이었다. 그들이 '보비'라는 이름을 붙여 주었던 그 개는 아침 점호 시간부터 나타났고, 일이 끝나고 돌아오는 그들을 기다렸다가 그들을 보면 반갑게 뛰어오르며 짖어댔다. "그에게는 우리가 인간이었다"라고 레비나스는 말한다. 보비는 유대인 포로들을 차별하지 않았던 셈이다. 그래서 레비나스는 이 개 보비를 "나치 독일의 마지막 칸트주의자"라고 부른다. 비록 보비는 자기가 지닌 "충동의 격률을 보

편화하는 데 필요한 두뇌를 갖지 못했"지만 말이다.[33]

이 이야기에서 보비가 보여 주는 친절은 우리의 마음마저 따뜻하게 해 주는 것 같다. 그러나 이 보비를 레비나스적 의미에서의 타자라 하기는 어렵다. 오히려 그는 유대인 포로들을 인간으로서 환대해 주는 준-인간으로서의 동일자에 가깝다. 보비는 호소하는 자라기보다는 응답하는 자다. 그 자신이 떠돌이임에도 불구하고 핍박받는 유대인 포로들을 반갑게 맞아 주는 자다. 보비가 기껍고 사랑스러운 것은 그가 윤리적 인간과 닮았기 때문이 아닌가. 그는 이미 의인화(擬人化)한 존재로 취급되고 있다. 결국 이 경우에도 레비나스는 보비라는 동물을 타자의 자리에서 밀어내 버린다.

이렇게 레비나스가 동물 및 동물성과 타자 우위의 윤리 사이에 거리를 두는 까닭은 무엇일까? 거기에는 아마 그가 동물적 본성을 자기중심적인 것으로, 자기 존재에 대한 집착으로 여기고 있다는 점이 큰 몫을 할 것이다. "동물의 존재는 삶을 위한 투쟁, 윤리 없는 삶을 위한 투쟁이죠. 이게 진실 아닌가요? 힘의 문제죠, 아닌가요? 다윈적 도덕이죠."[34] 반면에 레비나스적 윤리는 인간적인 것이다. 그것은 인간과 더불어 성립한다. 인간의 출현과 함께 "내 삶보다 더 중요한 것이 등장합니다. 그것은 타자의 삶이에요. 이건 비합리적이죠. 그래요. 인간은 비합리적 동물입니다"[35]. 레비나스는 이런 비합리적이고 이타적인 면을 성스러움(sainteté)이라고 부르며, 신성함(sacré)과 구별한다. 신성함이 타자를 희생함을 통하여 마련되는 것이라면, 성스러움은 타자를 위하여 자신을 희생함을 통하여 이룩되는 것일 테다.

　오늘날의 견지에서는 이런 시각이 다소 낡고 편협해 보일 수 있다. 이제 우리는 동물들에게서도 이타적이고 자기희생적인 행위가 적지 않게 발견될뿐더러, '다원적 도덕'이라 할 진화론적 관점에서 그와 같은 현상들을 상당 부분 설명해 낼 수 있음을 알고 있기 때문이다.[36] 인간만이 특별한 존재라고 여기는 것은 다른 면에서와 마찬가지로 도덕이나 윤리의 면에서도 쉽게 입증되기 어려운 전제다. 하지만 이것보다 더 중요한 문제는 이타적 행위와 '성스러움'이 인간에게 특유한 것이라고 하더라도, 그런 이유로 타자의 범위를 인간으로 좁힐 수 있느냐는 데 있다. 만일 그렇게 한다면, 그것은 레비나스 윤리의 특징적 원칙인 비대칭성을 훼손하는 결과를 낳을 것이다. 성스러움을 갖출 수 있는 존재에게만 이타적 행위가 적용된다면, 그런 제한에 갇힌 행위가 과연 성스러운 행위일 수 있겠는가?

　물론 레비나스가 말하는 이타성과 성스러움은 원칙적으로 윤리적 행위의 주체에 해당되는 것이지, 그 행위의 상대에 관한 것이 아니다. 따라서 레비나스가 "성스러움이 동물들에게서 시작한다"라고 보는 것은 "동물들이 이미 신의 말을 들었다"라고 하는 것과 같다고 함으로써 동물들을 또 한 번 밀어내는 듯한 인상을 준다고 하더라도,[37] 그것이 동물들을 윤리적 주체의 영역에서 솎아 내는 것이라고 할 수는 있겠으나, '신의 말'을 듣지 못한 동물들에게서 타자의 자격을 박탈하는 것이라고 볼 필요는 없을 듯하다. 레비나스가 동물들에 대해 실제로 어떻게 생각했든, 동물을 타자에서 배제하는 것은 레비나스 철학의 기본 발상과 잘 어울리지 않는다고 판단되기 때문이다.

사실 동물을 타자로 받아들인다면, 레비나스 철학은 동물들에 대한 응답을 강조하는 오늘날의 동물론[38]을 뒷받침하고 보완하는 데 상당한 기여를 할 수 있다고 보인다. 애당초 철학적 논의의 지평에 응답과 책임의 연관을 본격적으로 부각시켰던 철학자가 레비나스였음을 잊지 말자. 그의 철학을 동물론에 적용할 때 특히 주의해야 할 것은 역시 이 글에서 줄곧 강조해 온 비대칭성의 문제다. 동물들이 자극이나 환경 요소에 단순히 반응하는 데 그치는 것이 아니라 나름의 방식으로 응답할 수 있는 능력이 있음을 드러내는 일은 물론 중요하다. 하지만 더 중요한 것은 우리에게 응답이란 우선 동물들에 대한 우리의 응답이며, 우리의 책임이라는 점을 인정하는 일이다.

동물들이 우리와 다른 존재라는 것, 타자라는 것을 받아들일 때, 우리는 동물들을 우리의 기준으로 재단하고 평가하는 횡포를 피하거나 적어도 줄일 수 있다. 동물들을 물건으로 취급하는 것은 그들의 타자성을 파괴하고 박탈하는 조처임이 분명하다. 동물들을 타자로 대할 때, 우리는 그들에게 권리를 부여할 수 있으나, 그들이 의무를 행하게 할 수는 없다. 의무와 권리는 우리 영역의 규정이지, 타자성에 속하는 것이 아니기 때문이다. 상호적이거나 호혜적인 관계인 듯 보이는 것들은 대개—동물원의 우리에 가두고 관람의 대가로 먹이와 보살핌을 제공하는 경우처럼—인간이 규제하는 틀 속에서 일어나는 현상일 따름이다. 반려동물들의 경우도 마찬가지다. 그들에게서 타자성을 발견할 수 있다 하더라도, 그것은 인간의 언어 너머에서 오는 그들의 호소나 요구와 관련되는 것이지, 우리의 예측이나 기대에 따르는 것이 아니다.

그런 까닭에 우리는 우리의 응답이 그들의 호소와 요구에 충분히 들어맞을 것이라고 확신할 수 없다. 우리의 응답이 계속적인 주의(注意)와 함께해야 하는 이유며, 그럼에도 불구하고 그 응답이 끝이 없을 수밖에 없는 이유다. 레비나스의 표현대로, 책임이 무한할 수밖에 없는 이유다. 더군다나 우리는 이제껏 우리 자신의 필요에 따라 동물들의 생존을 위협하고 그 생존의 틀을 변형시키는 폭력적 영향력을 행사해 왔다. 그로 인한 동물들의 절실한 처지는 우리의 책임을 더욱 무겁게 하고 있다.

후주

철학의 기쁨

1 원저는 1926년에 나왔고, 저는 임헌영 선생님이 번역하여 1977년 출간한 '동서문고' 본을 사 봤어요. 당시에 이 문고는 대략 페이지당 1원씩의 가격을 붙였으니, 책값이 아마 600원 남짓했을 겁니다.
2 이 책은 『에리히 프롬, 맑스를 말하다』(최재봉 옮김, 에코의서재, 2007)라는 제목으로 번역되어 있습니다.
3 "Les non-dupes errent." 이 말은 자크 라캉이 1973~1974년에 행한 세미나의 제목이죠. 라캉파 정신분석학자 백상현의 책 이름 『속지 않는 자들이 방황한다―세월호에 대한 철학의 헌정』(위고, 2017)이기도 합니다.
4 문성원, 『타자와 욕망』, 현암사, 2017, 1장을 보세요.
5 서동욱, 『철학은 날씨를 바꾼다』(김영사, 2024)의 「프롤로그」를 보세요.
6 유성혜, 『뭉크』, 북이십일, 2019, 56쪽 이하에는 이와 관련된 뭉크 자신의 노트와 그에 관한 설명이 있습니다.
7 여기에 대해서는 졸고 『해체와 윤리』, 그린비, 2012, 126쪽 이하를 참조하세요.

철학자의 아마추어 정신과 프로 정신, 그리고 '사회철학'

1 문성원, 「의사소통에 대해 생각하기」를 참조하세요. 이 글은 본서에 실려 있습니다.
2 레비나스 번역서로는 『존재와 달리 또는 존재성을 넘어』(그린비, 2021), 『타자성과 초월』(공역, 그린비, 2020), 『전체성과 무한』(공역, 그린비, 2018), 『신, 죽음, 그리고 시간』(공역, 그린비, 2013) 등이 있고, 해설서로는 『타자와 욕망』(현암사, 2017)이 있습니다. 그런데 『타자와 욕망』은 레비나스 철학에 대한 본격적 해설서라기보다는 레비나스의 책 『전체성과 무한』에 관한 주변적 언급에 가깝고, 그나마 완결적이 아니어서 관련된 글들이 그 이후의 제 글 모음집인 『철학의 슬픔』(그린비, 2019)에도 나누어 실려 있죠. 제대로 된 '프로'의 방식이라고 할 수는 없겠군요.

3   https://youtu.be/OdWgANiH0Uc?si=ocePEmyHp0P4Tepw. 표현은 어법에 맞게 약간 수정했습니다.

4   루이 알튀세르의 철학관에 대해서는 졸저 『철학의 시추』, 백의, 1999, 특히 1장을 참조하세요.

5   https://www.youtube.com/watch?v=Q2noDys2izY. 표현은 어법에 맞게 약간 수정했습니다.

6   한국연구재단의 대학원 연구지원 프로그램이라 할 BK(브레인 코리아)에 선정되고 나서 부산대학교 철학과에서는 자축하는 의미로 "나 지금 되게 신나. BK에 선정됐거든"이라는 문구의 플래카드를 인문대학 연구동에 걸었습니다.

헤겔 바깥의 헤겔—— 오늘의 우리 현실과 헤겔

1   「루치오 콜레티와의 정치적·철학적 대담」, 이병천·박형준 편저, 『맑스주의의 위기와 포스트 맑스주의·I』, 의암출판, 1992, 276쪽을 참조하세요.

2   이 점에 대해서는 졸저 『철학의 시추』, 백의, 1999를 참조하세요.

3   슬라보예 지젝, 『헤겔 레스토랑』, 조형준 옮김, 새물결, 2013, 4장, 특히 401쪽 이하를 참조하세요.

4   여기에 대해서는 졸고 「현상에서 윤리로」, 졸저 『해체와 윤리』, 그린비, 2012를 참조하세요.

5   졸고 「끝나지 않은 변증법의 모험」과 졸저 『철학의 슬픔』, 그린비, 2019, 192쪽을 참조하세요.

6   대표적으로 2020년 한국전쟁 70주년을 맞아 방영된 KBS 다큐멘터리 〈미중전쟁〉을 그 예로 들 수 있을 것 같습니다. 그 내용은 책 『1950 미중전쟁』(책과 함께, 2021)으로도 출판되었습니다.

7   최병천, 『좋은 불평등』, 메디치, 2022, 특히 7장, 8장을 참조하세요.

8   https://www.kotra.or.kr/bigdata/visualization/korea#search/ALL/ALL/2023/8/exp(KOTRA 통계). 2023년 연간으로도 수출, 수입 점유율은 각각 19.7퍼센트와 22.2퍼센트로 수위를 보이고 있지요.

9   이로부터 일 년 뒤인 2020년 6월, 북한은 남북통신연락 채널을 폐기하고 급기야 개

성의 남북공동연락사무소를 폭파했었죠. 2021년 7월 통신선은 복원했으나, 같은 해 남북 간 왕래 인원은 0명이었고, 이런 상황은 현재까지 이어지고 있습니다. 정욱식, 『한 번도 경험해보지 못한 새로운 북한이 온다』, 서해문집, 2023, 122쪽, 216쪽 등을 참조하세요.

10 『헤겔 레스토랑』, 앞의 책, 469쪽을 참조하세요.

11 외람되지만 저는 오래전부터 이런 문제에 관심을 가져왔습니다. 졸저 『배제의 배제와 환대』, 동녘, 2000을 참조하세요.

12 이철승, 『불평등의 세대』, 문학과지성사, 2019, 33쪽 이하를 참조하세요.

13 이 책이 조금만 더 늦게 나왔더라면(출간일은 2019년 8월 9일인데요), 조국 사태를 이 불만 표출의 대표적 사례로 연결시켰을 법합니다.

14 『불평등의 세대』, 125쪽 이하와 70쪽 이하를 참조하세요.

15 대표적으로 신진욱, 『그런 세대는 없다』, 개마고원, 2022를 참조하세요.

16 졸저 『철학의 슬픔』, 그린비, 267쪽을 참조하세요.

17 https://m.khan.co.kr/world/world-general/article/202208262158001#c2b

18 https://docs.google.com/forms/d/e/1FAIpQLScTw8byRcRmOEwZHZeg2TBgsPN7LBrsOaupmykENb-cgnZ74Q/viewform, 「한반도 영세 중립화 선언」을 참조하세요.

19 무라카미 하루키, 「헛간을 태우다」, 『반딧불이』, 권남희 옮김, 문학동네, 2014, 68쪽을 보세요.

20 테어도르 카진스키, 『산업사회와 그 미래』, 조병준 옮김, 박영률출판사, 2006, 111쪽에서 인용했습니다.

21 '만듦의 문명'에 대비되는 '즐김의 문명'에 대한 전망과 기대는 제가 단편적으로나마 곳곳에서 계속 피력해 온 것이지만, 이 자리에서 거론하기는 어렵겠습니다.

22 "Hegel beyond Hegel." 이것은 그의 책 『분명 여기에 뼈가 있다』(정혁현 옮김, 인간사랑, 2016. 원서는 *Absolute Recoil*, Verso, 2014)의 3부 제목입니다.

환대와 환대 너머

1 졸저 『배제의 배제와 환대』, 동녘, 2000, 13쪽에서 인용했습니다.

2 같은 책, 117쪽을 참조하세요.
3 같은 책, 138~139쪽을 참조하세요.
4 같은 책, 139쪽에서 인용했습니다.
5 같은 책, 140쪽에서 인용했습니다.
6 재러드 다이아몬드, 『어제까지의 세계』, 강주헌 옮김, 김영사, 2013, 1장을 참조하세요.
7 Jacques Derrida, *Donner le temps. 1, La fausse monnaie*, Galilée, 1991, p.17을 참조하세요.
8 죠슈아 W. 지프, 『환대와 구원』, 송일 옮김, 새물결플러스, 2019를 보세요.
9 에마뉘엘 레비나스, 『전체성과 무한』, 김도형·문성원·손영창 옮김, 그린비, 2018, 277쪽을 참조하세요.
10 Emmannuel Levinas, *Éthique comme philosophie première*, Rivages poche, 1998, 93~94쪽에서 인용했습니다.

『전체성과 무한』의 이편과 저편

1 Danielle Cohen-Levinas(éd.), *Lire Totalité et infini d'Emmanuel Levinas*, Hermann, 2011. 학회는 2011년 11월 18일과 19일에 걸쳐 파리고등사범학교에서 열렸는데, 소르본(파리IV)대학교와 파리의 후설아카이브(ENS), 유대 및 현대철학연구회(Collège des études juives et de philosophie contemporaine)가 주최하고 Danielle Cohen-Levinas와 Alexander Schnell이 조직을 맡았습니다. D. Cohen-Levinas/A. Schnell(éd.), *Relire Totalité et infini d'Emmanuel Levinas Vrin*, 2015는 이때의 성과를 묶어 낸 책입니다.
2 에마뉘엘 레비나스, 『전체성과 무한』, 김도형·손영창·문성원 옮김, 그린비, 2018, 13쪽의 옮긴이 주를 참조하세요. 이하에서 이 책의 인용이나 참고 쪽수는 본문 괄호 안에 표기하도록 하겠습니다.
3 윤구병, 『잡초는 없다』, 보리, 1998, 127쪽을 참조하세요.
4 James Hatley & Christian Diehm(ed.), *Facing Nature: Levinas and Environmental Thought*, Duquesne University Press, 2012를 참조하세요.

5   레비나스는 한 인터뷰에서 동물도 우리에게 호소하는 얼굴이 있다고 보느냐는 질문을 받고 이렇게 대답했습니다. "인간의 얼굴은 완전히 달라요. 차후에야 우리는 동물의 얼굴을 발견하게 됩니다. 뱀이 얼굴이 있는지 난 모르겠군요. 그 질문엔 대답할 수 없어요. 더 구체적인 분석이 필요합니다." 졸저『철학의 슬픔』, 그린비, 2019, 72쪽을 보세요.

6   『철학의 슬픔』에 실린 졸고 「사랑과 용서」를 참조하세요.

7   에마뉘엘 레비나스, 「에마뉘엘 레비나스가 자크 데리다에게 보낸 두 통의 편지」, 문성원, 『타자와 욕망』, 현암사, 2017, 79쪽 이하를 참조하세요.

8   에마뉘엘 레비나스, 『존재와 달리 또는 존재성을 넘어』, 문성원 옮김, 그린비, 2021, 61쪽을 참조하세요.

9   자크 데리다, 『아듀 레비나스』, 문성원 옮김, 문학과지성사, 2016년, 57쪽을 참조하세요.

10 『아듀 레비나스』, 앞의 책, 52쪽 이하를 참조하세요.

11 졸고 「환대와 환대 너머」, 『새한영문학회 2021년도 봄학술발표회 논문집』, 302쪽 이하를 참조하세요.

12 『아듀 레비나스』, 앞의 책, 116쪽 이하를 참조하세요.

13 같은 책, 111쪽을 참조하세요.

14 『존재와 달리 또는 존재성을 넘어』, 앞의 책, 387쪽 이하를 참조하세요.

15 "Derrida avec Lévinas: 'entre lui et moi dans l'affection et la confiance partagée'", *Magazine littéraire, nº 419 Avril, 2003*을 참조하세요. https://levinas-park.tistory.com/8920849에 이 인터뷰의 우리말 번역(박영옥 옮김)이 있습니다.

16 졸저『타자와 욕망』, 91쪽 이하를 참조하세요.

17 에마뉘엘 레비나스, 자크 롤랑 엮음, 『신, 죽음 그리고 시간』, 김도형·문성원·손영창 옮김, 그린비, 2013, 174쪽을 참조하세요.

18 이에 관한 정리로 졸고 「동일자적 시간과 타자적 시간—레비나스의 시간관 연구(1)」, 『시대와 철학』 제33권 1호, 2022가 있습니다.

19 해당서의 322쪽 이하를 참조하세요.

20 조르조 아감벤, 『남겨진 시간—로마인들에게 보낸 편지에 대한 강의』, 강승훈 옮김, 코나투스, 2008, 76쪽을 참조하세요.

21   자크 데리다, 『조건 없는 대학』, 조재룡 옮김, 문학동네, 2021이 이에 해당합니다.

이름의 의미

1   발터 벤야민, 『언어 일반과 인간의 언어에 대하여, 번역자의 과제 외』, 최성만 옮김, 도서출판 길, 2008을 참조하실 수 있습니다.
2   앞의 책, 77~78쪽. 번역은 약간 수정했습니다.
3   같은 책, 75쪽을 참조하세요.
4   같은 책, 81쪽을 참조하세요.
5   같은 책, 86쪽을 참조하세요.
6   '인간의 언어'에 대해서는 같은 책, 75쪽을, '사물의 언어'에 대해서는 같은 책, 81쪽을 보세요. 여기서 거론되는 '직접성'과 '무한성'은 모두 해명의 궁극적 어려움 또는 불가능성과 관련이 있습니다.
7   같은 책, 84쪽을 참조하세요.
8   MSW는 제 이름의 영문 머리글자입니다. 혹시 이런 이름의 기기가 나오면 꼭 사시기 바랍니다.
9   또는 요새 잘 쓰이는 말을 좇아 '기생'(奇生)이라 해도 괜찮을 것 같습니다. 인간의 창조는 신의 창조에 기생하는 것이라는 얘기죠.
10 그래서 이 둘은 이름과 관련하여 함께 다루어질 수 있습니다. 예를 들어, 자크 데리다라는 현대 철학자가 이름과 관련하여 쓴 글을 모은 『이름에 관하여』(*On the Name*, ed. by Thomas Dutoit, Stanford Univesity Press, 1995)에는 부정신학에서의 이름에 관한 글("Sauf le nom")과 카오스에 관한 것이라 할 만한 글("Khōra")이 같이 실려 있습니다.
11 사뮈엘 베케트, 『이름 붙일 수 없는 자』, 전승화 옮김, 워크룸 프레스, 2016을 참조하세요.
12 발터 벤야민, 앞의 책, 85쪽을 참조하세요.
13 같은 책, 89쪽 이하를 보세요.
14 주요 전거는 알튀세르가 1970년에 쓴 「이데올로기와 이데올로기적 국가장치」라는 글입니다. 우리말 번역은 여럿 있는데, 비교적 근래의 것으로는 루이 알튀세르, 『재생

산에 대하여』, 김웅권 옮김, 동문선, 2007에 실린 것을 들 수 있습니다. 특히 이 책의 393쪽 이하를 참고하세요.

15 발터 벤야민, 앞의 책, 92쪽 이하를 참조하세요. 그는 여기서 자연 및 동물의 말 없음과 슬픔을 논하고 있어요. 이 맥락에서 보면 불리기만 하고 부르지 못하는 것은 동물의 상태로 전락하는 것이라 할 수 있겠네요.

16 같은 책, 93쪽을 참조하세요.

17 자크 데리다, 「동물, 그러니까 나인 동물」, 최성희·문성원 옮김, 『문화과학』 76호, 2013년 겨울, 331쪽을 보세요.

18 Jacques Derrida, *On the Name*, pp.84~85를 참조하세요.

용서와 선물

1 한나 아렌트, 『인간의 조건』, 이진우·태정호 옮김, 한길사, 1996, 301쪽(번역은 약간 수정).

2 문성원, 『해체와 윤리』, 그린비, 2012, 145~146쪽.

3 『인간의 조건』, 앞의 책, 305쪽 참조.

4 같은 책, 306쪽 참조.

5 같은 책, 307쪽 참조.

6 "사람은 누군가를 '있는 그대로' 완전히 받아들이고 그가 무엇을 하든 간에 항상 기꺼이 용서하는 까닭에 사랑만이 용서의 힘을 가진다면—기독교가 주장하듯이—용서는 우리가 고려할 수 없는 것이 된다." 같은 곳.

7 이재경, 「정의와 자비—안셀무스의 대속 이론을 중심으로」, 『헤겔연구』, 2010, vol.0, no.28 참조.

8 이재경은 정의를 강조하는 안셀무스와 신의 사랑을 강조하는 아벨라르두스를 대비시킨다. 앞의 글, 540쪽 이하 참조.

9 이 점은 서양어 'sacrifice'에서도 마찬가지다.

10 권창은, 『희랍철학의 이론과 실천』, 고려대학교 출판부, 2004, 288쪽 참조.

11 같은 책, 288~289쪽 참조.

12 같은 책, 291쪽 이하 참조. 권창은 교수는 아리스토텔레스에서 "비례하는 되갚음"으로서의 응징적 정의가 시정적 정의와 충돌하는 것은 아니라고 주장한다. 비례적인 것에 준하는 산술적 시정이 요구되는 까닭이다. 같은 책, 299쪽(각주 81) 참조.

13 Mahatma Gandhi, "Young India", April 2, 1931, *All men are brothers: Autographical Reflections*, continuum, 1980, p.166.

14 프리드리히 니체, 『선악의 저편·도덕의 계보』, 김정현 옮김, 책세상, 2002, 380~381쪽.

15 이 칠종칠금은 역사적 근거가 희박한 가공된 이야기라는 것이 오늘날의 일반적인 평가다.

16 조용필, 〈Q〉(11집), 1989. https://www.youtube.com/watch?v=MbrdSJScHUs

17 이브 개러드·데이비드 맥노튼, 『용서란 무엇인가』, 박유진 옮김, 파이카, 2013.

18 같은 책, 32쪽 참조.

19 같은 책, 64쪽 참조.

20 같은 책, 112쪽 참조.

21 니체는 아테네의 전사들을 찬미한다. "안전, 육체, 생명, 쾌적함에 대한 그들의 무관심과 경시, 모든 파괴에서, 승리와 잔인함에 탐닉하는 것에서 보여지는 그들의 놀랄 만한 명랑함과 쾌락의 깊이", 이것이 "금발의 게르만 야수의 광포함"으로 연결되는 것이다. 프리드리히 니체, 『선악의 저편·도덕의 계보』, 앞의 책, 373쪽.

22 『용서란 무엇인가』, 앞의 책, 43쪽 이하 참조.

23 같은 책, 139쪽 참조.

24 자크 데리다, 『신앙과 지식, 세기와 용서』, 최용호·신정아 옮김, 아카넷, 2016, 225쪽.

25 같은 책, 246쪽 이하 참조.

26 실러, 『우미와 존엄에 대하여』; 괴테, 『빌헬름 마이스터의 수업시대』 제6권. 가토 히사타케 외 엮음, 『헤겔사전』, 도서출판b, 2009, 249쪽 참조. 이 사전은 인터넷에 공개되어 있다. http://terms.naver.com/entry.nhn?docId=1716858&cid=41908&categoryId=41971

27 G.W.F. 헤겔, 『정신현상학2』, 임석진 옮김, 한길사, 2005, 230쪽과 222쪽 참조.

28 네가 나와 근본적으로 다르지 않음을 받아들이는 상호 인정은 헤겔에서 정신의 본질적 계기이다. 더욱이 이처럼 아름다운 영혼을 통해 이루어지는 이 상호 인정은 정신의 전개과정에서 나타나는 마지막 단계의 분열과 대립을 극복하는 것이기에 절대지

의 성립 계기가 된다. 앞의 책, 232~233쪽 참조.

29 전대호, 『철학은 뿔이다』, 북인더갭, 2016, 171쪽 참조.

30 그는 우리 사회가 아직 서구적 근대사회의 특징인 자율과 책임의 충분한 수준에 이르지 못하고 있다고 생각하며, 헤겔을 그런 목표의 달성을 위해 해석하고자 한다.

31 양명수, 「죄와 벌의 인과 관계에 대한 연구—헤겔의 법철학과 형벌 신학」, 『헤겔연구』, Vol.13, 2003, 62쪽과 최성경 선생 발표문 6쪽 참조.

32 이런 점에서 헤겔이 칸트에 비해 더욱 특수보다 보편의 측면을 강조한다고 할 수 있다. 칸트는 범죄자가 우선 처벌을 피하려 한다는 점을 인정한다. 양명수, 앞의 글, 64쪽, 75쪽, 80쪽 등 참조.

33 같은 글, 86쪽.

34 『철학은 뿔이다』, 앞의 책, 173쪽 참조.

35 『신앙과 지식, 세기와 용서』, 앞의 책, 222쪽 참조.

36 같은 책, 229쪽.

37 같은 책, 233쪽.

38 같은 책, 240쪽.

39 같은 책, 253~255쪽.

40 같은 책, 231쪽.

41 Paul Ricoeur, *La mémoire, l'histoire, l'oubli*, Seuil, 2000, 604~605쪽.

42 이런 점은 『존재에서 존재자로』의 2판 서문(1978)에 잘 드러나 있다.

43 졸고 『해체와 윤리』, 그린비, 2012, 95쪽 이하 참조. "우리는 대면을 통해 타자와 만나지만 모든 타자와 관계하지는 못한다. 우리가 직접 만나지 못하는 이 같은 타자 아닌 타자를 '그'(ille)라고 할 때, 이 삼인칭의 그가 맺을 수 있는 대면적 관계를 포괄하는 것이 삼자성이다. 그러므로 삼자성은 현상과 재현의 세계를 넘어서지만 나의 대면적 관계 또한 넘어선다. 또 제삼자의 등장이 의식과 제도의 재현세계로 이어지는 데 반해, 삼자성은 대면이 관계하는 영역에 머문다. 현상세계로 진입하지 않은, 그렇지만 타자 속에 이미 포함되어 있는 제삼자를 보편화하고 절대화한 것이 삼자성이라고 할 수 있다. 이를테면 무한 자체의 대면성이 삼자성인 셈이다. 그래서 이 삼자성은 나와 직접 결합되어 있지는 않지만 이미 나와 관련을 맺고 있다. […] 그러나 이와 같은 삼자성은 유한자의 처지를 넘어선다. 다시 말해, 우리로서는 도저히 이를 수 없는 무

한의 견지, 신적인 견지가 삼자성이다. 그런데 주체로서의 내가 다른 타자들과 마찬가지로 타자로서 사회의 일원이 되는 것은 바로 이런 신적인 삼자성에 의거해서다. 물론 이때의 신은 인격적인 존재가 아니다. 또 우리 모두에게 응답하고 우리 모두에게 책임을 지는 보편적 주체도 아니다. 그러나 이 신 또는 삼자성은 모든 주체와 대면적인 관계에 개입하여 사회를 대면의 공동체로 만들어 준다. 그러므로 우리가 책임과 결부된 정의, 비교할 수 없는 것을 비교하는 정의가 보편적으로 실현될 가능성을 내세울 수 있는 것은 이 삼자성에 기대서다. 즉, 우리 각자는 모두 떠넘길 수 없는 독특한 책임의 자리에서 정의의 판단을 행하며, 내게도 그러한 책임의 정의가 타자들에 의해 행해지기를 삼자성에 따라(바꿔 말하면, 신의 은총에 따라) 기대할 수 있다."

44 아우구스티누스가 원죄를 다루면서 사용한 표현으로, 구원을 가능하게 하는 죄를 가리킨다.

45 에마뉘엘 레비나스, 『전체성과 무한』, 김도형·문성원·손영창 옮김, 그린비, 2018, 429~432쪽. 밑줄은 인용자 표시.

46 에마뉘엘 레비나스, 『존재와 달리 또는 존재성을 넘어』, 문성원 옮김, 그린비, 2021, 274~275쪽.

47 이런 문제에 관심이 있다면, 로버트 트리버스의 『우리는 왜 자신을 속이도록 진화했을까?』(이한음 옮김, 살림, 2013) 참조(이 책의 원제는 *The Folly of Fools*, 2011). 상대방을 기만하는 가장 탁월한 방책 가운데 하나는 그 기만이 옳다고 스스로도 믿음으로써 스스로를 기만하는 길이다.

48 앞의 '3. 치유로서의 용서' 참조.

49 마이클 샌델, 『완벽에 대한 반론』, 이수경 옮김, 와이즈베리, 2016 참조(원저의 출간연도는 2007년, 이 책은 2010년에 『생명의 윤리를 말하다』라는 제목으로 번역 출판된 바 있다).

동일자적 시간과 타자적 시간

1 필립 K. 딕, 『안드로이드는 전기양의 꿈을 꾸는가?』, 박중서 옮김, 필립 K. 딕 걸작선 12, 폴라북스, 2013, 159쪽. 그런데 이 대사는 영화에는 등장하지 않는다.

2 전형적인 예로 레이 커즈와일의 견해를 들 수 있다. 그의 『마음의 탄생』, 윤영삼 옮김, 크레센도, 2016, 특히 3장, 9장 등 참조.

3 여기서 레비나스의 시간관을 전반적으로 다룰 수는 없다. 레비나스의 저작에 나타난 시간 개념을 그의 사상의 전개 과정을 좇아 시간순으로 정리한 책으로는 Eric Severson, *Levinas's Philosophy of Time: Gift, Responsibility, Diachrony, Hope*, Duquesne Uninversity Press, 2013 참조. 김도형의 「레비나스, 시간 그리고 역사(1)—레비나스에서 시간의 문제」, 『철학연구』 제159집, 대한철학회, 2021도 레비나스 주요 저작에서의 시간 개념을 연대순에 따라 개괄하고 있다.

4 조지프 르두, 『우리 인간의 아주 깊은 역사』, 박선진 옮김, 2021, 60쪽 이하 참조.

5 에마뉘엘 레비나스, 『전체성과 무한』, 김도형·문성원·손영창 옮김, 그린비, 2018, 66쪽 (번역은 약간 수정).

6 에르빈 슈뢰딩거, 『생명이란 무엇인가』, 전대호 옮김, 궁리, 2007, 특히 6장 참조.

7 이렇게 기억의 범위를 확장할 경우, 기억과 결부된 경험, 학습, 예측 등의 요소들도 개체의 범위를 넘어서는 것으로 재설정되고 재해석되어야 할 것이다.

8 이런 점은 영화에서도 단편적으로 드러나지만 원작 소설에 더 잘 묘사되어 있다. 필립 K. 딕, 『안드로이드는 전기양의 꿈을 꾸는가?』, 앞의 책, 80쪽 이하 참조.

9 예컨대, 김선희, 『인공지능, 마음을 묻다』, 한겨레출판, 2021, 3장 참조.

10 세계적인 신경행동학자인 안토니오 다마지오는 아예 이런 신체적 반응 자체를 감정 (emotion)이라고 본다. 안토니오 다마지오, 『느끼고 아는 존재』, 고현석 옮김, 흐름출판, 2021, 102쪽 참조. 이 번역서에서는 'emotion'을 '정서'로 옮기고 있다.

11 Jacques Derrida, *Marge de la Philosophie*, Minuit, 1972, 25쪽.

12 의식은 이러한 작업이 이뤄지는 곳이자 이러한 작업들 자체에 대한 표상이라고 할 수 있을 것 같다. 조지프 르두, 『우리 인간의 아주 깊은 역사』, 앞의 책, 366쪽 이하 참조. 여기에는 현대의 대표적 의식이론들이 간략히 소개되어 있다.

13 『전체성과 무한』, 앞의 책, 244~245쪽(번역은 약간 수정).

14 데이비드 A. 싱클레어·매슈 D. 러플랜트, 『노화의 종말』, 이한음 옮김, 2020 참조.

15 마크 오코널, 『트랜스휴머니즘』, 노승영 옮김, 문학동네, 2018 참조.

16 에마뉘엘 레비나스, 『존재와 달리 또는 존재성을 넘어』, 문성원 옮김, 그린비, 2021, 117쪽 이하 참조.

17 타자적 시간은 동일자와 무관한, 어떤 절대적이거나 객관적인 시간의 지평을 뜻하지 않는다. 뒤에 잠시 언급하겠지만, 그런 시간 지평의 상정 자체가 오늘날은 받아들여

지기 어려운 일이다.

18 카를로 로벨리, 『시간은 흐르지 않는다』, 이중원 옮김, 쌤앤파커스, 2019, 특히 13장 참조. 이 책의 원제는 '시간의 질서'이다.

19 에마뉘엘 레비나스, 자크 롤랑 엮음, 『신, 죽음, 그리고 시간』, 김도형·문성원·손영창 옮김, 그린비, 2013, 35쪽.

20 같은 책, 237쪽 참조.

21 우리의 선택에 따라 분기되는 다중우주를 생각하더라도 그렇다. 여러 우주가 병존하더라도 각 주체가 체험하는 우주가 여럿인 것은 아니다. 물론 요즘 운위되는 다중우주론에서는 우주가 우리의 선택이 아니라 우주 상수에 따라 분기되는 것으로 설명한다. 예컨대, 맥스 테그마크, 『맥스 테그마크의 유니버스』, 김낙우 옮김, 동아시아, 2017 참조.

22 『존재와 달리 또는 존재성을 넘어』, 앞의 책, 322쪽 이하 참조.

23 같은 책, 200쪽 참조.

24 이 문제에 대해서는 졸저 『철학의 슬픔』, 그린비, 2019, 84쪽 이하 참조.

25 에마뉘엘 레비나스, 『우리 사이』, 김성호 옮김, 그린비, 2019, 256~257쪽(번역은 약간 수정).

26 같은 책, 257쪽 이하 참조. 이 번역본에서는 'à-Dieu'를 '신을-향함'으로 옮기고 있다.

27 레비나스의 삼자성 개념은 이런 신의 면모를 잘 드러내 준다. 『존재와 달리 또는 존재성을 넘어』, 앞의 책, 5장 3절 참조.

28 『신, 죽음, 그리고 시간』, 앞의 책, 174쪽 참조.

타자성의 인식과 관계의 새로움── 팬데믹 시대의 타자성

1 브뤼노 라투르, 『나는 어디에 있는가──코로나 사태와 격리가 지구생활자들에게 주는 교훈』, 김예령 옮김, 이음, 2021(*Ou suis-je? Leçcon du confinement à l'usage des terrestres*, Empécheurs de penser rond, Paris, 2021).

2 우리말 번역본에서 이 단어를 '지구'로 옮기고 있다. 앞의 책, 30~31쪽, 역자 주 참조.

3 같은 책, 37쪽 참조.

4　같은 책, 74~75쪽. '홀로바이온트'는 미국의 진화생물학자 린 마굴리스(Lynn Margulis)에 의해 널리 퍼진 개념으로 '통생명체'라고 번역되기도 한다.

5　타자의 개념과 관련해서는 '주체–객체'에서의 '객체'를 '대상'과 동일시하지 않고 한자의 훈대로 '손님'(客)의 의미로 새기는 것이 적합할 것 같다.

6　조르조 아감벤, 「사랑이 폐지되었다」, 『얼굴 없는 인간—팬데믹에 대한 인문적 사유』, 박문정 옮김, 효형출판, 2021, 151쪽 참조.

7　같은 책, 138쪽 참조.

8　슬라보예 지젝, 『잃어버린 시간의 연대기—팬데믹을 철학적으로 사유해야 하는 이유』, 강우성 옮김, 북하우스, 2021, 15쪽(앞의 인용에 맞추어 번역어 표현 약간 수정).

9　같은 책, 121쪽 참조.

10　같은 책, 135쪽. 그런데 지젝의 이런 지적은 부정확하다. 그가 여기서 전거로 삼는 글인 「마스크는 팬데믹 시대의 아이콘이다」("The mask is the cultural icon of the pandemic", *The Indian Express*, 〈indianexpress.com〉, 2020년 9월 24일)는 아감벤이 아니라 크리슈난 운니(Krishnan Unni)라는 사람이 쓴 것이다. 그렇지만 아감벤이 마스크 착용에 비판적인 것은 사실이다. 예컨대, 『얼굴 없는 인간』, 앞의 책, 148쪽 참조.

11　레비나스의 이런 생각은 타자의 근접성(proximité)과 강박(obsession)이라는 개념 아래 상론된다. 에마뉘엘 레비나스, 『존재와 달리 또는 존재성을 넘어』, 문성원 옮김, 그린비, 2021, 특히 3장 참조.

12　『나는 어디에 있는가?』, 앞의 책, 75쪽 역주 참조.

13　『얼굴 없는 인간』, 앞의 책, 181~182쪽 참조.

14　나는 부족한 대로 이런 일을 시도해 왔다고 생각한다. 졸저 『해체와 윤리』(그린비, 2012), 『타자와 욕망』(2017, 현암사), 『철학의 슬픔』(그린비, 2019) 등 참조. 특히, 팬데믹과 레비나스 윤리에 대해서는 졸고 「개방성의 깊이: 레비나스의 윤리적 개방성」(『비평과이론』 2020년 가을호, 한국비평이론학회) 참조.

개방성의 깊이—레비나스의 윤리적 개방성

1　안희경, 『오늘부터의 세계』, 메디치, 2020, 129쪽 참조.

2　정현석, 「코로나 19와 한국인의 가치 변화」, 박병준 외, 『코로나 블루, 철학의 위안』, 지

식공작소, 2020, 228쪽 이하 참조.

3 「코로나 이후의 세계와 삶 또는 죽음」, 앞의 책, 115쪽 이하 참조.

4 같은 글, 117쪽 참조.

5 Giorgio Agamben, *The Open: Man and Animal*, tr. by Kevin Attell, Stanford University Press, 2004 참조.

6 나카야시키 히토시, 『종의 기원 바이러스』, 김소연 옮김, 영림카디널, 2017, 46쪽 이하 참조.

7 같은 책, 122쪽.

8 같은 책, 102쪽 이하, 109쪽 이하 등 참조.

9 김동규·김응빈, 『미생물이 플라톤을 만났을 때』, 문학동네, 2019, 29쪽 이하 참조.

10 같은 책, 35쪽.

11 『종의 기원 바이러스』, 앞의 책, 122쪽.

12 레비나스는 후설과 하이데거에 대해 숱한 비판적 언급을 하면서도 자신의 견지가 현상학적 통찰과 방법에 크게 힘입고 있음을 인정한다. 예컨대 그가 말년에 쓴 「『전체성과 무한』 독일어판 서문」(에마뉘엘 레비나스, 『전체성과 무한』, 김도형·문성원·손영창 옮김, 2018, 그린비, 464쪽 이하) 참조.

13 물론 여기에는 철학적으로 관념론과 유물론 또는 실재론의 대립과 얽혀 있는, 오래된 논란거리가 개재되어 있다. 이와 관련해서 나는 '조작가능성'의 문제를 중심으로 정리를 시도한 바 있다. 졸저 『해체와 윤리』(그린비, 2012)에 실려 있는 「유물론의 전회?—우발성과 이미지, 그리고 타자」 참조. 또 같은 책의 「안과 밖, 그리고 시간성—현상에서 윤리로」도 참조.

14 『전체성과 무한』, 앞의 책, 118쪽. "주체는 존재하는 한 그 자신을 재현하고 그 자신을 인식한다. 그러나 그 자신을 인식하거나 재현하면서 주체는 그 자신을 소유하고 지배하며, 그 정체성을 스스로 부정하게 되는 것에까지 자신의 정체성을 확장시킨다. 동일자의 이러한 제국주의가 바로 자유의 본질이다."

15 마르틴 하이데거, 「휴머니즘 서간」, 『이정표 2』, 이선일 옮김, 한길사, 2005, 157쪽 이하 참조.

16 『전체성과 무한』, 앞의 책, 449쪽.

17 앞의 책, 11쪽, 또 20쪽과 105쪽 참조.

18 레비나스의 '향유'에 대한 개략적인 설명은 문성원, 『타자와 욕망』, 현암사, 2017, 143쪽 이하 참조.

19 『전체성과 무한』, 앞의 책의 4장, 특히 384쪽, 412쪽 등 참조.

20 라캉이 말하는 향유(라캉에서는 보통 '향락'이라고 번역된다. 원어는 같은 'jouissance'다. 참고로, 레비나스의 『전체성과 무한』 우리말 번역본에서는 'volupté'를 '향락'이라고 옮기고 있다)에서도 그 무게 중심은 주체 너머에 있다. 이것이 라캉에서의 향유가 쾌락원칙을 넘어서는 것으로 설정되는 이유일 것이다.

21 이런 점을 중심으로 고통에 대한 레비나스의 견해를 정리해 놓은 글로 강영안, 『타자의 얼굴』(문학과지성사, 2005)의 6장 「고통과 윤리」를 참조. 이 글은 레비나스의 「쓸모없는 고통」("La souffrance inutile")(1982)을 주로 소개하고 있는데, 해당 텍스트는 『우리 사이』(에마뉘엘 레비나스, 김성호 옮김, 그린비, 2019)에 「무의미한 고통」이라는 제목으로 실려 있긴 하나, 번역 상태에 아쉬운 면이 없지 않다.

22 에마뉘엘 레비나스, 『존재와 달리 또는 존재성을 넘어』, 문성원 옮김, 그린비, 2021, 162쪽 참조.

23 "주체성은 상처받기 쉬움이다. 주체성은 감성이다." 같은 책, 125쪽.

24 같은 책, 42쪽.

25 『타자와 욕망』, 앞의 책, 91쪽 이하 참조.

26 『존재와 달리 또는 존재성을 넘어』, 앞의 책, 187쪽 이하 참조.

27 문성원, 『해체와 윤리』, 그린비, 2012, 71쪽 이하 참조. 데리다의 원래 표현은 "Tout autre est tout autre"다.

28 『전체성과 무한』, 앞의 책, 316쪽 이하 참조. 물론 이 타자의 폭을 인류 너머로까지 넓힐 수 있을 것이다. 그렇지만 레비나스에게 얼굴의 호소력을 지닌 타자의 범위는 일단 모든 인간으로 주어지는 것 같다. 이 범위를 다른 생명체나 자연으로까지 넓혀 환경에 대한 책임의 철학을 구축해 보려는 시도도 얼마든지 가능하다. 여기에 대해서는 William Edelglass, James Hatley & Christian Diehm(ed.), *Facing Nature: Levinas and Environmental Thought*, Duquesne University Press, 2012 참조.

29 『존재와 달리 또는 존재성을 넘어』, 앞의 책, 4장, 특히 246쪽 이하 참조. 얼핏 보아도 이런 레비나스의 용어가 기독교와 친화적임은 쉽게 알 수 있다. 이 점에 대해서는 전에 간단히 다룬 바 있다. 문성원, 『철학의 슬픔』, 그린비, 2019, 179쪽 이하와 특히 179쪽의 주 37 참조.

30 『존재와 달리 또는 존재성을 넘어』, 앞의 책, 278쪽, 306쪽.

31 "직접성, 그것은 얼굴에서의 재현의 탈퇴(défection)다." 위의 책, 116쪽. 얼굴의 표현과 재현이 어떻게 다른가에 대해서는 문성원, 『철학의 슬픔』, 앞의 책, 82쪽 이하 참조.

32 나는 이런 점을 기회 있을 때마다 강조해 왔다. 대표적으로 문성원, 『타자와 욕망』, 앞의 책, 3장(「낯섦에 대한 감수성과 욕망」) 참조.

33 에마뉘엘 레비나스, 『타자성과 초월』, 김도형·문성원 옮김, 그린비, 2020, 125~126쪽.

반(反)-이기(利己)로서의 정의 —— 공정성과 타자의 대한 책임

1 이 책의 원본 *JUSTICE: What's the right thing to do?*는 2009년에 나왔다. 미국에서도 10만 부 정도가 팔린 베스트셀러였는데, 한국에서는 번역본이 나온 지 1년 만에 100만 부 이상이 판매되었다.

2 5공화국의 국정 지표 중 하나가 '정의사회 구현'이었다는 점을 생각해 보자. 당시의 집권 여당의 이름도 '민주정의당'이었다.

3 이택광 외, 『무엇이 정의인가? 한국사회, 〈정의란 무엇인가〉에 답하다』, 마티, 2011 참조.

4 테드 W. 제닝스, 『데리다를 읽는다/바울을 생각한다 ― 정의에 대하여』, 박성훈 옮김, 그린비, 2014의 「옮긴이 해제」, 392~393쪽 참조.

5 고태경, 「공정성은 어떻게 만들어지는가」, 『작은책』 2019년 4월호, 보리출판사, 107~108쪽 참조.

6 같은 책, 105쪽.

7 서울대학교 학생회는 이와 유사한 비판들을 받고 파업 중인 노조와 연대하기로 입장을 바꿨으며, 시설관리노조도 그 이후 곧 도서관 난방을 재개했다. 이 파업은 노사 합의를 통해 파업 닷새 만인 2월 12일에 종결되었다. http://www.hani.co.kr/arti/society/society_general/881658.html

8 마이클 프렐, 『언더도그마』, 박수민 옮김, 지식갤러리, 2012, 20쪽 참조.

9 그 메일에는 이미 간단하게 답을 써 보냈으나, 이 글이 부족하나마 보충적 답변의 역할을 할 수 있기를 기대한다.

10 마이클 토마셀로, 『도덕의 기원』, 유강은 옮김, 이데아, 2018, 5~6쪽 참조.

11 같은 책, 14쪽 이하 참조.

12 '공감'은 'sympathy', '감정 이입'은 'empathy'에 해당하는 용어이다. 'sympathy'는 '공감' 외에 '동정심', '동감' 등으로 번역되며, 'empathy'를 '공감'이라고 옮기는 경우도 있으나, 'sympathy'가 같은 감정을 함께 느낌을 뜻하는 것이고, 'empathy'가 상대방의 처지에 대한 감정적 투사를 특징으로 한다고 볼 때, '공감'과 '감정 이입'은 괜찮은 역어인 듯싶다.

13 Paul Bloom, *Against Empathy*, HarperCollins Publishers, 2016, 8쪽(폴 블룸, 『공감의 배신』, 이은진 옮김, 시공사, 2019, 19쪽 이하) 참조. 폴 블룸이 어릴 때 친척 어른으로부터 들었다는 여기 인용된 건배사의 원문은 다음과 같다. "Here's to those who wish us well./All the rest can go to hell."

14 『도덕의 기원』, 앞의 책, 특히 3장 이하 참조.

15 같은 책, 157쪽 참조.

16 조너선 하이트, 『바른 마음』, 왕수민 옮김, 웅진 지식하우스, 2014, 특히 2장 참조.

17 같은 책, 234쪽 이하 참조. 우리말 번역본은 'fairness/cheating'의 쌍을 '공평성/부정'이라고 옮기고 있다.

18 물론 이와 같은 문제를 풀어 보려는 시도가 없진 않았다. 자유주의적 틀 내에서는 존 롤스가 내세웠던 '중첩적 합의'나 마이클 왈쩌의 '얇은 연대' 따위를 생각해 볼 수 있겠다. 나는 전에 이들의 견해를 비판적으로 다룬 적이 있다. 졸저 『해체와 윤리』(2012, 그린비)의 4부 3장 「자유주의와 정의의 문제」 참조. 더 고전적으로는 칼 맑스에서처럼 공정성이나 정의를 아예 이데올로기의 층위에 속하는 것으로 놓고 이 사안의 해결을 사회 구성의 변화와 발전 문제로 넘겨 버리는 방식도 있다.

19 『맹자』, 양혜왕장구(梁惠王章句) 상(上).

20 『중용·대학』, 이동환 역해, 나남출판, 2000, 445쪽 참조. 인용한 구절의 원문은 다음과 같다. "不利以爲利 以義爲利也."

21 마이클 샌델의 『정의란 무엇인가』는 이 두 견해의 대비를 잘 이용하고 있는 좋은 예에 해당한다.

22 이 점에 대해서는 이전에도 간단히 언급한 적이 있다. 졸저 『철학의 슬픔』, 그린비, 2019, 246쪽, 주 25 참조.

23 에마뉘엘 레비나스, 『전체성과 무한』, 김도형·문성원·손영창 옮김, 그린비, 2018, 특히 92쪽 이하 참조.

24 이런 문제에 대해서는 졸저 『철학의 슬픔』, 앞의 책, 117쪽 외 여러 곳 참조.

25 레비나스는 특히 『존재와 달리 또는 존재성을 넘어』의 1장에서 이 문제에 대해 집중적으로 논의하고 있다.

26 나는 『배제의 배제와 환대』(동녘, 2000)에서부터 레비나스 철학의 이런 면모에 주목해 왔다.

27 에마뉘엘 레비나스, 『우리 사이』, 김성호 옮김, 그린비, 2019, 159~160쪽(번역은 일부 수정). 이 내용은 레비나스가 1982년에 가진 한 인터뷰의 일부다.

28 Jill Robbins(ed.), *Is it righteous to be?*, *Interviews with Emmanuel Levinas*, Stanford University Press, 2001, 54쪽 참조.

29 그러나 내가 타자로 받아들여지는 사태를 상정하는 것은 가능한 일이다. 이것은 타자와 맺는 책임의 관계를 모두에게 해당되는 보편적인 것으로 놓음으로써 이루어질 수 있는데, 이런 사태를 가리키기 위해 레비나스가 제시하는 개념이 '삼자성'이다. 여기에 대해서는 졸저 『해체와 윤리』, 앞의 책, 95쪽 이하 참조.

동물과 인간 사이 — 타자로서의 동물과 인간의 책임

1 농림축산식품부 조사 및 KB금융지주경영연구소의 「2023 한국 반려동물 보고서」에 따르면 그렇다. https://www.m-i.kr/news/articleView.html?idxno=1083238

2 사실 이 같은 문제는 번역의 관행 탓에 생겨난다고 볼 수 있다. '동물도 person이다'는 충분히 납득할 수 있는 표현이나, 이를 '동물도 인격체다'로 옮겼을 때는 자못 이상하게 들린다.

3 2023년 4월 국회는 양당 협의로 이 조항을 통과시키겠다고 했으나, 그 후에도 계류 중이다.

4 김민영, "매일 얼마나 많은 동물이 도살될까?", 『비건뉴스』 2023년 10월 4일. https://www.vegannews.co.kr/news/article.html?no=16121

5 로이네 판 포르스트, 『어떻게 고양이를 끌어안고 통닭을 먹을 수 있을까』, 박소현 옮김, 한경BP, 2024, 19쪽 참조.

6 같은 책. 이 책의 영어판 제목은 *Once Upon a Time We ate Animals: The Future of Food*이다.

7 다이앤 퍼피치(Diane Perpich)는 자신의 논문 "Scarce Resources?—Levinas, Animals, and the Environment"(*Facing Nature: Levinas and Environmental Thought*, ed. William Edelglass, James Hatley & Christian Diehm, Duquesne University Press, 2012)에서 헤어조크의 이 말을 제사(題詞)로 사용하고 있다.

8 발 플럼우드, 『악의 눈: 포식자에서 먹이로의 전략』, 김지은 옮김, yeondoo, 2023, 35쪽 참조.

9 같은 책, 100쪽 이하 참조.

10 마르틴 하이데거, 『형이상학의 근본개념들: 세계-유한성-고독』, 이기상·강태성 옮김, 까치, 2001, 296쪽(원본은 Martin Heidegger, *Gesamtausgabe, vol. 29-30, Die Grundbegriffe der Metaphysik. Welt—Endlichkeit—Einsamkeit*, Frankfurt. a. M.: Klostermann, 1983, 261쪽) 이하 참조.

11 플럼우드가 하이데거의 저작을 연구한 것 같지는 않다. 그녀의 저작에서 하이데거에 대해 직접 언급한 대목을 찾기는 어렵다.

12 이런 점은 유발 하라리가 잘 지적하고 있다. 『사피엔스』, 조현욱 옮김, 김영사, 2015, 301쪽 이하와 『호모 데우스』, 김명주 옮김, 김영사, 2017, 133쪽 이하 참조.

13 Giorgio Agamben, *The Open*, tr. by Kevin Attell, Stanford University Press, 2002, 특히 29쪽 이하 참조.

14 동물 취급을 받던 노예, 야만인 등에서부터 나치의 유대인 차별에 이르기까지 여러 사례가 여기에 해당된다. 아감벤은 인류학적 기계의 이런 작동을 고대적 형태와 근대적 형태로 나누어 매우 인상적인 필치로 서술하고 있다. 앞의 책, 37쪽 참조.

15 Jacques Derrida, *L'animal que donc je suis*, Galilée, 2006, 63쪽 이하(「동물, 그러니까 나인 동물(계속)」, 최성희·문성원 역, 『문화과학』 76호, 2013년 겨울호, 360쪽 이하) 참조. [이 한글 번역본은 데리다의 '1997년 스리지(Cerisy) 강연'의 원고로 이루어진 이 책의 1~4부 중 1부만을 옮긴 것이다.]

16 데리다는 위의 책 2~4부에서 이와 같은 순서로 이들 철학자의 견해를 다루고 있다.

17 Jacques Derrida/Elisabeth Roudinesco, *De quoi demain ⋯ dialogue*, Fayard/Galilée, 2001, 111쪽 참조.

18 스리지 강연을 담은 책의 표제 'L'animal que donc je suis'에서 'suis'는 '~이다'를 뜻하는 être의 변형으로 읽히지만, '쫓다'는 뜻의 동사 suivre의 변형으로도 읽을 수 있다.
19 Jacques Derrida, *Points de suspension — Entretiens*, Galilée, 1992, 292쪽.
20 *De quoi demain ··· dialogue*, 앞의 책, 114쪽.
21 '희생'(犧牲)이라는 한자 두 글자에 '소 우'(牛)변이 자리하고 있는 것에서도 짐작할 수 있듯이, 희생이라는 말은 원래 제사 때 동물을 제물로 바치는 행위나 그 제물을 의미했다. 서양어 'sacrifice'의 라틴어 어원인 'sacrificium'도 신에게 제물을 바치는 행위를 뜻하며, 신성함이란 이렇게 신에게 바쳐진 제물의 특성을 가리킨다.
22 *Points de suspension — Entretiens*, 앞의 책, 294쪽. 백종륜의 「데리다의 채식주의 비판과 에코페미니즘의 맥락주의적 윤리」(『비평과 이론』 제29권 2호, 2024년 여름)는 채식주의에 대한 데리다의 견해와 이를 둘러싼 논란을 상세히 소개하고 있는 좋은 논문이지만, 데리다가 말하는 희생의 함의와 "희생을 희생하지 않는"다는 이 어구에 대한 이해는 그리 적확해 보이지 않는다.
23 *Points de suspension — Entretiens*, 앞의 책, 296쪽 참조.
24 『악의 눈: 포식자에서 먹이로의 전락』, 앞의 책, 198쪽 이하 참조.
25 *L'animal que donc je suis*, Galilée, 앞의 책, 129쪽 참조.
26 같은 책, 147~148쪽 참조.
27 이 점에 대해서는 졸고 『타자와 욕망』, 현암사, 2017, 95쪽 이하 참조.
28 동물에 대한 레비나스의 견해를 주제로 삼은 책으로는 Peter Atterton/Tamra Wright(ed.), *Face to Face with Animals — Levinas and the Animal Question*, Suny Press, 2009가 있는데, 이 책의 서두에는 레비나스가 1986년에 영국의 워릭(Warwick)대학교 학생들의 방문을 받고 나눈 대담 녹음 가운데 동물에 관해 언급한 부분이 다시 채록, 정리되어 (프랑스어 원본과 영어 번역본이 함께) 실려 있다. 국내의 논의 중에서는 김영걸의 「레비나스 대면 윤리의 동물 적용 가능성 고찰」(『현상학과 현대철학』 제90집, 2021)이 이 주제를 집중적으로 다룬 거의 유일한 글이다. 개 '보비'가 언급되는 레비나스의 단편은 "Nom d'un chien ou le droit naturel"(「어떤 개의 이름 또는 자연권」)(1975)인데, 레비나스의 글 모음집인 *Difficile Liberté*(Livre de Poche, 1984)에서 찾아볼 수 있다.
29 Emmanuel Levinas, "The Animal Interview"(1986), *Face to Face with Animals — Levinas and the Animal Question*, 앞의 책, 8쪽 참조.

30 *L'animal que donc je suis*, Galilée, 앞의 책, 150쪽 참조. 데리다는 당시 영어로 출판되었던 인터뷰(R. Bernasconi와 D. Wood가 편집한 *The Provocation of Levinas: Rethinking the Other*, Routledge, 1988에 수록된 것)를 다시 프랑스어로 번역하여 인용하고 있어서 인용문의 세부 내용이 여기 옮겨 놓은 것과는 약간 다르게 읽힐 수 있다.

31 Emmanuel Levinas, "The Animal Interview"(1986), 앞의 책, 7~8쪽 참조.

32 누구든 그럴 법한 일이지만, 데리다는 여기서 성서적 이미지를 비롯한 뱀의 부정적인 수사학적 의미를 레비나스가 활용하고 있다고 지적한다. Jacques Derrida, *L'animal que donc je suis*, Galilée, 앞의 책, 152쪽 참조.

33 *Difficile Liberté*, 앞의 책, 233~235쪽 참조.

34 "The Animal Interview"(1986), 앞의 책, 8쪽 참조.

35 같은 글, 같은 책, 9쪽.

36 이런 문제와 관련하여 레비나스를 다룬 글로 Peter Atterton, "Nourishing the Hunger of the Other: A Rapprochement between Levinas and Darwin", *Symplok* 19, no. 1, 2011 참조. 이 글에서 저자는 친족 선택, 상호적 이타주의, 공감 이론 등을 통해 다윈주의가 자연의 이타적 현상들을 설명할 수 있다고 소개하며, 레비나스가 타자를 인간에 한정하고 이타주의의 종간 적용을 거부한 것이 레비나스 윤리의 문제점이라고 지적한다.

37 "The Animal Interview"(1986), 앞의 책, 9쪽.

38 여기에 대해서는 최명애, 「응답의 정치: 동물권 너머의 동물 정치」, 『사회와 이론』 통권 제42집, 2022년 참조.

• 실린 글의 유래

「철학의 기쁨」 — 미발표 원고.

「철학자의 아마추어 정신과 프로 정신, 그리고 '사회철학'」 — 2024년 1월 18일 부산대학교 철학과 워크숍 발표 원고.

「헤겔 바깥의 헤겔: 오늘의 우리 현실과 헤겔」 — 2023년 11월 18일 한국헤겔학회 학술대회 발표 원고.

「환대와 환대 너머」 — 2021년 5월 15일 새한영어영문학회 학술대회 발표 원고.

「『전체성과 무한』의 이편과 저편」 — 2022년 12월 3일 프랑스철학회 학술대회 발표 원고. (이 글은 논문 형태로 수정되어 같은 제목으로 『시대와 철학』 2023년 가을호에 수록되었음.)

「이름의 의미」 — 『오늘의 문예비평』 2020년 봄호 수록 원고.

「의사소통에 대해 생각하기」 — 부산대학교 교재편찬위원회 편저, 『창의적 사고와 글쓰기』(부산대학교 출판부, 2009)에 수록된 글.

「용서와 선물」 — 2016년 대학원 세미나 발표 원고. (이후에 같은 제목의 논문으로 수정되어 『시대와철학』 2022년 가을호에 수록되었음.)

「동일자적 시간과 타자적 시간」 — 『시대와 철학』 2022년 봄호 수록 논문.

「타자성의 인식과 관계의 새로움: 팬데믹 시대의 타자성」 — 『신생』 2021년 겨울호 수록 원고.

「개방성의 깊이: 레비나스의 윤리적 개방성」 — 2020년 9월 26일 한국비평이론학회 학술대회 발표 논문. (『비평과 이론』 2020년 가을호에 수록.)

「반(反)-이기(利己)로서의 정의: 공정성과 타자에 대한 책임」 — 『인문학연구』(인천대학교 인문학연구소) 31집(2019년 6월)에 수록된 논문.

「동물과 인간 사이: 타자로서의 동물과 인간의 책임」 — 『시대와 철학』 2024년 가을호 수록 논문.